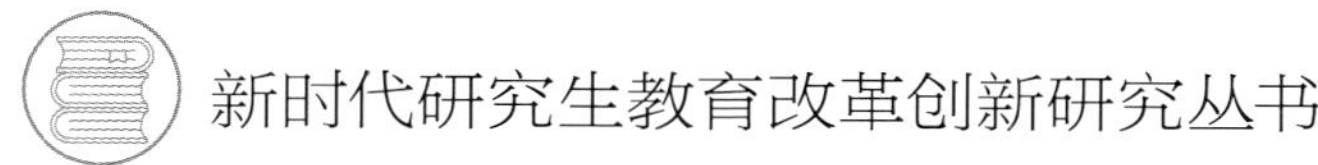

DEYU GONGTONGTI
DE GOUJIAN

XINSHIDAI YANJIUSHENG
DAOXUE GUANXI ANLI PINGXI
HE GUIFAN ZHIYIN

德育共同体的构建

——新时代研究生导学关系案例评析和规范指引

何　欣　张永然/主编

中国政法大学出版社

2021・北京

图书在版编目（CIP）数据

德育共同体的构建：新时代研究生导学关系案例评析和规范指引/何欣，张永然主编. —北京：中国政法大学出版社，2021.5

ISBN 978-7-5620-9907-9

Ⅰ.①德… Ⅱ.①何… ②张… Ⅲ.①德育－研究生教育－研究－中国 Ⅳ.①G643.1

中国版本图书馆CIP数据核字(2021)第068461号

出 版 者　中国政法大学出版社

地　　址　北京市海淀区西土城路 25 号

邮寄地址　北京 100088 信箱 8034 分箱　邮编 100088

网　　址　http://www.cuplpress.com (网络实名：中国政法大学出版社)

电　　话　010-58908289(编辑部) 58908334(邮购部)

承　　印　固安华明印业有限公司

开　　本　880mm×1230mm　1/32

印　　张　11

字　　数　260 千字

版　　次　2021 年 5 月第 1 版

印　　次　2021 年 5 月第 1 次印刷

定　　价　49.00 元

序　言

研究生教育作为国民教育体系的顶端，是培养高层次专门人才的主要途径，是国家人才竞争的重要支柱，是建设创新型国家的核心要素。研究生导师作为研究生培养的关键力量，是推动研究生教育水平的重中之重。习近平总书记就研究生教育工作作出的重要指示中强调，要提升导师队伍水平。全国研究生教育会议亦明确提出，要加强导师队伍建设，严格质量管理、校风学风，引导研究生教育高质量发展。

加强研究生导师队伍建设，师德师风建设是其基础和关键。经师易得，人师难求。导师不仅是学业导师，是研究生学术道路、价值观塑造的重要引路人，还是人生导师，更要成为有理想信念、有道德情操、有扎实学识、有仁爱之心的好导师，要坚持教书和育人、言传和身教、潜心问道和关注社会、学术自由和学术规范四个相统一，真正成为塑造学生品格、品行、品味的“大先生”。

中国政法大学历来高度重视研究生导师队伍建设，自1979年复办以来，法大研究生教育已经走过四十多个年头，期间涌现出一大批优秀导师，培养了大量的卓越高层次法治人才，为中国社会主义法治事业建设做出了巨大贡献。近年来，法大以深入贯彻落实习近平总书记考察学校时的“五三”讲话精神为主线，着力于培养德法兼修的高素质法治人才，全面推进研究生教育改革和创新，不断加强导师队伍的师德师风建设。学校相继出台《中共中国政法大学委员会关于进一步加强和规范研究生导师教书育人工作的实施意见》等规章制度，坚持“师德一票否决制”，严格导师遴选机制，全面开展导师队伍培训和优秀研究生导师评选工作，将立德树人职责要求贯彻于导师队伍建设始终，努力实现导师专业教育和思政教育的融合，全面落实新时代对导师队伍建设的新要求。

为全方位总结经验，并为深入推进导师队伍建设提供理论支持，法大研究生教育管理工作者立足本职工作，撰写并出版了《德育共同体的构建——新时代研究生导学关系案例评析和规范指引》一书。整体来看，该书具有以下特点：

一是视角新颖。该书从导学关系这一视角切入，全面剖析当前导师队伍建设存在的难点和热点，深度解析制约导师队伍建设的瓶颈和因素，并就“导师如何导，学生怎么学”这一研究生教育的核心问题提出了建设性意见。

二是特色鲜明。该书采用以案说法的形式，针对当前研究生导学关系存在的问题进行学理上和法理上的分析。依法治校的理念贯彻于通篇，法治的思维、法治的方式见于细处。这充分体现了法大的办学特色和法大人的精神特质。

三是成果实用。该书通俗易懂，聚焦问题，法理分析明确，建议措施操作可行，对导师常用的法律法规进行全面梳理。这有助于不同专业背景的读者理解和使用该书，该书可以作为导师应对各类问题的参考手册。

当然，本书作为法大研究生教育导师队伍建设阶段性的理论探索和实践总结，其中有许多亮点，也有许多需要进一步探讨的。在此希望我们从事研究生教育管理和人才培养的专业人员一起为新时代研究生导师队伍建设建言献策。

中国政法大学研究生院院长

李曙光教授

2020 年 8 月

前 言

研究生教育作为国民教育的顶端和国家创新体系的重要组成部分，其承担着国家“高端人才供给”和社会“科学技术创新”的双重使命。导（导师）学（研究生）关系作为研究生教育最基础和最核心的关系，导师“传道授业解惑”、学生“亲其道、信其师”的和谐导学关系对于促进研究生全面发展、健康成长成才，实现师生教学相长、共同创新进步具有重要意义。

当前随着高等教育综合改革深入以及高校双一流建设战略全面推进，我国研究生教育进入快速发展和深化创新的新时代。面对新时代研究生教育的新任务、新要求，研究生导学关系亦面临着诸多问题和挑战：研究生教育规模的扩大和结构的变化冲击既有导学关系模式，导师和研究生之间的交流减少，关系疏离；商品交换原则等侵蚀导学关系，个别导学关系为利益所驱动；导师和研究生之间相互理解宽容不够，导学关系冲突甚至导致极端的情况发生，这些都严重影响了高校的声誉和导师队伍的形象。

对此，本书以问题为导向，采用以案说法的形式，立足新时代研究生教育对于导学关系的新要求、新任务，以法治的思维厘清导师和研究生之间的权责关系，以底线的思维讲明师生行为的规范，以系统的思维分析影响导学关系的因素，以创新的思维界定导学关系的新内涵，以辩证的思维提出“导师如何导，学生如何学”的建议，进而全面阐释了导师和研究生作为德育共同体，导学关系是融知识传承、学术创新、情感交融、人格塑造的新型师生关系，是全面落实导师立德树人任务和提升研究生人才培养质量的基础和保障。

本书选取的二十余个典型案例均来源于工作实践，多见于新闻媒体报道和学校管理实践，涉及研究生教育的招生考试、指导培养、行为规范、思想政治教育等各环节。这些案例中既有导师春风化雨般育人、学生尊师重道的先进典型，也有导学关系中常见的问题和矛盾，还有极个别导学间严重冲突的极端案例。当然，当前我国研究生教育巨大成绩的取得是广大导师队伍长期潜心育人不懈努力的结果，正视问题，解决问题是不断改革和创新研究生教育，提升研究生人才培养质量的必然要求。本书对每个案例进行学理上的探讨和法理上的解析，依法依规提出情理相融、操作可行的对策建议，有利于学校和导师预防纠纷、化解矛盾和解决问题，维护校园的和谐稳定。

另外，本书考虑到读者的专业背景差异，为方便理解阅读，每个案例之后均附有作为法理依据的法律、法规、规章和规范性文件的相关条文。本书还将导师在研究生教育管理中常用的法律、法规和规范性文件集中整理作为附录，供各位读者参考。

当然，本书作为新时代研究生教育研究导学关系的一个探索，力图以通俗易懂的形式为广大导师提供一些有用建议，为研究生教育改革创新和导师队伍建设奉献一份绵薄之力。囿于作者能力等原因，案例选择尚有缺憾和遗漏之处，书中观点作为一家之言，难免也有不足之处。在此，也恳请广大读者能提出批评建议，为进一步加强研究生导师队伍建设，构建和谐导学关系建言献策。

本书编者

2020 年 8 月

目　录

CONTENTS

1

第一篇

招生考试权责

案例一　导师的招生自命题“网络泄题”

概要：研究生招生考试自命题属于机密级国家秘密事项，参与命题的导师必须遵纪守法、信守承诺、保守秘密，不得向任何人透露试题的内容和命题工作情况。一旦出现泄题事件，相关责任人应当承担相应行政和法律责任，严重者构成刑事犯罪。

一、基本情况

在全国硕士研究生招生考试中，X 高校出现某专业考试“泄题”事件。一些考生在某考研 QQ 群内下载的复习资料，被发现竟然是正式考试的试题。经学校调查，系该专业考试命题教师张某漏题。张某得知其所指导的研究生徐某的弟弟本年第二次参加考研，考虑到徐某家庭条件困难且平时表现不错，于是告诉徐某，他可以帮助徐某弟弟，并将其命制试题的相关材料以“复习资料”为名交给徐某。徐某在明知资料涉密的情况下，心存侥幸地将“复习资料”转交给弟弟，后该“复习资料”被徐某弟弟的女朋友误传到了某考研 QQ 群中，被群内成员下载，导致此次专业考试试题被大规模泄露。

事件公开后，涉事高校发布了专业考试的重考公告，取消了徐某弟弟的考试资格，决定对涉事教师张某进行停职处理，给其所在学院的院领导以相应行政处分，给研究生徐某以相应纪律处分。公安机关已介入调查，将依法依规对涉事人员进行严肃处理。

二、问题解析

该案例是一起典型的研究生招生考试试题泄露事件，涉案的教师张某、研究生徐某、作为考生的徐某弟弟及其女朋友的行为已严重违纪违法，应依法承担相应法律责任。

第一，研究生招生考试试题属于机密级国家秘密事项，试题泄露系国家机密泄露事件。

全国硕士研究生招生考试属于国家教育考试，其考试试题类型有国家统一命题和招生单位自主命题。本案例中，张某命制的试题应属于招生单位自主命制的试题，即自命题。依据《教育工作国家秘密范围的规定》的规定，研究生入学自主命题考试试题（包括副题）、参考答案确定为机密级国家秘密事项，保密期限为本科目考试启用前。依据《中华人民共和国保守国家秘密法》（以下简称《保密法》）的规定，“国家秘密的密级分为绝密、机密、秘密三级。……机密级国家秘密是重要的国家秘密，泄露会使国家安全和利益遭受严重的损害”。全国硕士研究生招生考试作为国家教育考试，考前试题泄露，会在全国范围内影响考试的正常进行，对招生单位形象及国家教育考试的严肃性、公平性造成极难挽回的恶劣影响，严重者可能会导致社会群体事件的发生，严重损害国家安全和利益。

第二，张某等行为属于泄露国家机密的行为，应当依法追究其法律责任。

依据《保密法》等法律规定，公民有保守国家秘密的义务，任何危害国家秘密安全的行为，都必须受到法律追究。张某作为命题教师，其私自保留与试题内容有关的材料，泄露自身命题人员身份，并将试题交给徐某的行为严重违反《教育部办公厅关于印发〈全国硕士研究生招生考试自命题工作指导规范〉的通知》中关于“命题人员不得保留试题副本；命题结束后立即销毁与试题有关的草稿纸（含电子文本）等材料；命题人员要遵纪守法、信守承诺、保守秘密，不得向任何人透露试题的内容和命题工作情况”等基本要求。依据《保密法》关于不得非法持有及转送国家秘密载体、不得在私人交往中涉及国家秘密的规定，张某出于好心帮助学生，但其行为严重违法。对此，依据《中华人民共和国教育法》（以下简称《教育法》）以及《国家教育考试违规处理办法》相关规定，其“违反保密规定，造成国家教育考试的试题、答案及评分参考（包括副题及其答案及评分参考）丢失、损毁、泄密”的泄露国家秘密行为，依据《事业单位工作人员处分暂行规定》应当受到相应纪律处分；如构成犯罪，则应当依据《中华人民共和国刑法》（以下简称《刑法》）的非法出售、提供试题、答案罪追究其刑事责任。

研究生徐某明知“复习资料”系考研专业试题的情况下，仍将其转给弟弟，帮助其考试作弊，依据《普通高等学校学生管理规定》其属于严重考试作弊行为，可以给予开除学籍处分；情节严重的，构成非法出售、提供试题、答案罪。徐某的弟弟及其女友，非法获取考试试题或者答案的行为，违背了国家考试公平、公正原则，属于考试作弊行为，依据《教育法》《国家教育考试违规处理办法》有关规定，将取消单科或各科成绩，并视不同情节给予暂停参加各种国家教育考试 1 年至 3 年的处罚，还将记入国家教育考试考生诚信档案。其违法持有国家秘密，并无意之中将其传播于网络已经违反《保密法》相关规定，应当依法给予处理；构成犯罪的，将依法追究其法律责任。

第三，某高校作为招生单位，发生此类试题泄露事件属于严重事故，应当依法追究相关负责人的法律责任。

在本案例中，泄露试题虽属张某等人的个人行为，但因此造成的后果和影响十分严重和恶劣，暴露出该高校研究生招生工作中存在重大失误，属于严重的考试事故。依据《国家教育考试违规处理办法》《事业单位工作人员处分暂行规定》的相关规定，相关负责人应当承担相应纪律处分。

必须指出的是，“党纪严于国法”，高校相关负责人和张某作为高校教师，如果是中国共产党党员，依据《中国共产党纪律处分条例》相关规定，还应受到党纪处分。

三、对策建议

该高校出现此类试题泄露事件，暴露出其研究生招生考试尤其是在自命题管理方面存在严重问题。命题教师张某的法律意识和保密意识淡薄，出于人情关系将试题送人，违背了研究生导师立德树人这一根本职责，违反了公平公正招生原则。张某的泄题行为不仅突破了研究生考试招生的安全底线，更突破了导师的道德底线，对学生徐某也带来很坏的影响。该高校招生部门和相关学院在研究生自命题考试管理中，对教师教育不到位，对试题保密监管不到位，导致命题教师违规持有命题材料并将其泄露，其相关负责人应当承担相应管理和领导不力的责任。对此，笔者建议：

第一，进一步健全招生考试管理规范，加强自命题的管理。应当严格依据教育部的自命题工作规范，通过建立台账制度，规范工作流程，全方位确保自命题安全。台账制度使得自命题各环节责任细化并有据可查。具体方式可以在各环节分级制定自查表格和监督检查表格，将各项安全保密要求和职责内容逐条列出，相关责任人签字确认后，经招生管理部门审核后存档。这使得自命题涉密人员能够更清晰地认识到自身的具体工作要求和保密职责，同时将监督与自查相结合，全方位确保自命题安全。

第二，加强教育宣传，全面提升教师的法律意识。当前各高校依据相关法律法规，均建立了较为完善的自命题管理制度和责任追究制度。但所谓“破山中贼易，破心中贼难”，自命题安全保密工作归根结底是对命题教师“自觉性”和“责任感”进行管理的工作。要从“不敢违规”上升到“不愿违规”，自觉树立考试公平理念才是自命题安全的根本保障。[1] 招生单位可与二级学院联动，通过规章制度学习、政策舆论宣传、案例学习、经验分享会、典范表彰会等多种方式，切实加强对命题教师的教育培训，使其充分认识到自命题安全保密的重要性，明确其安全保密责任和义务，认识到“考试招生也是育人”，不断增强广大命题教师守法保密的自觉性。

四、法律法规链接

1.《中华人民共和国教育法》

第七十七条第一款　在招收学生工作中滥用职权、玩忽职守、徇私舞弊的，由教育行政部门或者其他有关行政部门责令退回招收的不符合入学条件的人员；对直接负责的主管人员和其他直接责任人员，依法给予处分；构成犯罪的，依法追究刑事责任。

2.《中华人民共和国刑法》

第二百八十四条之一第三款　为实施考试作弊行为，向他人非法出售或者提供第一款规定的考试的试题、答案的，依照第一款的规定处罚。

---

〔1〕张立迁、白丽新：《硕士研究生招生考试自命题安全保密工作探究》，载《中国考试》2016年第4期。

3.《中华人民共和国保守国家秘密法》

第二十五条 机关、单位应当加强对国家秘密载体的管理，任何组织和个人不得有下列行为：

（一）非法获取、持有国家秘密载体；

（二）买卖、转送或者私自销毁国家秘密载体；

……

第二十六条 禁止非法复制、记录、存储国家秘密。

禁止在互联网及其他公共信息网络或者未采取保密措施的有线和无线通信中传递国家秘密。

禁止在私人交往和通信中涉及国家秘密。

第四十八条 违反本法规定，有下列行为之一的，依法给予处分；构成犯罪的，依法追究刑事责任：

（一）非法获取、持有国家秘密载体的；

（二）买卖、转送或者私自销毁国家秘密载体的；

……

有前款行为尚不构成犯罪，且不适用处分的人员，由保密行政管理部门督促其所在机关、单位予以处理。

第四十九条第一款 机关、单位违反本法规定，发生重大泄密案件的，由有关机关、单位依法对直接负责的主管人员和其他直接责任人员给予处分；不适用处分的人员，由保密行政管理部门督促其主管部门予以处理。

4.《国家教育考试违规处理办法》（中华人民共和国教育部令第33号）

第二条 本办法所称国家教育考试是指普通和成人高等学校招生考试、全国硕士研究生招生考试、高等教育自学考试等，由国务院教育行政部门确定实施，由经批准的实施教育考试的机构承办，面向社会公开、统一举行，其结果作为招收学历教育学生或者取得国家承认学历、学位证书依据的测试活动。

第六条　考生违背考试公平、公正原则，在考试过程中有下列行为之一的，应当认定为考试作弊：

……

（九）其他以不正当手段获得或者试图获得试题答案、考试成绩的行为。

第九条第二款　考生有第六条、第七条所列考试作弊行为之一的，其所报名参加考试的各阶段、各科成绩无效；参加高等教育自学考试的，当次考试各科成绩无效。

5.《事业单位工作人员处分暂行规定》（中华人民共和国人力资源和社会保障部、中华人民共和国监察部令第 18 号）

第十七条第一款　有下列行为之一的，给予警告或者记过处分；情节较重的，给予降低岗位等级或者撤职处分；情节严重的，给予开除处分：

……

（六）泄露国家秘密的；

……

（九）其他违反工作纪律失职渎职的行为。

6.《普通高等学校学生管理规定》（中华人民共和国教育部令第 41 号）

第五十二条　学生有下列情形之一，学校可以给予开除学籍处分：

……

（四）代替他人或者让他人代替自己参加考试、组织作弊、使用通讯设备或其他器材作弊、向他人出售考试试题或答案牟取利益，以及其他严重作弊或扰乱考试秩序行为的；

……

7.《中国共产党纪律处分条例》

第一百二十九条 在考试、录取工作中，有泄露试题、考场舞弊、涂改考卷、违规录取等违反有关规定行为的，给予警告或者严重警告处分；情节较重的，给予撤销党内职务或者留党察看处分；情节严重的，给予开除党籍处分。

8.《教育部关于全面落实研究生导师立德树人职责的意见》(教研〔2018〕1号)

二、强化研究生导师基本素质要求

4. 师德师风高尚。模范遵守教师职业道德规范，为人师表，爱岗敬业，以高尚的道德情操和人格魅力感染、引导学生，成为先进思想文化的传承者和社会进步的积极推动者；谨遵学术规范，恪守学术道德，自觉维护公平正义和风清气正的学术环境；科学选才，规范招生，正确行使导师权力，确保招生录取公平公正；有责任心和使命感，尽职尽责，确保足够的时间和精力及时给予研究生启发和指导；有仁爱之心，以德育人，以文化人。

9.《教育部办公厅关于进一步规范和加强研究生考试招生工作的通知》(教学厅〔2019〕2号)

一、严格考试组织管理，维护教育公平公正

(内容略)

10.《教育部办公厅关于印发〈全国硕士研究生招生考试自命题工作指导规范〉的通知》(教学厅〔2019〕12号)

(内容略)

11.《国务院学位委员会、教育部关于进一步严格规范学位与研究生教育质量管理的若干意见》(学位〔2020〕19号)

三、严格规范研究生考试招生工作

(七) 各地、各招生单位要强化考试管理，把维护考试安全作为一项重要政治责任，严格落实试卷安全保密、考场监督管理等制度要求，确保考试安全。招生单位作为自命题工作的组织管理主体，要强化对自命题工作的组织领导和统筹安排，坚决杜绝简单下放、层层转交。招生单位要对标国家教育考试标准，进一步完善自命题工作规范，切实加强对自命题工作全过程全方位，特别是关键环节、关键岗位、关键人员的监管，切实加强对自命题工作人员的教育培训，落实安全保密责任制，坚决防止出现命题制卷错误和失泄密情况。试卷评阅严格执行考生个人信息密封、多人分题评阅、评卷场所集中封闭管理等要求，确保客观准确。

12.《教育部关于印发〈研究生导师指导行为准则〉的通知》(教研〔2020〕12号)

二、科学公正参与招生。在参与招生宣传、命题阅卷、复试录取等工作中，严格遵守有关规定，公平公正，科学选才。认真完成研究生考试命题、复试、录取等各环节工作，确保录取研究生的政治素养和业务水平。不得组织或参与任何有可能损害考试招生公平公正的活动。

撰写人：张鸿雁

案例二 导师和研究生共同参与考研辅导

概要： 高校在职教师不能参加任何形式的考研辅导班，考试大纲编写人员、命题人员更是必须严守纪律。导师以“擦边球”方式，利用学生参与考研辅导，属于严重违规违纪行为，学生也构成了作弊助考行为，师生都应承担相应法律责任。

一、基本情况

近年来，随着考研热持续不断，考研辅导也不断升温。据媒体报道，目前出现了一种被考生戏称为“二人转、三人行”的考研辅导方式，即一些在读研究生借助导师关系，办起个人考研辅导。据记者采访，考生李某为提高学习效率，报了一所校外考研培训学校的辅导班，选择了报考学校目标专业的一名在读研究生作为辅导老师。该研究生自称已给多位考生做过专业课培训，非常有经验，成功率很高。李某向考研机构交了8000元学费，整个课程包括48个课时，分8次上课，每次5个小时。该研究生为其梳理考试重点并指导答题技巧，还提供了历年的考试真题和专业书单。

记者采访了该研究生，据其透露，平时资料来源于自己的导师徐某。徐某作为该校研究生招生考试的专业命题教师，家庭经济压力较大，但囿于学校规定，不能参与考研辅导，于是师生两人达成协议，采用此类变通方法，按比例分配所获收入。该研究生为了宣传和招生方便，受雇于这家考研机构，按比例缴纳管理费。但实际上该机构并不具有教育培训资质，其工商注册信息中，经营范围包括经济贸易咨询、公共关系服务、文艺创作等，唯一勉强与教育相关的是“教育咨询”。

二、问题解析

本案例的焦点在于如何管理学校在职教师和在校生参与考研辅导培训工作。本案例中师生两人合谋通过考研辅导谋利，师生关系异化为利益关系，给学校声誉带来严重的不良影响。

第一，高校在职教师不得参加任何形式考研辅导培训，违者将承担相应的法律责任。

为维护研究生招生工作的良好环境和秩序，保障研究生招生考试的公平性，教育部三令五申高校在职教师不得参加考研辅导。《教育部关于做好2005年招收攻读硕士学位研究生工作的通知》中就明确，为维护国家教育考试的公正性、严肃性，要按照“教考分离”的原则，命题（审题）人员均不得举办或参与任何形式的考研辅导活动，并要求“各研究生招生单位一律不得举办考研辅导班”。2008年，《教育部关于进一步加强考研辅导活动管理的通知》非常明确地指出要坚决清理、取缔在高校内部进行的考研辅导活动，并要求考试大纲编写人员、命题人员须严守纪律。

对于各类违规的考研辅导活动，教育部历年的《全国硕士研究生招生工作管理规定》等文件都明确要坚决予以清理取缔并追究有关部门和相关人员责任。该案例中徐某作为命题教师，虽然没有亲自参与考研辅导，但其向在读研究生提供辅导资料，变相参与考研辅导的行为已经严重违规，学校应当坚决制止并给予相应的纪律处分。如案例一中所讨论的，招生单位的自命题属于机密级国家秘密，徐某如果在辅导资料中将考试试题泄露给学生，则属于泄露国家秘密行为，还应依法承担相应的法律责任。

第二，在校研究生违规参与考研辅导属于违纪行为，但应当和学生从事合法培训区分开来。

由于研究生招生考试的严肃性和公平性，教育部不仅禁止学校和在职教师从事考研辅导工作，还对在校生做出了一定的要求，即“在校生不得举办或参与助考作弊、虚假宣传等涉考违规违法活动”的要求。对有以上行为的学生，学校可以根据《普通高等学校学生管理规定》给予其相应的纪律处分。本案例中涉及的研究生利用与导师的关系，获取与考试命题相关的辅导资料，并以个人辅导的形式向考生讲授与专业考试相关的重点和要点，已经构成了助考作弊行为。对此，学校应当制止其行为，并根据校规校纪视情节给予其批评教育乃至纪律处分。实践中，有个别研究生利用其作为复试助手等“优势”，开展所谓复试指导，其也属违规活动。

当然，在这里应注意学生合法劳动与助考作弊行为的区别，如学生是凭着自身学识向考生传授经验和讲授知识，以获取一定的报酬，并没有获取内部资料的情形，则应当和本案例的情况相区分。但是，此类考研辅导行为并非国家和学校认可的勤工助学行为，属于学生付出劳动的雇佣合同，双方都应当遵守民法相关规定。如果学生是参与到教育机构进行此类工作，为避免不必要的法律纠纷，则应根据《中华人民共和国民办教育促进法》等相关法律法规进行相关活动。培训教育机构应当具备相应的资质，学生应当具有相应的职业资格，否则就是违法行为。

三、对策建议

本案例中导师不尽心育人，学生不尽力学习，导学关系沦为经济上的合伙人关系，其确实可悲。而且师生合谋，泄露本应该保密的与专业考试试题相关的资料也暴露出该学校研究生招生工作中存在管理漏洞。

第一，加强对在校师生参与考研辅导的查处。学校要落实教育部的相关规定，坚决制止在校师生参与违规考研辅导活动，设立社会监督举报通道，及早发现问题，及时处理，同时进一步明确监管责任，落实到各个院系，加强对师生全面监督管理。

第二，建立健全对考研辅导的市场监管机制，净化研究生招生考试环境。教育行政部门、研究生招生管理部门和各级教育纪检监察部门要按照《中华人民共和国民办教育促进法》及其实施条例的规定落实对社会培训机构举办考研辅导活动的监管责任，加大监管力度。同时联合相关市场监管部门，发挥社会媒体等舆论监督的作用，建立社会、政府和高校三级联动的监督管理机制，大力治理考研辅导乱象。

第三，加强教师的师德师风建设，树立教师的法治意识和规则意识。本案例中涉事教师徐某的行为违反师德要求，违反学校相关纪律要求，对此，学校应当加强相关纪律要求的教育宣传，让教师们知道禁区和底线。与此同时，针对本案例中暴露出的学校对教师关心不够的问题也要高度关注，要多方提升教师的福利待遇，优化薪酬政策，增强获得感和幸福感，保证生活问题不会影响到高校教师的精神追求，使其能专注于研究生人才培养。

四、法律法规链接

1.《普通高等学校学生管理规定》(中华人民共和国教育部令第 41 号)

第五十二条　学生有下列情形之一，学校可以给予开除学籍处分：

……

(四) 代替他人或者让他人代替自己参加考试、组织作弊、使用通讯设备或其他器材作弊、向他人出售考试试题或答案牟取利益，以及其他严重作弊或扰乱考试秩序行为的；

……

（六）违反本规定和学校规定，严重影响学校教育教学秩序、生活秩序以及公共场所管理秩序的；

……

2.《国家教育考试违规处理办法》（中华人民共和国教育部令第33号）

第十六条 违反保密规定，造成国家教育考试的试题、答案及评分参考（包括副题及其答案及评分参考，下同）丢失、损毁、泄密，或者使考生答卷在保密期限内发生重大事故的，由有关部门视情节轻重，分别给予责任人和有关负责人行政处分；构成犯罪的，由司法机关依法追究刑事责任。

盗窃、损毁、传播在保密期限内的国家教育考试试题、答案及评分参考、考生答卷、考试成绩的，由有关部门依法追究有关人员的责任；构成犯罪的，由司法机关依法追究刑事责任。

3.《教育部关于做好2005年招收攻读硕士学位研究生工作的通知》（教学〔2004〕27号）

一、关于考试环境的综合整治工作

2. 按照“教考分离”的原则，为维护国家教育考试的公正性、严肃性，命题（审题）人员均不得举办或参与任何形式的考研辅导活动。各研究生招生单位一律不得举办考研辅导班。

4.《教育部关于进一步加强考研辅导活动管理的通知》（教学〔2008〕1号）

（内容略）

5.《教育部关于印发〈2019年全国硕士研究生招生工作管理规定〉的通知》(教学〔2018〕5号)

第八十五条　各级教育行政部门、教育招生考试机构和研究生招生单位要认真落实《教育部关于进一步加强考研辅导活动管理的通知》(教学〔2008〕1号)等要求，加强考研辅导活动监管和依法整治。

对社会培训机构违规开展辅导培训或发布虚假招生宣传(广告)骗取钱财的，当地教育行政部门或其他有关部门应依据《中华人民共和国民办教育促进法》《中华人民共和国广告法》等责令其限期改正，并予以警告；有违法所得的，没收非法所得；情节严重的责令停止招生，吊销办学许可证和营业执照；构成犯罪的依法追究法律责任。

严禁招生单位内部任何部门和人员(包括在校生)举办或参与举办考试招生辅导活动，严禁招生单位向社会培训机构提供考试招生辅导活动场所和设施，严禁招生单位委托社会培训机构进行考试招生辅导培训、招生宣传和组织活动。违反规定的要坚决清理取缔并追究有关部门和相关人员责任。

6.《教育部关于印发〈研究生导师指导行为准则〉的通知》(教研〔2020〕12号)

二、科学公正参与招生。在参与招生宣传、命题阅卷、复试录取等工作中，严格遵守有关规定，公平公正，科学选才。认真完成研究生考试命题、复试、录取等各环节工作，确保录取研究生的政治素养和业务水平。不得组织或参与任何有可能损害考试招生公平公正的活动。

撰写人：张鸿雁

案例三 导师在招生复试中篡改成绩

概要：导师在招生考试中应当恪守公平公正原则，严格遵守回避等制度要求，不得以权谋私，徇私舞弊。“篡改成绩”“收取好处费”的行为严重违反考试招生纪律，收取大额的贿赂行为更是触犯刑律，构成非国家工作人员受贿罪。

一、基本情况

教师陈某、张某系某校 XX 学院硕士研究生指导教师，其二人作为复试教师参与到本专业硕士研究生招生复试中，其中陈某是面试组组长。在复试中，陈某借休息机会与同组面试教师张某私下沟通，两人分别有亲属江某、李某参加本次复试，而且各自都被“打了招呼”。在面试结束后，陈某、张某查看了各自亲属的复试记录，发现两位亲属的分数都不高，可能无法录取，于是将两位亲属的复试成绩进行了修改。陈某又担心只修改这两位考生的分数太过明显，遂又修改了另外一位考生的复试分数。修改分数后，陈某作为学院招生考试负责人，主持召开了学院招生工作领导小组会议，告知因学院需要优秀生源，特此修改了三位考生的复试成绩，保证学院的优秀生源率，会议表决通过。

事后，学校研究生招生工作人员发现在学院的复试记录中有三位考生的复试成绩存在明显改动痕迹，遂展开调查，查明以下事实：陈某、张某分别收取了各自亲属考生江某、李某的“好处费”5 万元。

事件查明后，学校取消了考生江某、李某的录取资格，对涉事人员陈某、张某进行了停职处理，并给予相应的行政处分。

二、问题解析

本案例是一起典型的研究生招生复试徇私舞弊的案例，教师陈某、张某以及考生江某、李某的行为属于违纪违法行为，应当承担相应的法律责任。

第一，陈某、张某作为考生亲属，违反招生回避制度参与复试，属于违纪行为。

为确保研究生招生考试的公平公正，与考生有亲属关系以及利害关系的教职员工应当严格执行回避制度，不能参与研究生招生录取相关工作。对于专业教师而言，如果存在着应当回避的情况则应主动申报，不能参加命题、复试等录取考核工作。陈某、张某作为考生江某、李某的亲戚，是江某、李某报考专业的教师，按规定是不能参与本次研究生招生考试复试的，但陈某、张某隐瞒亲属关系，甚至私下和考生江某、李某见面。对此，教育部明文予以禁止。《教育部办公厅关于做好 2014 年硕士学位研究生招生考试执法监察工作的通知》中就明确指出，要“加强复试巡视监督，重点核实复试工作人员是否执行回避政策，确保导师和考官在复试前不与考生单独接触”。根据《普通高等学校招生违规行为处理暂行办法》以及《国家教育考试违规处理办法》的相关规定，陈某因其违反回避制度参加复试的行为应当被暂停其负责的招生工作，由有关部门视情节轻重依法给予相应处分或者其他处理；涉嫌犯罪的，依法移送司法机关处理。

第二，陈某、张某擅自修改考生复试成绩并收取“好处费”的情况属于严重的考试徇私舞弊行为。

根据全国研究生招生工作管理的相关规定，复试是硕士研究生招生考试的重要组成部分，用于考查考生的创新能力、专业素养和综合素质等，是硕士研究生录取的必要环节，复试不合格者不予录取。复试是由招生单位自行组织的，而专业面试是复试考查学生综合能力的重要途径，但因评价标准主观性较强，面试的公平公正性更需要纪律和制度的保障。在本案例中，陈某、张某违反回避制度参与复试已经违规违纪，收取“好处费”，在复试记录上私自修改考生成绩，则是错上加错，是严重的考试徇私舞弊行为。依据《普通高等学校招生违规行为处理暂行办法》以及《国家教育考试违规处理办法》的相关规定，应当依法承担相应的责任。

教师作为高校工作人员，陈某、张某等人收取所谓“好处费”的行为，依据《事业单位人事管理条例》《事业单位工作人员处分暂行规定》的规定，是触犯师德底线、违反廉洁从业纪律的受贿行为，其情节严重者，最高可以给予开除处分。依据我国《刑法》以及相关司法解释的规定，如果高校教师参与研究生招生考试复试，接受请托，在履行职务行为中徇私舞弊，收取贿赂超过法定的 6 万元数额的标准，则构成了非国家工作人员受贿罪，应当依法追究其刑事责任。当然，陈某、张某等人如果是党员，还应当接受党纪处分。

而在本案中陈某、张某等人作为研究生招生考试的相关负责人，其主持学院的招生面试工作领导小组会议，并形成决议，其接受贿赂、打招呼影响复试结果的行为，依据我国《刑法》相关规定，属于履行职务行为中徇私舞弊，收受贿赂超过 3 万元，则构成受贿罪。目前司法判例中已经有了此类人员在招生考试收取贿赂以受贿罪论处的典型案例。

第三，考生江某、李某的行为属于考试违纪行为，应当依法承担相应责任。

在本案例中，考生江某、李某请托陈某、张某在复试中予以照顾，并给予“好处费”，其已经严重违反考试纪律。对此，依据《国家教育考试违规处理办法》的规定，属于考试工作人员协助作弊的考试违纪行为，其所报名参加考试的各阶段、各科成绩无效。在本案例中，取消考生江某、李某资格的做法合法依规。如江某给予陈某、李某给予张某的“好处费”，金额超过 3 万元，则构成行贿罪，应依法追究刑事责任。

三、对策建议

研究生招生考试环节多，考务工作复杂，其公平公正性受到社会广泛关注。在本案例中，教师陈某等人接受请托，收取贿赂的行为已严重违纪违法，并触犯刑律，其教训值得每位高校教职员工吸取。在现实中，如陈某这种直接收取贿赂并现场打招呼的情况很少见，但参与复试的教师被打招呼，请求给予照顾的情形却很普遍，教师往往会碍于情面不得不接受，这对于研究生招生考试的公平公正性影响很大，对于教师本人的影响也不小。对此，我们建议：

第一，进一步完善研究生招生考试制度，重点加强复试等考试环节的制度设计。立足研究生人才的培养目标，进一步科学量化研究生招生考试选人标准，不能唯分论，也不能唯人论，科学设置初试、复试的考试内容、考试方式等，合理分配各环节的分数权重，选拔德智体美劳综合全面发展的人才进入范围。要加强各环节的考务管理，要严格落实回避制度和纪律要求，实现复试小组随机抽选的“双盲制度”，避免面试教师“一言堂”的情况出现，减少人为因素对于考试评价的影响。

第二，进一步加强研究生考试工作的执法监察。纪检监察部门要严格落实《教育部办公厅关于进一步规范和加强研究生考试招生工作的通知》等文件规定，全面加强考试执法监察工作，营造风清气正的考试环境。实现人防和技防相结合，通过签订保密责任书、信息公开等方式层层压实责任，主动接受监督，通过考试全程录像、现场抽签等方式事事留痕，避免各种外界因素干扰；及时并严肃处理出现的违规违纪行为，维护研招的公平公正。本案例中陈某等人的情况暴露出了该学校研究生招生考试存在管理漏洞，对此，学校应当加强监管，不仅要追究陈某等人的责任，也要明确研究生招生部门、院系相关负责人的监管教育责任，必要时应进行追责，要求其责任到位、工作到位。

第三，进一步加强教育宣传，增强教师的育人意识和法治意识。陈某等人法治意识淡薄，缺乏对研招工作严肃性和重要性的明确认识，导致出现严重违纪违法行为。对此，学校应当深入宣传教育，加强师风师德宣传，对于研究生招生工作人员要重点严明纪律要求，明确行为规范，要做到事事小心、处处注意，把规矩作为红线、底线和高压线。

四、法律法规链接

1.《中华人民共和国刑法》

第一百六十三条第一款 公司、企业或者其他单位的工作人员，利用职务上的便利，索取他人财物或者非法收受他人财物，为他人谋取利益，数额较大的，处三年以下有期徒刑或者拘役，并处罚金；数额巨大或者有其他严重情节的，处三年以上十年以下有期徒刑，并处罚金；数额特别巨大或者有其他特别严重情节的，处十年以上有期徒刑或者无期徒刑，并处罚金。

第三百八十五条 国家工作人员利用职务上的便利，索取他人财物的，或者非法收受他人财物，为他人谋取利益的，是受贿罪。

国家工作人员在经济往来中，违反国家规定，收受各种名义的回扣、手续费，归个人所有的，以受贿论处。

第三百八十六条　对犯受贿罪的，根据受贿所得数额及情节，依照本法第三百八十三条的规定处罚。索贿的从重处罚。

2.《最高人民法院、最高人民检察院关于办理贪污贿赂刑事案件适用法律若干问题的解释》(法释〔2016〕9号)

第一条第一款　贪污或者受贿数额在三万元以上不满二十万元的，应当认定为刑法第三百八十三条第一款规定的"数额较大"，依法判处三年以下有期徒刑或者拘役，并处罚金。

第七条第一款　为谋取不正当利益，向国家工作人员行贿，数额在三万元以上的，应当依照刑法第三百九十条的规定以行贿罪追究刑事责任。

第十一条第一款　刑法第一百六十三条规定的非国家工作人员受贿罪、第二百七十一条规定的职务侵占罪中的"数额较大""数额巨大"的数额起点，按照本解释关于受贿罪、贪污罪相对应的数额标准规定的二倍、五倍执行。

3.《中华人民共和国教育法》

第七十七条第一款　在招收学生工作中滥用职权、玩忽职守、徇私舞弊的，由教育行政部门或者其他有关行政部门责令退回招收的不符合入学条件的人员；对直接负责的主管人员和其他直接责任人员，依法给予处分；构成犯罪的，依法追究刑事责任。

4.《国家教育考试违规处理办法》(中华人民共和国教育部令第33号)

第七条　教育考试机构、考试工作人员在考试过程中或者在考试结束后发现下列行为之一的，应当认定相关的考生实施了考试作弊行为：

……

（四）考试工作人员协助实施作弊行为，事后查实的；

……

第九条第二款 考生有第六条、第七条所列考试作弊行为之一的，其所报名参加考试的各阶段、各科成绩无效；参加高等教育自学考试的，当次考试各科成绩无效。

第十四条 考试工作人员有下列作弊行为之一的，应当停止其参加国家教育考试工作，由教育考试机构或者其所在单位视情节轻重分别给予相应的行政处分，并调离考试工作岗位；情节严重，构成犯罪的，由司法机关依法追究刑事责任：

……

（九）利用考试工作便利，索贿、受贿、以权徇私的；

……

第十七条 有下列行为之一的，由教育考试机构建议行为人所在单位给予行政处分；违反《中华人民共和国治安管理处罚法》的，由公安机关依法处理；构成犯罪的，由司法机关依法追究刑事责任：

……

（四）利用职权，包庇、掩盖作弊行为或者胁迫他人作弊的；

……

国家工作人员有前款行为的，教育考试机构应当建议有关纪检、监察部门，根据有关规定从重处理。

5.《普通高等学校招生违规行为处理暂行办法》（中华人民共和国教育部令第36号）

第十条 招生工作人员有下列情形之一的，其所在单位应当立即责令暂停其负责的招生工作，由有关部门视情节轻重依法给予相应处分或者其他处理；涉嫌犯罪的，依法移送司法机关处理。

……

（六）违反回避制度，应当回避而没有回避的；

（七）索取或收受考生及家长财物，接受宴请等可能影响公正履职活动安排的；

……

第十二条　实行高校招生工作问责制。高校校长、招生考试机构主要负责人、教育行政部门主要负责人是招生工作的第一责任人，对本校、本部门、本地区的招生工作负全面领导责任。

在招生工作中，因违规行为造成严重后果和恶劣影响的，除追究直接负责人的责任外，还应当根据领导干部问责的相关规定，对有关责任人实行问责。

第十三条　对在高校招生工作中违规人员的处理，由有权查处的部门按照管理权限，依据《中华人民共和国行政监察法》《行政机关公务员处分条例》《事业单位工作人员处分暂行规定》等相关规定，依法予以监察处理、作出处分决定或者给予其他处理。

6.《事业单位人事管理条例》（中华人民共和国国务院令第652号）

第二十八条　事业单位工作人员有下列行为之一的，给予处分：

（一）损害国家声誉和利益的；

（二）失职渎职；

（三）利用工作之便谋取不正当利益的；

……

7.《事业单位工作人员处分暂行规定》（中华人民共和国人力资源和社会保障部、中华人民共和国监察部令第 18 号）

第十八条第一款 有下列行为之一的，给予警告或者记过处分；情节较重的，给予降低岗位等级或者撤职处分；情节严重的，给予开除处分：

（一）贪污、索贿、受贿、行贿、介绍贿赂、挪用公款的；

……

8.《新时代高校教师职业行为十项准则》（教师〔2018〕16 号）

八、秉持公平诚信。坚持原则，处事公道，光明磊落，为人正直；不得在招生、考试、推优、保研、就业及绩效考核、岗位聘用、职称评聘、评优评奖等工作中徇私舞弊、弄虚作假。

9.《教育部办公厅关于进一步规范和加强研究生考试招生工作的通知》（教学厅〔2019〕2 号）

二、切实规范复试工作，强化能力素质考核

（内容略）

六、加强组织领导，强化监督检查

（内容略）

10.《教育部办公厅关于做好 2014 年硕士学位研究生招生考试执法监察工作的通知》（教监厅〔2013〕2 号）

（内容略）

11.《国务院学位委员会、教育部关于进一步严格规范学位与研究生教育质量管理的若干意见》（学位〔2020〕19 号）

三、严格规范研究生考试招生工作

（八）招生单位要切实规范研究生招生工作，加强招生工作的统一领导和监督，层层压实责任，将招生纪律约束贯穿于命题、初试、评卷、复试、调剂、录取全过程，牢牢守住研究生招生工作的纪律红线。要进一步完善复试工作制度机制，加强复试规范管理，统一制定复试小组工作基本规范，复试小组成员须现场独立评分，评分记录和考生作答情况要交招生单位研究生招生管理部门集中统一保管，任何人不得改动。复试全程要录音录像，要规范调剂工作程序，提升服务质量。要严格执行国家政策规定，坚持择优录取，不得设置歧视性条件，除国家有特别规定的专项计划外，不得按单位、行业、地域、学校层次类别等限定生源范围。

12.《中国共产党纪律处分条例》

第一百二十九条　在考试、录取工作中，有泄露试题、考场舞弊、涂改考卷、违规录取等违反有关规定行为的，给予警告或者严重警告处分；情节较重的，给予撤销党内职务或者留党察看处分；情节严重的，给予开除党籍处分。

13.《教育部关于印发〈研究生导师指导行为准则〉的通知》（教研〔2020〕12号）

二、科学公正参与招生。在参与招生宣传、命题阅卷、复试录取等工作中，严格遵守有关规定，公平公正，科学选才。认真完成研究生考试命题、复试、录取等各环节工作，确保录取研究生的政治素养和业务水平。不得组织或参与任何有可能损害考试招生公平公正的活动。

14. 王XX行贿罪一审刑事判决书，（2015）禹刑初重字第00015号

中国裁判文书网：https：//wenshu. court. gov. cn/website/wenshu/181107ANFZ0BXSK4/index. html？ docId＝87dcf47dd04544 fc87d3a75c00bcaa5d.

撰写人：张珂

案例四 导师在博士研究生招生中的“权钱交易”

概要：导师应科学选才，规范招生，正确行使导师权力，确保招生录取公平公正。在博士研究生招生中应当全面考察候选人的科研创新能力和专业学术潜质，不得滥用招生自主权，更不能以权谋私，做权钱交易，否则将承担相应法律责任。

一、基本情况

近期，某高校发布博士研究生招生章程，章程公布博士研究生招生实行“申请—考核”制，即指对于符合条件的考生，经申请并通过资格审查后，无须初试，直接进入复试考核的招生方式。

该校某学院副院长刘某作为博士研究生指导教师，今年有一位博士生招生计划。考生赵某申请完毕后，便主动联系并宴请刘某，刘某没有拒绝并赴宴。期间，赵某讨好刘某，让刘某很满意。宴请后，赵某又以土特产的名义向刘某赠送一箱礼品。回家后，刘某发现箱内有个厚信封，里面有 6 万元现金，刘某自以为没人知道就收下了。

事后，刘某没有审核所有申请材料，直接确定了赵某一人作为进入复试的人选，其他人均不考虑。经复试后，赵某如愿以偿地被录取了。而在就读博士研究生期间，赵某也经常私下宴请刘某，并给刘某送礼，希望刘某可以对自己的学术要求放宽一些，让自己顺利如期毕业。事情一直没有败露，直到毕业时，赵某的博士论文被抽检，发现其论文有高达50%的重复率，整个事件才浮出水面。经调查，赵某的博士论文基本上都是抄袭他人论文和著作，而刘某对赵某的行为睁一只眼、闭一只眼，没有尽到指导的责任。经学校研究决定，导师刘某被停职，并受到相应行政处分，赵某则被取消学籍。

二、问题解析

本案例是一起典型的博士研究生招生“权钱交易”案件，和上一个硕士研究生招生考试中违规违纪行为有共性，但有其特殊之处。本案例中，赵某向博士生导师刘某行贿，刘某滥用自主权违规录取。培养过程中，刘某的行为有悖师德，赵某出现严重学术不端行为。

第一，刘某滥用导师自主权录取赵某，其行为严重违纪违法，触犯刑法。

博士研究生是高等教育人才培养的最高层次，对于落实五大发展理念，增强国家创新能力具有重要意义。对于博士研究生的招生录取，《教育部、国家发展改革委、财政部关于深化研究生教育改革的意见》中就明确指出，“建立博士研究生选拔‘申请—审核’机制，发挥专家组审核作用，强化对科研创新能力和专业学术潜质的考察。”相对于硕士研究生招生考试，博士研究生招生选拔并非属于国家教育考试系列，多为学校自主组织，尤其是随着博士研究生“申请—审核”选拔制度的实施，学校和博士生导师被赋予了更大的自主权，可根据专业人才培养要求自设条件进行选拔。在本案例中，作为博士生导师的刘某有一个招生指标，其可以在学校规定的基本选拔标准上，根据自己的专业要求设定条件并进行录取。但刘某滥用导师自主权，接受赵某宴请和贿赂后，违反程序自行决定将其作为复试候选人。

《教育部办公厅关于做好2017年招收攻读博士学位研究生工作的通知》中明确要求，对申请人提交的申请材料，招生单位应组织本单位相关学术组织和导师组按照相关办法和程序认真审核，给出审核意见或成绩。而刘某没有审核材料，随意确定进入复试的人选，不仅违反了相关规定，而且对其他博士研究生申请人极不负责任，有失公平公正的原则，应当给予其党纪政纪处分、取消其博士研究生指导教师资格等处理。刘某收取6万元的贿赂，已经达到非国家工作人员受贿罪的法定数额，应当追究其刑事责任。

第二，赵某使用贿赂手段获得录取资格，应当承担相应的法律责任。

为了获得博士研究生录取资格，赵某宴请了博士生导师刘某，并进行了行贿行为，其行为严重违规违纪。依据《普通高等学校招生违规行为处理暂行办法》《普通高等学校学生管理规定》的规定，其属于通过作弊手段取得录取资格，应当取消其学籍。因其行贿数额较大，同时还构成向非国家工作人员行贿罪，应当依法追究其刑事责任。

第三，刘某在培养过程没有尽职尽责，导致赵某论文出现严重学术不端行为，师生都应承担相应责任。

当前博士研究生人才培养意义重大，但规模有限，导师应当珍惜手中的招生指标，尽心尽力培养。但赵某在被录取后，一味拉关系、混学历，不断给导师财物，刘某只是听之任之。最后赵某论文存在严重的抄袭情况，违背学术道德和学术规范，依据《学位论文作假行为处理办法》等规定，学生应当取消学位申请资格。而指导教师未履行学术道德和学术规范教育、论文指导和审查把关等职责，其指导的学位论文存在作假情形的，学位授予单位可以给予警告、记过处分；情节严重的，可以降低岗位等级直至给予开除处分或者解除聘任合同。

三、对策建议

本案例是一起典型的博士研究生招生“权钱交易”案件。必须承认，这种基于交易形成的导学关系虽然属个别极端情况，但对于教育公平公正以及研究生人才培养质量都有着很大的负面影响。如果不因赵某论文作假的行为导致东窗事发，这个案件可能就一直不为所知，会给之后的招生工作带来持续的负面影响。对此，我们的建议如下：

第一，健全完善博士研究生招生选拔机制。本案例中暴露出该学校的博士生“申请—审核”机制存在管理漏洞，博士研究生复试环节成为导师的“一言堂”，未经任何程序即可决定进入复试的人选。对此，学校应当科学设置申请条件和审核程序，要将申请人的思想品德考核放在首位，加强创新能力考查，避免出现像赵某这种投机取巧之辈，同时发挥和规范导师在选拔录取中的作用。要在尊重导师本人意见的基础上，充分发挥专家组的作用，实现集体决策，形成分类考试、综合评价、多元录取的考试招生制度。

第二，加强博士研究生招生选拔工作的监察监管。学校应进一步完善覆盖博士研究生招生全过程的监督管理体系，做好信息公开等工作，主动接受监督，及时处理问题。博士研究生选拔和硕士研究生招生考试在要求和内容都大相径庭，故博士研究生选拔要在招生办法、招生流程和招生信息公开上多下功夫，确保程序公开、公正、公平。

第三，建立健全博士研究生人才选拔质量保障体系。博士研究生的录取只是开始，关键在于其后的培养，培养单位要通过健全中期考核和分流退出等机制，确保培养质量。同时，通过招生计划动态调整等机制，建立人才培养质量和导师挂钩的绩效评价机制，增强导师的责任心和主动性，进一步加强导师责任教育，明确导师在人才培养过程中的岗位职责和思政教育责任。

四、法律法规链接

1.《普通高等学校学生管理规定》（中华人民共和国教育部令第 41 号）

第三十七条第一款 对违反国家招生规定取得入学资格或者学籍的，学校应当取消其学籍，不得发给学历证书、学位证书；已发的学历证书、学位证书，学校应当依法予以撤销。对以作弊、剽窃、抄袭等学术不端行为或者其他不正当手段获得学历证书、学位证书的，学校应当依法予以撤销。

2.《学位论文作假行为处理办法》（中华人民共和国教育部令第 34 号）

第三条 本办法所称学位论文作假行为包括下列情形：

……

（三）剽窃他人作品和学术成果的；

……

第四条 学位申请人员应当恪守学术道德和学术规范，在指导教师指导下独立完成学位论文。

第五条 指导教师应当对学位申请人员进行学术道德、学术规范教育，对其学位论文研究和撰写过程予以指导，对学位论文是否由其独立完成进行审查。

第七条　学位申请人员的学位论文出现购买、由他人代写、剽窃或者伪造数据等作假情形的，学位授予单位可以取消其学位申请资格；已经获得学位的，学位授予单位可以依法撤销其学位，并注销学位证书。取消学位申请资格或者撤销学位的处理决定应当向社会公布。从做出处理决定之日起至少3年内，各学位授予单位不得再接受其学位申请。

前款规定的学位申请人员为在读学生的，其所在学校或者学位授予单位可以给予开除学籍处分；为在职人员的，学位授予单位除给予纪律处分外，还应当通报其所在单位。

第九条　指导教师未履行学术道德和学术规范教育、论文指导和审查把关等职责，其指导的学位论文存在作假情形的，学位授予单位可以给予警告、记过处分；情节严重的，可以降低岗位等级直至给予开除处分或者解除聘任合同。

3.《普通高等学校招生违规行为处理暂行办法》（中华人民共和国教育部令第36号）

第十条　招生工作人员有下列情形之一的，其所在单位应当立即责令暂停其负责的招生工作，由有关部门视情节轻重依法给予相应处分或者其他处理；涉嫌犯罪的，依法移送司法机关处理。

……

（七）索取或收受考生及家长财物，接受宴请等可能影响公正履职活动安排的；

……

第十一条第一款　考生有下列情形之一的，应当如实记入其考试诚信档案。下列行为在报名阶段发现的，取消报考资格；在入学前发现的，取消入学资格；入学后发现的，取消录取资格或者学籍；毕业后发现的，由教育行政部门宣布学历、学位证书无效，责令收回或者予以没收；涉嫌犯罪的，依法移送司法机关处理。

……

（四）其他严重违反高校招生规定的弄虚作假行为。

4.《教育部、国家发展改革委、财政部关于深化研究生教育改革的意见》（教研〔2013〕1号）

二、改革招生选拔制度

6. 完善招生选拔办法。推进学术学位与专业学位硕士研究生分类考试。完善专业学位研究生考试办法，注重选拔具有一定实践经验的优秀在职人员。建立博士研究生选拔“申请—审核”机制，发挥专家组审核作用，强化对科研创新能力和专业学术潜质的考察。建立博士研究生中期分流名额补充机制。对具有特殊才能的人才建立专门的选拔程序。加强对考试招生工作的管理和监督。强化考试安全工作。

5.《新时代高校教师职业行为十项准则》（教师〔2018〕16号）

八、秉持公平诚信。坚持原则，处事公道，光明磊落，为人正直；不得在招生、考试、推优、保研、就业及绩效考核、岗位聘用、职称评聘、评优评奖等工作中徇私舞弊、弄虚作假。

九、坚守廉洁自律。严于律己，清廉从教；不得索要、收受学生及家长财物，不得参加由学生及家长付费的宴请、旅游、娱乐休闲等活动，或利用家长资源谋取私利。

6.《教育部关于全面落实研究生导师立德树人职责的意见》（教研〔2018〕1号）

15. 落实督导检查机制。教育行政部门和研究生培养单位要把研究生导师立德树人职责落实情况纳入教学督导范畴，加强督导检查。对于未能履行立德树人职责的研究生导师，研究生培养单位视情况采取约谈、限招、停招、取消导师资格等处理措施；对有违反师德行为的，实行一票否决，并依法依规给予相应处理。

7.《教育部办公厅关于做好2017年招收攻读博士学位研究生工作的通知》（教学厅〔2017〕2号）

（内容略）

8.《教育部关于加强博士生导师岗位管理的若干意见》（教研〔2020〕11号）

二、明确导师岗位权责。博士生导师是因博士生培养需要而设立的岗位，不是职称体系中的一个固定层次或荣誉称号。博士生导师的首要任务是人才培养，承担着对博士生进行思想政治教育、学术规范训练、创新能力培养等职责，要严格遵守研究生导师指导行为准则。培养单位要切实保障和规范博士生导师的招生权、指导权、评价权和管理权，坚定支持导师按照规章制度严格博士生学业管理，增强博士生导师的责任感、使命感、荣誉感，营造尊师重教良好氛围。

八、完善岗位退出程序。对于未能有效履行岗位职责，在博士生招生、培养、学位授予等环节出现严重问题的导师，培养单位应视情况采取约谈、限招、停招、退出导师岗位等措施。对师德失范者和违法违纪者，要严肃处理并对有关责任人予以追责问责。对于导师退出指导岗位所涉及的博士生，应妥善安排，做好后续培养工作。

9.《教育部关于印发〈研究生导师指导行为准则〉的通知》（教研〔2020〕12号）

二、科学公正参与招生。在参与招生宣传、命题阅卷、复试录取等工作中，严格遵守有关规定，公平公正，科学选才。认真完成研究生考试命题、复试、录取等各环节工作，确保录取研究生的政治素养和业务水平。不得组织或参与任何有可能损害考试招生公平公正的活动。

撰写人：张珂

案例五 招生复试中的公平选拔

概要：研究生招生考试中，除国家专项计划等法定事由之外，不能限定生源范围和设置歧视性条件。导师应立足于选拔拔尖创新人才和高层次应用型人才的标准，依法依规行使招生自主权，全面考核考生的专业素养、综合素质和科研发展潜力。

一、基本情况

小李系某二本高校的本科生，报考了某985高校的硕士研究生，以专业成绩笔试第一名入围复试。但经过复试后，她却榜上无名。小李认为自己遭遇了招生黑幕，她提出有导师在面试时专门询问自己本科院校的情况，存在学历背景歧视之嫌。她还提出，参加复试的导师存在性别歧视的情况，不愿意招女生，对此，她专门拿出某导师的微博言论作为证据。该导师在谈及某次面试免试推荐的研究生时，感慨仅有一名男生入围，性别比例严重失调。他认为根据以往经验，女生读研后，大多混个文凭准备就业、嫁人，毕业后很少有从事科学研究的，免试推荐这么多女生属于浪费名额。另外，该导师在微博中还有不少其他有争议的言论，如认为学生进入师门至少有半斤酒量，等等。为此，小李向该校的纪检监察部门和招生部门举报复试导师组，要求还以公道。

经学校调查，小李未能录取，并非因为所谓的性别歧视和学历歧视，而是因其专业理论功底较差，复试分数很低，根据学校的录取规则排名靠后，未能入围。学校专门调取复试时的录像，查实参与复试的导师都无违规违法之处。小李提及的某导师，并没参加该次复试工作，但确实在微博上发表过不当言论，对此，学校有关部门约谈了该导师，并给予警示和提醒。

二、问题解析

该案例中小李以高分初试成绩进入复试却未被录取，因个别导师的不当言论，对研究生招生考试的公平性和公正性提出质疑，这从一个侧面反映出社会公众对于研究生招生考试以及导师言行的期待和要求。

第一，研究生招生考试重在考察考生的综合素质尤其是科研创新能力。研究生招生要择优录取，但绝非是唯分数论。本案例中的小李初试高分最终但未能录取的情况在现实中并不少见。一些考生虽然初试成绩很高，但并不具备研究生阶段学习相应的理论知识积淀和科研创新能力，在复试中不被导师看好，导致整体分数较低而未被录取，这种情况符合研究生招生考试的选拔标准以及规则程序要求，是合规合法的。当然，对于此类情况，复试导师组给予的分数应当经得起考验和质疑。在本案例中，复试导师组的人员组成、复试程序等均合法合规，其做出的决定也合法合理，学校留存的录像给予了有力证明。

第二，研究生招生考试应当公平公正地保障每位考生的合法权益。研究生招生除国家专项计划等法定事由之外，招生单位不能限定生源范围、不能设置歧视性条件，要依法保障每位考生的合法权益。本案例中虽然不存在歧视的情况，但是小李所提到的学历歧视和性别歧视是不允许的，导师要“不拘一格选人才”，要公平公正全面考量考生的综合素质，杜绝因年龄、性别、专业学习背景等因素可能带来的刻板印象，确实将具有科研创新能力的考生选拔进入研究生教育阶段学习。在本案例中，复试导师组的做法并无违规之处，但应该注意方式方法，可提前通过查阅报名资料等方式全面了解学生背景，进而有针对性地对考生的学术能力进行提问，尽量避免询问可能引发学生质疑或是学生隐私的问题。

第三，导师应当为人师表，注重自身言行。在当前自媒体高度发达的移动传媒时代，高校教师群体的言行备受社会公众关注，一些言论尤其是涉及教育公平的言论很容易引发公众舆论。对此，教师尤其是导师要恪守职业道德规范，慎言慎行，以潜心学术、专心育人为本职，以博眼球、做网红为戒。在本案例中，某导师尽管没有参与该次招生考试，但其言论给学校招生带来了负面影响，学校对其约谈，根据其行为性质和影响进行相应处理是合理合法。

三、对策建议

相对“高考”，即本科招生考试而言，研究生招生考试在公平公正的内在属性上具有统一性，但在招生方式、选拔标准上有着自身特殊性。研究生教育作为国民教育的最高层，重在选拔拔尖创新人才和高层次应用型人才，在选拔方式上，导师具有相应的选拔自主权，如何确保公平公正以及科学选才是研究生招生考试的核心问题。

第一，各研究生招生培养单位应当把好入口关。要健全规章制度，认真履行主体责任，高度重视招考工作，层层压实责任，将招生纪律贯穿命题、初试、复试、调剂、录取等全流程，确保招考工作规范透明，进一步规范考试监督和投诉机制，严肃处理考试违纪行为，确保公平公正，经得起考验和质疑。

第二，各研究生招生培养单位应当严守质量关。要结合研究生人才培养规律，进一步明确以质量为导向的招生选才标准，优化初试，强化复试，规范招生选拔，充分明确导师在研究生招生选拔中的职责和权力，加强对考生专业素养、综合素质和科研发展潜力的考察，保证招生质量。

第三，各研究生招生培养单位要进一步加强导师师德师风建设。面对移动互联时代自媒体的迅速发展，应重点加强对导师的网络媒介素质的培养，通过讲座培训等方式增强导师群体的网络法治意识，掌握网络媒介的发声规律和舆情危机的应对能力，恪守教师职业道德规范和网络行为规范。

四、法律法规链接

1.《教育部、国家发展改革委、财政部关于深化研究生教育改革的意见》（教研〔2013〕1号）

二、改革招生选拔制度

5. 建立健全科学公正的招生选拔机制。以提高研究生招生选拔质量为核心，积极推进考试招生改革，建立与培养目标相适应、有利于拔尖创新人才和高层次应用型人才脱颖而出的研究生考试招生制度。优化初试，强化复试，发挥和规范导师作用，注重对考生专业基础、综合素质和创新能力的考察。

2.《国务院学位委员会 教育部关于加强学位与研究生教育质量保证和监督体系建设的意见》(学位〔2014〕3号)

附件：学位授予单位研究生教育质量保证体系建设基本规范

二、招生管理

制订研究生招生指标配置办法。综合考虑经济社会发展需求，研究生生源质量、培养质量、就业状况，以及培养经费、科研任务、导师队伍、实践基地等研究生培养条件方面的因素，制订以质量为导向的研究生招生指标配置办法。

制订研究生招生选拔规定。建立有效的招生自我约束机制，规范招生选拔，充分明确导师在研究生招生选拔中的职责和权力，加强对考生综合素质和发展潜力的考察，保证招生质量。

3.《新时代高校教师职业行为十项准则》(教师〔2018〕16号)

三、传播优秀文化。带头践行社会主义核心价值观，弘扬真善美，传递正能量；不得通过课堂、论坛、讲座、信息网络及其他渠道发表、转发错误观点，或编造散布虚假信息、不良信息。

八、秉持公平诚信。坚持原则，处事公道，光明磊落，为人正直；不得在招生、考试、推优、保研、就业及绩效考核、岗位聘用、职称评聘、评优评奖等工作中徇私舞弊、弄虚作假。

4.《教育部关于全面落实研究生导师立德树人职责的意见》(教研〔2018〕1号)

4. 师德师风高尚。模范遵守教师职业道德规范，为人师表，爱岗敬业，以高尚的道德情操和人格魅力感染、引导学生，成为先进思想文化的传承者和社会进步的积极推动者；谨遵学术规范，恪守学术道德，自觉维护公平正义和风清气正的学术环境；科学选才，规范招生，正确行使导师权力，确保招生录取公平公正；有责任心和使命感，尽职尽责，确保足够的时间和精力及时给予研究生启发和指导；有仁爱之心，以德育人，以文化人。

5.《教育部、国家发展改革委、财政部关于加快新时代研究生教育改革发展的意见》（教研〔2020〕9号）

13. 深化考试招生制度改革，精准选拔人才。完善分类考试、综合评价、多元录取、严格监管的研究生考试招生制度体系。深化硕士研究生考试招生改革，优化初试科目和内容，强化复试考核，综合评价考生考试成绩、专业素养、实践能力、创新精神和一贯学业表现等，择优录取；研究探索基础能力素质考试和招生单位自主组织专业能力考试相结合的研究生招生考试方式。健全博士研究生“申请—考核”招生选拔机制，扩大直博生招生比例，研究探索在高精尖缺领域招收优秀本科毕业生直接攻读博士学位的办法。

6.《国务院学位委员会、教育部关于进一步严格规范学位与研究生教育质量管理的若干意见》（学位〔2020〕19号）

三、严格规范研究生考试招生工作

（九）各级教育行政部门、教育招生考试机构和招生单位应按照教育部有关政策要求，积极推进本地区、本单位研究生招生信息公开，确保招生工作规范透明。招生单位要提前在本单位网站上公布招生章程、招生政策规定、招生专业目录、分专业招生计划、复试录取办法等信息。所有拟录取名单由招生单位研究生招生管理部门统一公示，未经招生单位公示的考生，一律不得录取，不予学籍注册。教育行政部门、教育招生考试机构和招生单位要提供考生咨询及申诉渠道，并按有关规定对相关申诉和举报及时调查、处理及答复。

7.《教育部关于印发〈研究生导师指导行为准则〉的通知》(教研〔2020〕12号)

二、科学公正参与招生。在参与招生宣传、命题阅卷、复试录取等工作中，严格遵守有关规定，公平公正，科学选才。认真完成研究生考试命题、复试、录取等各环节工作，确保录取研究生的政治素养和业务水平。不得组织或参与任何有可能损害考试招生公平公正的活动。

撰写人：王婷婷

第二篇

指导培养要务

案例六　“遥远”的导师和“找不到”的学生

概要：良好且充分的互动是和谐导学关系建立的基础，建立规范高效的导师和学生沟通常态机制则是研究生人才培养质量的重要保障。对此，导师要落实培养第一责任人的责任，确保足够的时间和精力及时给予研究生启发和指导；学生要端正学习态度，积极和导师沟通；学校要健全相关制度、措施等保障，将日常指导纳入教学计划，实现课程化建设。

一、基本情况

同学小李系某理工大学的二年级研究生，其导师洪某系知名教授，其经常在国内外进行访学交流。研一下学期，洪某赴德国访学两年，期间回国两次，每次回国不超过两周。小李同学从入学伊始就很少见到导师，主要是通过微信和邮件交流学业问题，但因时差及网络问题，经常出现导师回复不及时的情况，尤其涉及论文写作问题时，邮件回复内容简单，很难解决学生疑难。小李担心打扰到导师，又不好意思追问。后来，洪某考虑到这种情况，就与学生商议建立“周五讨论组”，约定每周五晚 9 点在微信群中进行交流讨论，洪某让学生提前准备好需要讨论的问题，集中统一回答。此方法刚开始实行时，取得了一定效果，大家在群中积极讨论，各抒己见，不仅收获了导师的指导，也得到了学姐学长的建议。但仅两个月后，因导师在国外工作增多，不能保证每次都在线，即将毕业的研三学生也因忙于就业而慢慢退出了讨论组，最终“周五讨论组”渐渐变为了小李同学和同门低年级同学的聊天群。

因小李同学是跨专业学生，对于所学专业研究方向以及未来就业一直认识比较模糊。入学后，他一直想和导师深入沟通，因为导师长期在外，他很难见到导师，导师对他的了解也非常有限，很难进行针对性指导，这就成为困惑小李同学的难题。

导师刘某则面临着与洪某完全相反的情况，刘某平时十分关注学生的学业进展和学习生活，定期组织读书会以及师门聚会。但实施一段时间后，刘某发现有几个学生经常缺席活动，经过询问，这些学生忙于实习等个人事务，时间上和刘某安排活动经常冲突。甚至有个别学生向刘某提出，请老师不要太费心，只要保证其顺利毕业即可。

二、问题解析

当前因种种原因导师不能有效指导学生已成为导学关系中不可忽视的现象，本案例中的“遥远”导师和“找不到”的学生是其中比较极端的情况。

当前随着社会经济的快速发展和高等教育的深化改革，高校在承担人才培养、科学研究的任务基础上，其社会服务、文化传承与创新、国际交流合作的作用也越来越凸显。高校教师从事的工作越来越多，身份越来越多样，校内外交流也越来越广泛。对于很多研究生指导教师而言，往往身兼校内外数职，甚至在不同的院校、不同的国家同时培养研究生的现象也屡见不鲜。为此，一些导师成为“空中飞人”和“高铁达人”，甚至长期在国外，这就出现了本案例中学生见不到导师，无法和导师深入沟通，导师因自身原因无法给予学生以指导和帮助的情况。当然也有些学生缺乏学习主动性，存在着混毕业、混学历的想法，和导师联系不主动、不紧密，即使导师投入精力，也无法对其有效指导。这都会造成研究生人才培养质量的下降。

导师作为研究生培养的第一责任人，负有对研究生进行思想引领、学科前沿引导、科研方法指导和学术规范教导等立德树人的根本责任。导师对于研究生有指导的义务，应当从研究生学业、科研、生活等多方面予以指导和关怀，促进研究生健康成长和成才。研究生刚接触学术研究，方法和技巧的掌握上、知识和经验的积累上有着诸多欠缺，需要导师悉心的指导。导师应该尽心尽力地完成研究生的培养工作，这是导师必须履行的义务，不能以工作繁忙、社会兼职多等诸多借口予以推卸导师的责任。当然，学生也应当端正学习态度，不能混日子、混学历。学校也应加大学业考核力度，严格过程管理，着力提升研究生的人才培养质量，避免少数研究生滥竽充数的情况。

三、对策建议

良好且充分的互动是和谐导学关系建立的基础，建立规范高效的导生沟通常态机制则是研究生人才培养质量的重要保障。

第一，导师作为第一责任人，必须发挥“主导”作用。首先，导师应当注重师德，提升自身思想品德素质，发挥导师对研究生思想品德、科学伦理的示范和教育作用。[1] 其次，导师要遵循教育目标和教育规律，注意因材施教。在完成学校规定的培养任务的基础上，为研究生的发展量身定制一套“特殊”培养方案，实现分类指导。[2] 另外，要创新教学方式，增强指

---

〔1〕 郑卫荣：《“首要责任人”视角下的研究生导师德育工作探索》，载《学位与研究生教育》2015 年第 2 期。

〔2〕 朱缨：《学术规范教育及其制度安排研究》，南京大学 2013 年博士学位论文。

导实效。导师和学生除当面交谈之外，可利用网络等新媒体新技术，有效地利用碎片化时间，实现指导和交流方式的与时俱进。同时，采用主题设定、议程设置等方式增强交流的有效性，实现教学相长。在本案例中，导师也推出了微信群的讨论方式，其值得借鉴，但可惜的是并没有坚持下来。

第二，学生作为教育主体，要充分发挥“能动”作用。研究生阶段的学习具有高度自主性，导师的主要任务是引导。学术科研水平的提高根本在于学生自身的努力，查阅文献、收集资料、基本数据处理、撰写论文等都需要学生自身努力。对此，学生应当端正学习态度，增强自我约束能力，严格要求自己，主动求知求学。

第三，完善制度保障，构建规范高效的师生常态化交流机制。学校要高度重视导师队伍建设，进一步完善导师岗位培训、导师绩效考核和激励考核等制度等，细化培养要求，明确导师责任。完善导师评价制度，可采用谈话、问卷调查、意见信箱、网络监督等方式，提高对导师的监督与管理力度，以激励研究生更加积极合作。此外，学校应完善设施建设，为导师和学生的交流提供专门场地设备以及云课堂等网络平台等。同时，推进导师对学生日常指导的“课程化”建设，导师在学生学习发展的不同阶段，应当根据学生认知发展、道德发展等多方面成长规律有组织、有目的地设计指导或交流的主题和内容，学校应明确将其纳入教学计划，作为课程管理。

四、法律法规链接

1.《教育部办公厅关于进一步规范和加强研究生培养管理的通知》(教研厅〔2019〕1号)

四、切实加强导师队伍建设。培养单位要进一步提高对建设高素质导师队伍重要性的认识。导师是培养质量第一责任人，要把培养人放到第一位，既要做学术训导人，指导和激发研究生的科学精神和原始创新能力，更要做人生领路人，言传身教引导研究生树立正确的世界观人生观价值观，恪守学术道德规范，增强社会责任感。培养单位要把落实立德树人根本任务、增强导师培养人才的责任心和事业心作为着力点，筑牢质量第一关口。建立完善导师培训体系，切实提高导师指导和培养研究生的能力。加强师德师风建设，对违反师德、行为失范的导师，实行一票否决，并依法依规坚决给予相应处理。健全导师评价机制，对于未能切实履行职责的导师，培养单位视情况采取约谈、限招、停招、取消导师资格等处理措施。

2.《教育部关于全面落实研究生导师立德树人职责的意见》(教研〔2018〕1号)

2. 总体要求。落实导师是研究生培养第一责任人的要求，坚持社会主义办学方向，坚持教书和育人相统一，坚持言传和身教相统一，坚持潜心问道和关注社会相统一，坚持学术自由和学术规范相统一，以德立身、以德立学、以德施教。遵循研究生教育规律，创新研究生指导方式，潜心研究生培养，全过程育人、全方位育人，做研究生成长成才的指导者和引路人。

3.《教育部、国家发展改革委、财政部关于深化研究生教育改革的意见》(教研〔2013〕1号)

14. 强化导师责任。导师是研究生培养的第一责任人，负有对研究生进行学科前沿引导、科研方法指导和学术规范教导的责任。完善导师管理评价机制。全面落实教师职业道德规范，提高师德水平，加强师风建设，发挥导师对研究生思想品德、科学伦理的示范和教育作用。研究生发生学术不端行为的，导师应承担相应责任。

4.《国务院学位委员会、教育部关于进一步严格规范学位与研究生教育质量管理的若干意见》(学位〔2020〕19 号)

(十八)导师要切实履行立德树人职责，积极投身教书育人，教育引导研究生坚定理想信念，增强中国特色社会主义道路自信、理论自信、制度自信、文化自信，自觉践行社会主义核心价值观。根据学科或行业领域发展动态和研究生的学术兴趣、知识结构等特点，制订研究生个性化培养计划。指导研究生潜心读书学习、了解学术前沿、掌握科研方法、强化实践训练，加强科研诚信引导和学术规范训练，掌握学生参与学术活动和撰写学位论文情况，增强研究生知识产权意识和原始创新意识，杜绝学术不端行为。综合开题、中期考核等关键节点考核情况，提出学生分流退出建议。严格遵守《新时代高校教师职业行为十项准则》、研究生导师指导行为准则，不安排研究生从事与学业、科研、社会服务无关的事务。关注研究生个体成长和思想状况，与研究生思政工作和管理人员密切协作，共同促进研究生身心健康。

5.《教育部关于印发〈研究生导师指导行为准则〉的通知》(教研〔2020〕12 号)

三、精心尽力投入指导。根据社会需求、培养条件和指导能力，合理调整自身指导研究生数量，确保足够的时间和精力提供指导，及时督促指导研究生完成课程学习、科学研究、专业实习实践和学位论文写作等任务；采用多种培养方式，激发研究生创新活力。不得对研究生的学业进程及面临的学业问题疏于监督和指导。

撰写人：吴国伟

案例七　导师对学生的“青眼有加”和“不闻不问”

概要： 导师对于所指导学生应一视同仁，公平公正地对待每位同学。当然同学的秉性、学识等并不相同，这就要求导师在充分了解学生基本情况的前提下，做到因材施教，分类施策，实现个性化指导。导师因人而异的偏向或者漠视的态度将会严重损害导学关系。

一、基本情况

王同学系某985高校生命科学专业导师张某指导的硕士研究生，作为外地高校生源，他一开始对学术研究很感兴趣，对自己未来的学术成就也充满憧憬和期待。但就读期间，导师每天就是让他重复着相同或近似的实验和工作，他感觉导师不是在培养学生，而是将其当作廉价劳动力。

后来发生的事情，则让王同学彻底失望。王同学与一位同学合作研究导师负责的子课题，在共同努力下课题如期顺利推进。期间，导师的另一位学生李同学想借用他们搭建的实验条件，王同学考虑到都系同门，就同意了。但王同学却发现，该同学竟然将他们的课题和数据据为己有，并发表论文。导师在明知李同学有剽窃之嫌时，却予以袒护，无视两人异议。对此，王同学认为导师处理不公，只关注成果论文，而不管手段过程如何。李同学系本校考入，导师平时就很照顾他，经常带其出席各种会议，还在论文上为其署名。王同学认为，导师这样的胸怀和眼界，实验室是不会有发展的，于是王同学决定退学，并向学校举报李同学的抄袭行为。

二、问题解析

本案例反映了导师不能公平公正对待学生，导致同门之间关系出现问题，导学关系破裂，确实令人可惜。对此，我们认为，

第一，导师张某未能尽到指导义务，导致小王退学的行为有悖师德。在本案例中，对于王同学的退学，导师张某难辞其咎。导师作为研究生培养第一责任人，应当在充分了解学生的基本情况下，给予个性化的学业指导。在本案例中，导师张某并没有尽到指导义务，不注重培养学生的个人学术兴趣和研究能力，只是让王同学做重复性的实验和课题，导致王同学感觉读研究生没意义。这一情况在现实中并不少见，一些导师成为“老板”，将学生视为廉价劳动力，招学生就是为了完成课题和项目，甚至个别导师为了让学生“干活”，不让学生答辩和毕业，这导致学生在研究生阶段并没有得到实质提高，导学关系十分紧张。

第二，导师张某不能对学生一视同仁，其袒护学生抄袭的行为已经触碰了学术道德的底线。因研究生教育规模的扩大，每个导师往往要指导很多学生。但因导师时间精力有限以及学生个性特点不同，导师和研究生之间的交流因个体差异并不均衡。一般而言，主动性强、自我表现能力强的同学容易受到导师关注，而性格内向、人际交往能力不强的学生则容易被忽视。如果导师有着个人偏好，这种情况更明显。在实践中，有的导师有“出身论”的想法，过于看重学生的第一学历，有的导师重视论文发表情况，以成果论英雄，还有的导师偏爱有交际能力的学生，等等，这很容易导致了导师和学生，同门学生之间的关系冲突。

在本案例中，导师张某对于学生第一学历有偏向，更加关注本校生源的李某。在李某出现抄袭行为后，不及时制止批评，只是淡化处理，其行为违反了导师公平公正的职业道德，是对学术不端行为的纵容。在现实中，此类情况确实也时有发生。因同一导师指导，研究生们的科研方向接近，甚至会发生重叠。个别研究生采用投机取巧的办法，剽窃甚至强夺同学的科研成果。出现这种情况时，如果导师采取了默许的态度，就会严重影响导师和学生之间、同学之间的关系，最终形同陌路。对此，导师要发挥言传身教的作用，加强对项目（课题）成员、学生的科研诚信教育管理，加强对重要论文等科研成果的署名、研究数据真实性、实验可重复性等的诚信审核和学术把关。

本案例中的研究生李某剽窃数据的行为构成学术不端行为，如查证属实，应依规依纪处理。导师不仅不制止，反而默许这种剽窃行为，表面上是关爱，实则毁了一名研究生的学术诚信。如剽窃情节严重，师生都应承担相应责任。

三、对策建议

对于本案例的情况，在现实中很多导师和研究生都有所体会。导师如不能一视同仁，不能公平公正对待每个学生，会造成指导和学习的过程冲突不断。当然，导师和学生作为独立的个体，有其独特的思想、感情和个性，导师如何实现完全公平公正对待每位同学确实也值得思考。对此，我们认为：

第一，导师应坚守教育公平的底线。必须承认，由于研究生培养模式的特点和学生个体之间的差异，导师和不同学生之间的互动交流必然是不平衡的。对导师而言，一定要“有教无类”，基于学生个体知识水平、学术背景、科研能力等差异，兼顾专业化与个性化开展指导，不能搞一刀切的灌输；也不能以个人好恶，偏向某些或某个学生，故意开小灶；更不能对于一些学生不闻不问，放任自流。公平公正是每个导师必须恪守的师德底线。

第二，学生应主动加强和导师的沟通交流。学生要摆正心态，应主动与导师沟通，建立起平等、高效的沟通渠道，形成良好的双向互动，从而最大程度上保证导师的指导效果。

第三，学校应完善制度规范导学关系。学校应将目标考核和过程管理相结合，以规章制度细化导师的行为规范要求，明确禁区，厘清误区，以明确的师德规范作为导师的行为指引。同时，积极搭建师生交流互动平台，听取师生双方的意见和建议。

四、法律法规链接

1.《教育部、中国教科文卫体工会全国委员会关于印发〈高等学校教师职业道德规范〉的通知》(教人〔2011〕11号)

二、敬业爱生。忠诚人民教育事业，树立崇高职业理想，以人才培养、科学研究、社会服务和文化传承创新为己任。恪尽职守，甘于奉献。终身学习，刻苦钻研。真心关爱学生，严格要求学生，公正对待学生，做学生良师益友。不得损害学生和学校的合法权益。

2.《教育部关于全面落实研究生导师立德树人职责的意见》(教研〔2018〕1号)

(内容略)

3.《高等学校预防与处理学术不端行为办法》(中华人民共和国教育部令第40号)

第二十七条 经调查，确认被举报人在科学研究及相关活动中有下列行为之一的，应当认定为构成学术不端行为：

(一) 剽窃、抄袭、侵占他人学术成果；

……

4.《普通高等学校学生管理规定》（中华人民共和国教育部令第 41 号）

第五十二条　学生有下列情形之一，学校可以给予开除学籍处分：

……

（五）学位论文、公开发表的研究成果存在抄袭、篡改、伪造等学术不端行为，情节严重的，或者代写论文、买卖论文的；

……

5. 中共中央办公厅、国务院办公厅印发《关于进一步加强科研诚信建设的若干意见》

（七）从事科研活动和参与科技管理服务的各类人员要坚守底线、严格自律。……

项目（课题）负责人、研究生导师等要充分发挥言传身教作用，加强对项目（课题）成员、学生的科研诚信管理，对重要论文等科研成果的署名、研究数据真实性、实验可重复性等进行诚信审核和学术把关。院士等杰出高级专家要在科研诚信建设中发挥示范带动作用，做遵守科研道德的模范和表率。

……

6.《教育部、国家发展改革委、财政部关于加快新时代研究生教育改革发展的意见》（教研〔2020〕9 号）

21. 加强学风建设，严惩学术不端行为。培养单位要完善学风建设工作机制，将科学精神、学术诚信、学术（职业）规范和伦理道德作为导师培训和研究生培养的重要内容，把论文写作指导课程作为必修课。抓住研究生培养关键环节，健全学术不端行为预防和处置机制，加大对学术不端行为的查处力度。

7.《国务院学位委员会、教育部关于进一步严格规范学位与研究生教育质量管理的若干意见》(学位〔2020〕19号)

七、健全处置学术不端有效机制

(二十三)严格执行《学位论文作假行为处理办法》《高等学校预防与处理学术不端行为办法》等规定。对学术不端行为,坚持“零容忍”,一经发现坚决依法依规、从快从严进行彻查。对有学术不端行为的当事人以及相关责任人,根据情节轻重,依法依规给予党纪政纪校纪处分和学术惩戒;违反法律法规的,应及时移送有关部门查处。对学术不端查处不力的单位予以问责。将学位论文作假行为作为信用记录,纳入全国信用信息共享平台。

(二十四)学位授予单位要切实执行《普通高等学校学生管理规定》《高等学校预防与处理学术不端行为办法》的相关要求,完善导师和研究生申辩申诉处理机制与规则,畅通救济渠道,维护正当权益。当事人对处理或处分决定不服的,可以向学位授予单位提起申诉。当事人对经申诉复查后所作决定仍持异议的,可以向省级学位委员会申请复核。

8.《教育部关于印发〈研究生导师指导行为准则〉的通知》(教研〔2020〕12号)

三、精心尽力投入指导。根据社会需求、培养条件和指导能力,合理调整自身指导研究生数量,确保足够的时间和精力提供指导,及时督促指导研究生完成课程学习、科学研究、专业实习实践和学位论文写作等任务;采用多种培养方式,激发研究生创新活力。不得对研究生的学业进程及面临的学业问题疏于监督和指导。

五、严格遵守学术规范。秉持科学精神,坚持严谨治学,带头维护学术尊严和科研诚信;以身作则,强化研究生学术规范训练，尊重他人劳动成果，杜绝学术不端行为，对与研究生联合署名的科研成果承担相应责任。不得有违反学术规范、损害研究生学术科研权益等行为。

9. 习近平总书记在北京大学师生座谈会上的讲话

古人说："师者，人之模范也。"在学生眼里，老师是"吐辞为经、举足为法"，一言一行都给学生以极大影响。

撰写人：吴国伟

案例八　导师能否决定学生退学

概要：导师作为研究生人才培养质量的第一责任人，对于研究生培养全过程负有指导教育和考核管理的责任。导师应该树立法治意识和责任意识，依法依规严格执行培养制度，加强培养中的过程管理和学业考核。对于确实未达到要求的学生，严格依据学校规章制度进行分流和淘汰。

一、基本情况

晓楠系某高校一年级博士研究生，第二学期开学伊始，导师突然以晓楠学习能力有限且难以毕业为由，要求她写退学申请，并且说如不主动退学，他会亲自出面协调相关部门将她退学。

晓楠作为应届硕士，以优异成绩通过博士研究生入学考试，突然遭遇被导师勒令退学的情况，社会阅历较少的她当时无所适从，只得向父母求助。其父母向研究生院等部门反映，认为导师的决定不合理也不合规，要求学校给予其合理答复。

晓楠认为，导师之所以让她退学，可能与她上学期期末偶然说到“最近心绪不宁，可能需要去看心理医生”有关。对此，导师认为她有心理疾病，当时就催促她去专科医院做心理健康检查，而她当时觉得只是一句玩笑话而已。这个学期开始，对于导师安排的课题她完成得并不顺利，这让导师对她的学术科研能力产生怀疑，认为晓楠不适合博士研究生阶段的学习，因此就产生让她退学的想法。后经学校、学院的沟通和协调，导师和晓楠达成和解，同意继续指导她进行学习。

二、问题解析

本案例的焦点在于导师是否具有要求其所指导的研究生退学的权力，从深层次而言，导师作为研究生人才培养质量的第一责任人，其应如何确保研究生人才培养的质量。

在本案例中，导师认为晓楠不适合博士阶段的学习，要晓楠自行退学，并指出如果不主动退学，自己也将协调相关部门将其退学。对此，导师的做法不合法也不合理。

第一，晓楠是否退学应当尊重其个人意愿，导师无权要求其退学。学籍作为学生受教育权的重要内容和基本保障，非有法定事由不能剥夺学生学籍身份。在《普通高等学校学生管理规定》明确规定的学生退学的条件中，晓楠的情况并不属于任何一种。导师仅通过晓楠一时的状态，就武断地认为其不适合博士生阶段的学习，要求其退学的做法并无依据。依据相关法律法规，他本人甚至学校相关部门都无权要求晓楠无故退学。

第二，导师并未尽到指导责任，其行为易导致严重的导学冲突。本案例中，导师貌似坚持培养质量要求，要清退不符合条件的博士研究生，但在条件和程序上均不合法。当一听到学生说“最近心绪不宁，可能需要去看心理医生”，就过于敏感，催促学生去做心理测试和检查；而一看到学生科研进展不顺，就认为其心理问题严重而且学习能力不足，武断地要求学生退学，这些行为都是导师怠于履职的表现，而且给学生也带来了负面影响。

当然，晓楠作为一名博士研究生，尽管有不错的履历，但确实也有自己的问题。遇到困难时，她没有主动和导师沟通，或是向辅导员、有关部门反映问题，这暴露出她综合素质能力略有不足，尤其是缺乏抗挫折能力和人际沟通能力。

三、对策建议

本案例中晓楠和导师之间出现的问题在现实中并不鲜见。导师在录取研究生之后，却发现学生的表现不尽如人意，毕业成为难题，而如何指导这些学生成为困扰导师的难题。本案例中导师过于敏感，武断地要求学生退学，确实不合适，而在实践中也有些导师选择放任自流，任其无法完成学校培养任务的要求，被学校清理按退学处理。这两种做法均无根据，亦违背了导师育人的宗旨。对此，为全面提升研究生人才培养质量，夯实导师的育人责任，我们建议：

第一，注重导师法治意识和责任意识的培养。导学关系的核心是师生权利和义务的分配，导师指导研究生应当是法理情的统一，其中依法指导是关键和前提。依法指导，即导师必须具备法治意识和规则意识，严格依据法律法规和学校规章制度的要求执行培养制度，确保培养方案的严格执行。培养指导研究生过程中，导师要加强培养过程管理和学业考核，严格履行指导责任，绝不能出现不闻不问，抑或出现一遇到问题就要求学生退学的情况。

第二，进一步规范和加强研究生的培养管理。导师作为研究生人才培养质量的第一责任人，其应当加强从招生到毕业的全过程管理，将育人贯穿于培养的全过程。导师遵循育人规律，关心关爱学生，真正做到招生过程选材优异，培养过程因材施教。导师加强过程管理，注重分类培养，对学生的学习展开定期评估，了解学生学习生活方面的情况，对学生是否符合相关交流或毕业标准做出合理的评估，加强相关监督。而对确实无法完成学业的学生，要按规定及时分流。学校应综合考虑针对研究生的不同培养方式、不同年级、不同学科等特点，完善教学管理制度，为导师培养提供政策制度依据，并严格执行分流制度，避免个别学生无法毕业的问题久拖不决。

四、法律法规链接

1.《普通高等学校学生管理规定》(中华人民共和国教育部令第 41 号)

第三十条 学生有下列情形之一，学校可予退学处理：

(一) 学业成绩未达到学校要求或者在学校规定的学习年限内未完成学业的；

(二) 休学、保留学籍期满，在学校规定期限内未提出复学申请或者申请复学经复查不合格的；

(三) 根据学校指定医院诊断，患有疾病或者意外伤残不能继续在校学习的；

(四) 未经批准连续两周未参加学校规定的教学活动的；

(五) 超过学校规定期限未注册而又未履行暂缓注册手续的；

(六) 学校规定的不能完成学业、应予退学的其他情形。

学生本人申请退学的，经学校审核同意后，办理退学手续。

2.《教育部、国家发展改革委、财政部深化研究生教育改革的意见》（教研〔2013〕1号）

5. 建立健全科学公正的招生选拔机制。以提高研究生招生选拔质量为核心，积极推进考试招生改革，建立与培养目标相适应、有利于拔尖创新人才和高层次应用型人才脱颖而出的研究生考试招生制度。优化初试，强化复试，发挥和规范导师作用，注重对考生专业基础、综合素质和创新能力的考察。

12. 加大考核与淘汰力度。加强培养过程管理和学业考核，实行严格的中期考核和论文审核制度，畅通分流渠道，加大淘汰力度。建立学风监管与惩戒机制，严惩学术不端行为，对学位论文作假者取消学位申请资格或撤销学位。完善研究生利益诉求表达机制，加强研究生权益保护。

3.《教育部办公厅关于进一步规范和加强研究生培养管理的通知》（教研厅〔2019〕1号）

二、突出立德树人根本任务和要求，严格执行培养制度。培养单位要切实加强研究生思想政治教育，促进研究生德智体美劳全面发展。加强培养过程管理和学业考核，确保培养方案的严格执行。落实以教学督导为主、研究生评教为辅的研究生课程教学评价监督机制，对研究生教学活动全过程和教学效果进行监督。加强学术规范和学术道德教育，把论文写作指导课程作为必修课纳入研究生培养环节。

4.《教育部、国家发展改革委、财政部关于加快新时代研究生教育改革发展的意见》（教研〔2020〕9号）

五、全面从严加强管理，提升培养质量

19. 健全内部质量管理体系，压实培养单位主体责任。培养单位要完善质量控制和保证制度，抓住课程学习、实习实践、学位论文开题、中期考核、论文评阅和答辩、学位评定等关键环节，落实全过程管理责任，细化强化导师、学位论文答辩委员会和学位评定委员会权责，杜绝学位“注水”。推动培养单位探索建立学位论文评阅意见公开等制度，合理制定与学位授予相关的科研成果要求，破除“唯论文”倾向。加强教学质量督导，提升信息化管理水平。

5.《国务院学位委员会、教育部关于进一步严格规范学位与研究生教育质量管理的若干意见》(学位〔2020〕19 号)

(十三) 坚持质量检查关口前移，切实发挥资格考试、学位论文开题和中期考核等关键节点的考核筛查作用，完善考核组织流程，丰富考核方式，落实监督责任，提高考核的科学性和有效性。进一步加强和严格课程考试。完善和落实研究生分流退出机制，对不适合继续攻读学位的研究生要及早按照培养方案进行分流退出，做好学生分流退出服务工作，严格规范各类研究生学籍年限管理。

6.《教育部关于印发〈研究生导师指导行为准则〉的通知》(教研〔2020〕12 号)

四、正确履行指导职责。遵循研究生教育规律和人才成长规律，因材施教；合理指导研究生学习、科研与实习实践活动；综合开题、中期考核等关键节点考核情况，提出研究生分流退出建议。不得要求研究生从事与学业、科研、社会服务无关的事务，不得违规随意拖延研究生毕业时间。

撰写人：王秀红

案例九　导师与难以毕业的研究生

概要：立德树人作为导师的根本任务，导师应当遵循教育规律和学生成长规律进行培养，将教书和育人统一起来。导师应当指导研究生科学合理规划学业进度，建立和学生的良好沟通机制，激发学生主动性和积极性，顺利完成学业。

一、基本情况

张同学系某高校的博士研究生，其导师刘老师承接很多横向课题，但并不亲自完成，一般都交由一个博士生全程负责。研究期间，导师很少指导，只是每月发放少量劳务费作为报酬，因此，学生只能自己查找资料、设计方案、进行实验。由于实验会有一定的危险性，学生们为此感觉到压力很大，但往往是勉强结题之后，导师又会安排新的课题，并美其名曰为“科研训练”，实际上，很多课题只是和本专业相关，但和同学们的研究领域完全不同。因课题研究占用了大量时间，同学难以开展自己感兴趣的研究及撰写论文，而且课题成果很少见到学生的署名，为此同学们都抱有怨言。张同学为了撰写毕业论文，拟在博士二年级下学期去境外高校交流，但却被刘老师拒绝。尽管张同学向老师表示，暂缓出国计划会影响自己的论文写作和就业计划，可能会延迟毕业，但刘老师却对此不以为然，要求张同学必须留下完成项目，并表示延迟毕业也不错，还可以多进行些“科研训练”。张同学很是无奈，认为这种“科研训练”对自己毫无意义，当他向同学抱怨时，其同学笑称：“导师是用你用顺手了，想让你多帮他做点课题，拖着不想让你毕业。”张同学对此非常苦恼。

与张同学同样面临难以毕业情况的，还有陆老师指导的三名博士生。这三名博士生均已达到毕业条件，完成毕业论文写作，但陆老师认为，这三位同学论文未达到应有的学术水平，不同意他们参加答辩。对此，几位博士生多次向学校反映问题，但陆老师始终固执己见，并认为自己是对学生负责，是对学术负责。

而导师陈老师面临的却是截然相反的情况，他指导的几位博士生，因各种各样的原因无法毕业成了他的心病，他也多次督促学生尽快完成毕业论文，申请答辩，可是学生们始终未能达成毕业要求，个别学生甚至已经到了最长修读年限。

二、问题解析

本案例提到的几种情况反映的是导师和学生之间在学业规划以及毕业安排上的矛盾。第一种情况，刘老师为了李同学继续所谓的“科研训练”，不愿意他出国交流，严重干扰了李同学的毕业规划；第二种情况，陆老师坚持学术理想，以严格的学术要求不准学生毕业；第三种情况，陈老师希望学生尽快毕业，但是学生却无法完成学业。这几种情况其实都是导师不能严格履行职责的表现，都违背了教师应“遵循教育规律和学生成长规律”行为准则的要求。

第一种情况，导师刘某以“科研训练”为由让学生替自己完成课题，实质上是让学生在缺乏指导的情况下，牺牲个人兴趣和时间替自己工作。刘某和张同学之间，更像老板和员工的“雇佣关系”而非“师生关系”，刘老师在未给予学生应有的指导和关心的情况下，持续让学生帮自己做课题，让学生压力很大、怨声载道。在明知实验有危险的情况下，依然不考虑学生的安危，仅考虑自身利益，有压榨、剥削学生之嫌。而且课题成果不署学生姓名，甚至不顾学生自身意愿与就业压力，阻止学生出国交流，要求学生延期毕业而继续帮助自己做课题的行为更是直接损害了学生的合法权益。

第二种情况，导师陆某的行为也值得商榷。质量是研究生人才培养的生命线，学位论文水平则是衡量培养质量的重要标志。陆某作为研究生人才培养质量的第一责任人，其严把学术质量的要求和精神值得肯定，也符合教育部等上级文件的要求。但他固执己见，不让答辩的行为却有悖立德树人的初衷，违背了遵循教育规律和学生成长规律的职责要求。陆某应当积极和学生交流沟通，建立良好的师生互动机制，在坚持学术要求的前提下，指导学生尽快修改论文，达到毕业要求，尽快毕业。

第三种情况，貌似导师在尽职地督促学生完成毕业，但实际上导师在前期的招生选拔中未能严守标准，入学后的培养过程缺乏有效的指导和严格的要求，使得学生未能按照培养要求完成论文。

三、对策建议

当前研究生尤其是博士研究生延期毕业率始终居高不下，据资料显示，能在正常学制内毕业的博士研究生仅占到三分之一。除本案例所提及的导师的原因之外，更多的是学生自身的原因，如不能按要求发表论文、完成学位论文等。而这都反映出了导师和学生之间未能形成良好互动机制，在学业指导和学业规划等方面存在着问题。

第一，进一步加强导师的师德建设。严格落实《教育部关于全面落实研究生导师立德树人职责的意见》《新时代高校教师职业行为十项准则》等要求，建立健全导师师德行为规范和检查机制，完善导师考核奖惩制度，做到权责分明，坚决杜绝诸如以“科研训练”为名的以权谋私行为，要畅通学生反馈投诉制度，为学生提供维权渠道，切实保护学生的合法权益。

第二，进一步规范研究生培养管理，健全导师对研究生的学业指导机制。积极推进研究生人才培养体制的改革创新，明确研究生招生入学、学位论文开题、中期考核、评阅、答辩、学位评定等关键环节中对于导师和研究生的要求，以规章制度推进导师和研究生在学业指导、论文写作上形成良好互动关系，激发双方主动性和能动性，顺利完成研究生培养各环节的要求，顺利毕业。而对于确实因种种原因无法完成学业的学生，则应及时采取分流措施。

第三，要加强对研究生的学业指导和预警工作。当前，学业预警、学业指导等工作在本科生群体中已经全面开展。对于研究生群体而言，导师在学业指导中要发挥主导作用，而学校要充分激发学生学习的主动性，通过开设论文指导、学习方法论等课程帮助学生掌握正确的学习方法。同时，学校应当建立健全研究生学业预警制度，要根据培养方案，明确时间进度，细化每一个培养环节的步骤要求，以缜密的制度要求督促研究生及时完成不同培养阶段的学习，对于确实无法完成的学生，则应及时分流或是淘汰。

四、法律法规链接

1.《新时代高校教师职业行为十项准则》（教师〔2018〕16号）

四、潜心教书育人。落实立德树人根本任务，遵循教育规律和学生成长规律，因材施教，教学相长；不得违反教学纪律，敷衍教学，或擅自从事影响教育教学本职工作的兼职兼薪行为。

七、遵守学术规范。严谨治学，力戒浮躁，潜心问道，勇于探索，坚守学术良知，反对学术不端；不得抄袭剽窃、篡改侵吞他人学术成果，或滥用学术资源和学术影响。

2.《教育部关于全面落实研究生导师立德树人职责的意见》(教研〔2018〕1号)

7. 培养研究生学术创新能力。(内容略)

8. 培养研究生实践创新能力。(内容略)

10. 指导研究生恪守学术道德规范。(内容略)

11. 优化研究生培养条件。(内容略)

3.《教育部、国家发展改革委、财政部关于深化研究生教育改革的意见》(教研〔2013〕1号)

12. 加大考核与淘汰力度。加强培养过程管理和学业考核，实行严格的中期考核和论文审核制度，畅通分流渠道，加大淘汰力度。建立学风监管与惩戒机制，严惩学术不端行为，对学位论文作假者取消学位申请资格或撤销学位。完善研究生利益诉求表达机制，加强研究生权益保护。

14. 强化导师责任。导师是研究生培养的第一责任人，负有对研究生进行学科前沿引导、科研方法指导和学术规范教导的责任。完善导师管理评价机制。全面落实教师职业道德规范，提高师德水平，加强师风建设，发挥导师对研究生思想品德、科学伦理的示范和教育作用。研究生发生学术不端行为的，导师应承担相应责任。

4.《教育部办公厅关于进一步规范和加强研究生培养管理的通知》(教研厅〔2019〕1号)

三、狠抓学位论文和学位授予管理。(内容略)

四、切实加强导师队伍建设。(内容略)

5.《国务院学位委员会、教育部关于进一步严格规范学位与研究生教育质量管理的若干意见》(学位〔2020〕19号)

四、严抓培养全过程监控与质量保证

(十)学位授予单位要遵循学科发展和人才培养规律,根据《一级学科博士硕士学位基本要求》《专业学位类别(领域)博士硕士学位基本要求》,按不同学科或专业学位类别细化并执行与本单位办学定位及特色相一致的学位授予质量标准;制定各类各层次研究生培养方案,做到培养环节设计合理,学制、学分和学术要求切实可行,关键环节考核标准和分流退出措施明确。实行研究生培养全过程评价制度,关键节点突出学术规范和学术道德要求。学位论文答辩前,严格审核研究生培养各环节是否达到规定要求。

6.《教育部关于加强博士生导师岗位管理的若干意见》(教研〔2020〕11号)

二、明确导师岗位权责。博士生导师是因博士生培养需要而设立的岗位,不是职称体系中的一个固定层次或荣誉称号。博士生导师的首要任务是人才培养,承担着对博士生进行思想政治教育、学术规范训练、创新能力培养等职责,要严格遵守研究生导师指导行为准则。培养单位要切实保障和规范博士生导师的招生权、指导权、评价权和管理权,坚定支持导师按照规章制度严格博士生学业管理,增强博士生导师的责任感、使命感、荣誉感,营造尊师重教良好氛围。

7.《教育部关于印发〈研究生导师指导行为准则〉的通知》(教研〔2020〕12号)

四、正确履行指导职责。遵循研究生教育规律和人才成长规律，因材施教；合理指导研究生学习、科研与实习实践活动；综合开题、中期考核等关键节点考核情况，提出研究生分流退出建议。不得要求研究生从事与学业、科研、社会服务无关的事务，不得违规随意拖延研究生毕业时间。

撰写人：朱琳

案例十　导师指导学生学位论文写作的界限

概要：导师应当指导研究生独立完成学位论文，帮助学生大幅度修改论文甚至直接代写论文都是越限行为。导师应当严格依据规章制度要求，在确保人才培养质量的前提下，做到分类施策，对于确实无法毕业的研究生，应当按照规定予以分流。

一、基本情况

李某系某高校硕士生指导教师，他每年指导的硕士研究生以及同等学力申请硕士学位的学生都有十多人。有一年，某同等学力的学生孙某在申请学位时，被查出论文内容复制比过高，学校对其做出修改论文半年后答辩的决定。但该同学希望当年拿到学位，就找到李老师寻求帮助，该同学提出给予 3 万元作为活动经费，李老师对此严词拒绝。随后，李老师向学校相关部门求情，但遭到拒绝，李某担心孙某半年后依然无法顺利通过论文重复检测、评阅和答辩等环节，就帮助其大幅修改论文。

这种情况对于李某而言并非首次，因李某指导的学生较多，水平参差不齐，为了使学生能顺利毕业，李某想尽办法。为此，他帮有心理健康问题的研究生完成论文写作，还和答辩组导师打招呼，最终该学生顺利毕业。

二、问题解析

本案例的情况较为复杂，如果是李某收取学生财物，帮助学生代写论文，使其获得学位，毫无疑问属于学术不端行为，严重违规违纪。但在本案例中，李某本人师德似乎并没有任何问题，其完全是出于关心学生，是为了学生能够顺利毕业，不计任何报酬帮助学生修改论文，甚至是完成论文。那么，如何理解李某的行为性质？

一方面，必须肯定李某坚守了导师应具备的师德。他关心爱护学生，虽然指导的学生多、类型多、来源复杂，但他一视同仁，尽力使每个同学都能顺利毕业。同时，他本人廉洁自律，不收受学生的财物，廉洁从教，这些都值得广大导师学习。

但另一方面，他的行为超越了导师指导教育学生的边界。他为了让学生能够提前答辩，去找相关部门求情的行为已属不合适。而为了学生能够顺利毕业，“越组代庖”去帮学生大幅度修改论文，甚至帮助学生完成论文，其行为虽不属于代写论文这一严重学术不端行为的范围，但超越了导师指导学生的界限，违背了导师指导研究生独立完成学位论文写作的基本要求。尽管出发点是好的，但行为值得商榷。

另外，刘某每年要指导十余人进行论文写作，如何保证研究生培养质量是值得关注的情况。在现实中，导师能够指导多少学生，受到学科属性、学校规模、导师师德水平、科研任务、学术水平、指导能力、学生素质等诸多因素制约。在本案例中，刘某虽然指导学生较多，但能够根据不同年龄、不同背景、不同基础的学生进行针对性地指导，值得每位导师学习。当然，学校也应当充分考虑导师的不同情况，在确保人才培养质量的前提下，明确导师指导学生的数量，以确保导师指导学生的质量和效果。

三、对策建议

本案例实际上反映了导师指导学生的行为界限问题。当前法律法规对于学术不端、师德规范都有非常明确的界定和具体的要求。但法律不可能事无巨细，面面俱到，再完备的规章制度也不可能将导学关系的方方面面都涵盖进去。导学关系是融知识传承、学术创新、情感交融和人格塑造为一体的多元关系，是不可能完全具象为一条条细致而明确的规则和要求的。

对此，导师要把握指导学生的度，坚持立德树人，将恪守原则和灵活施教相结合，不能违规越红线，不能为迁就学生而踩底线。在学位论文写作中，导师要指导学生独立思考，独立完成学位论文。导师也必须认识到，随着当前研究生教育改革的深入，研究生的分流、淘汰将更加常态化，对于确实无法毕业的研究生，应当按照相关规定予以分流，而非通过其他手段让其勉强通过。本案例中，李某关爱学生的行为值得倡导，但其放弃人才培养的严格要求，采用帮助学生修改甚至完成论文的方式助学生毕业的行为是违规违纪的。对于以同等学力申请学位的孙某，李某应当是加强指导，待其论文符合要求时再申请答辩。而对于有心理问题的学生，李某应视其情况给予必要的指导和帮助，如确实无法完成论文，则应当引导其积极接受治疗，待恢复健康后再继续就读学习。

当然，培养研究生并非导师的个人责任，学校应当定期开展有关的论文写作讲座或指导课，加强对研究生论文选题、写作的指导，指导学生根据自身特点和实际情况确定选题方式、选题难度和选题方向。对于不同类型的学生应当因材施教，设置不同的培养方案要求和课程安排，尤其对同等学历或跨学科等专业基础相对薄弱的学生，应当开展更多的有针对性的专业知识教育，帮助其夯实专业基础。

四、法律法规链接

1.《学位论文作假行为处理办法》(中华人民共和国教育部令第34号)

第四条 学位申请人员应当恪守学术道德和学术规范，在指导教师指导下独立完成学位论文。

第五条 指导教师应当对学位申请人员进行学术道德、学术规范教育，对其学位论文研究和撰写过程予以指导，对学位论文是否由其独立完成进行审查。

2.《高等学校预防与处理学术不端行为办法》(中华人民共和国教育部令第40号)

第二十七条 经调查，确认被举报人在科学研究及相关活动中有下列行为之一的，应当认定为构成学术不端行为：

……

(六) 买卖论文、由他人代写或者为他人代写论文；

……

第二十八条 有学术不端行为且有下列情形之一的，应当认定为情节严重：

……

(二) 存在利益输送或者利益交换的；

……

3.《新时代高校教师职业行为十项准则》（教师〔2018〕16号）

五、关心爱护学生。严慈相济，诲人不倦，真心关爱学生，严格要求学生，做学生良师益友；不得要求学生从事与教学、科研、社会服务无关的事宜。

九、坚守廉洁自律。严于律己，清廉从教；不得索要、收受学生及家长财物，不得参加由学生及家长付费的宴请、旅游、娱乐休闲等活动，或利用家长资源谋取私利。

4.《教育部、国家发展改革委、财政部关于深化研究生教育改革的意见》（教研〔2013〕1号）

20. 规范在职人员攻读硕士专业学位和授予同等学力人员硕士、博士学位工作的管理。进一步强化培养单位办学责任，加强统一管理，建立定期检查机制。将在职人员攻读硕士专业学位纳入研究生学业信息管理系统。同等学力人员申请学位，须将学位论文在研究生教育质量信息平台上公示。研究生培养单位不得以"研究生"和"硕士、博士学位"等名义举办课程进修班。

5.《教育部办公厅关于进一步规范和加强研究生培养管理的通知》（教研厅〔2019〕1号）

二、突出立德树人根本任务和要求，严格执行培养制度。……加强学术规范和学术道德教育，把论文写作指导课程作为必修课纳入研究生培养环节。

6.《教育部、国家发展改革委、财政部关于加快新时代研究生教育改革发展的意见》（教研〔2020〕9号）

二、加强思想政治工作，健全"三全育人"机制

5. 发挥导师言传身教作用，激励导师做研究生成长成才的

引路人。导师是研究生培养第一责任人，要了解掌握研究生的思想状况，将专业教育与思想政治教育有机融合，既做学业导师又做人生导师；要率先垂范，以良好的思想品德和人格魅力影响和鼓舞研究生；要培养研究生良好的学风，严格要求学生遵守科学道德和学术规范。

五、全面从严加强管理，提升培养质量

21. 加强学风建设，严惩学术不端行为。培养单位要完善学风建设工作机制，将科学精神、学术诚信、学术（职业）规范和伦理道德作为导师培训和研究生培养的重要内容，把论文写作指导课程作为必修课。抓住研究生培养关键环节，健全学术不端行为预防和处置机制，加大对学术不端行为的查处力度。

7.《国务院学位委员会、教育部关于进一步严格规范学位与研究生教育质量管理的若干意见》（学位〔2020〕19号）

四、严抓培养全过程监控与质量保证

（十二）做好研究生入学教育，编发内容全面、规则详实的研究生手册并组织学习。把学术道德、学术伦理和学术规范作为必修内容纳入研究生培养环节计划，开设论文写作必修课，持续加强学术诚信教育、学术伦理要求和学术规范指导。研究生应签署学术诚信承诺书，导师要主动讲授学术规范，引导学生将坚守学术诚信作为自觉行为。

8.《教育部关于印发〈研究生导师指导行为准则〉的通知》（教研〔2020〕12号）

三、精心尽力投入指导。根据社会需求、培养条件和指导能力，合理调整自身指导研究生数量，确保足够的时间和精力提供指导，及时督促指导研究生完成课程学习、科学研究、专业实习实践和学位论文写作等任务；采用多种培养方式，激发研究生创新活力。不得对研究生的学业进程及面临的学业问题疏于监督和指导。

六、把关学位论文质量。加强培养过程管理，按照培养方案和时间节点要求，指导研究生做好论文选题、开题、研究及撰写等工作；严格执行学位授予要求，对研究生学位论文质量严格把关。不得将不符合学术规范和质量要求的学位论文提交评审和答辩。

撰写人：彭姣

案例十一 成果署名之争与博士后的招收培养

概要：高校博士后的招收培养与研究生的招生培养有本质区别。博士后作为国家培养使用科技人才的制度，博士后和合作导师之间融师生、同事、教育、合作等多种关系于一体，合作导师应当有针对性地进行指导、有计划地开展合作，将使用和培养相结合，在使用中培养，在培养和使用中发现更高级人才。

一、基本情况

王某系某高校教师，985高校博士毕业，科研能力突出，成果显著，其一直有从事博士后，继续深造的想法。后王某与某高校博导丁某相识，丁某愿意作为合作导师招收他，但因丁某所在高校明确限制在职博士后招收名额，他建议王某辞去原单位工作来做博士后，并许诺待王某出站后将其留校工作。就此，王某毅然辞掉工作，入站开始博士后工作。

入站后，王某感觉丁某并未尽到合作导师的职责，对博士后课题研究、项目申请等指导很少，反而让他如普通研究生一样从事组织学术会议、充当教师助手等大量事务性工作，王某博士后的课题研究和期刊论文写作均进展缓慢。为此，王某多次和丁某交流，却都不欢而散。无奈之下，王某只能抓紧利用零散的时间做自己的研究，并终于完成了自己的专著。但在专著署名问题上，王某和丁某又发生冲突，丁某认为自己作为合作导师，指导了研究过程，应作为第一作者，王某则认为丁某并未参与，专著完全属于个人学术成果，这导致了两人合作关系彻底破裂。随后，丁某对王某置之不理，以各种理由推脱丁某的博士后出站报告、出站答辩等要求，致使其在完成相关科研任务之后，仍无法顺利出站，工作就业和家庭生活都受到很大影响。

二、问题解析

本案例是博士后合作导师如何指导博士后的问题。该案例中博士后王某和合作导师丁某冲突不断，其涉及指导方式、成果归属等博士后培养的关键问题。

第一，合作导师丁某不应将博士后培养等同于研究生培养。博士后是指在获得博士学位后，在高等院校或研究机构从事科学研究的工作职务。国家设立博士后制度旨在培养高层次创新青年人才，其作为培养使用科技人才的制度，和研究生人才培养的学历教育并非同一层次。根据国家相关规定，高等院校博士后流动站的设置和博士后的招收都有很高要求，招收博士后要求具备博士学位，并且具有相应的学术能力，合作导师也应当具有博士研究生招生资格。对于博士后的培养是使用和培养相结合，在使用中培养，在培养和使用中发现更高级人才。丁某并没有认识到博士后合作导师和研究生导师之间的职责区别，将博士后等同于研究生培养。

第二，丁某和王某两人之间专著的争议应当依法解决。根据《博士后管理工作规定》，博士后人员的研究成果归属，依照国家有关知识产权的法律、法规办理；依据《中华人民共和国著作权法》等法律法规规定，没有参加创作的人，不能成为合作作者。丁某作为合作导师，是否具有著作署名权，关键就在于其是否参与著作的实际创作，如只是指导思路，就要求署名并作为第一作者并不合适。

第三，丁某阻碍王某博士后出站的行为违反师德要求。丁某作为高校教师，应当恪守立德树人的行为准则。但因著作署名的争议，丁某放弃合作导师的职责要求，对王某不闻不问，甚至人为阻碍王某出站，严重影响了王某的工作生活，其行为确实有违师德要求。对于此类行为，学校作为管理部门应当予以制止。

三、对策建议

自 1985 年起，我国博士后制度已历经三十余年。截止到 2019 年，累计招收博士后研究人员达二十余万人，无论是在规模上还是质量上，博士后研究人员已经成为我国人才强国战略中一支重要的力量。而随着博士后规模的迅速扩大，改革和完善博士后制度，更好地发挥其在培养高层次创新型青年人才，推动大众创新万众创业上的重要作用已成为时代的必然要求。

针对本案例暴露出来的博士后与合作导师之间的问题，我们提出以下具体建议：

第一，合作导师应进一步明确和科学设定博士后阶段的培养目标。博士后合作导师应立足培养高层次创新型青年人才这一目标，在博士后培养中抓大放小，有所为有所不为。在事关科研项目全局或者科研攻关的大事上有所为，在具体工作开展、经费使用等方面有所不为。对博士后各方面的工作要高度信任、充分放权，调动博士后的科研积极性和创造性，让博士后学习和锻炼如何自己找方向、找方法、找结果，参与或者承担重大科研项目研究，根据自己的专长和爱好自行选择研究课题。而在本案例中，丁某把博士后王某当作自己的博士研究生一样来培养，导致原本很有潜力的王某在学术、科研道路上受到挫折。

第二，应进一步理顺合作导师与博士后之间的师生关系。博士后培养中的师生关系并非是研究生导学关系的翻版，而是合作型师生关系，是共同学习交流、合作开展科研的学术共同体。合作导师之于博士后是指导和合作并重，使用和培养相结合。两者之间既是师生又是朋友，既是同事还是合作伙伴。合作导师对于博士后的科研计划，需要指导和审核的，不能放任自流；合作导师作为博士后学术研究上的合作伙伴，其重点并非是知识的传授，而是以合作的方式共同确立研究方向、甄别研究问题、发现研究路线，实现科研创新能力共同提升的双赢。在本案例中，丁某忽略了“合作”二字，忽视了两者之间是师生关系，也是合作的同事关系。王某需要在丁某的指导下独立完成相应科研任务等工作，并非是丁某的教学科研助手。当然博士后本人也要对自己未来的学业事业有明确的规划，不能纯粹为了深造而入站。本案例就反映了导师未能尽职，博士后本人规划不明确，两人各行其是，成了双输的局面。

第三，学校应当健全完善博士后招收培养制度。学校要始终把提升博士后研究人员培养质量作为改革完善博士后制度的核心，充分发挥博士后合作导师在博士后研究人员招收、培养、考核、管理等方面的作用。博士后在站期间学术指导及科研活动，实行导师负责制，合作导师应了解博士后在站期间的各项工作任务，并按规定认真履行职责。因此，博士后合作导师应该具备较高的素质和能力，一般应是具有博士研究生招生资格，学术水平高，科研能力强且科研经费充足，具有高级专业技术职务在编在岗的教师。针对本案例中出现的合作导师不作为的情况，还应建立健全博士后合作导师的责任机制，明确博士后合作导师在博士后招收、培养及出站各环节的权利与义务，以制度保障合作导师在博士后培养和使用中发挥最大的作用。

四、法律法规链接

1. 《中华人民共和国著作权法》

第十四条第一款　两人以上合作创作的作品，著作权由合作作者共同享有。没有参加创作的人，不能成为合作作者。

2. 《博士后管理工作规定》（国人部发〔2006〕149 号）

（内容略）

3. 《国务院办公厅关于改革完善博士后制度的意见》（国办发〔2015〕87 号）

（内容略）

撰写人：王英娜

案例十二 研究生培养过程中的导师更换

概要： 导学关系作为研究生人才培养中最核心和最基础的关系，稳定和谐的导学关系是研究生人才培养质量的保障。导师的更换对于研究生培养的影响是负面的。导师和学生应当共同努力营造和谐的导学关系，学校应当出台相关制度保障研究生培养的连续性和稳定性，落实导师育人责任。

一、基本情况

近期，某高校研究生院接到博士生田某要求更换导师的申请。该生称，导师方某对其学业不闻不问，培养方案中要求的导师指导课一次没上，自己平时时间被导师占用，要帮着做课题、报账、上课，还要陪老师就医等。老师稍有不如意，就在师门微信群里对其进行辱骂批评。导师甚至还多次暗示，其招收博士研究生需要 10 万元科研经费，刚刚买完房子经济很紧张，等等。因此，学生强烈要求更换导师，否则将退学并将事情公布于众。

与此同时，研究生院也接到了博士生孙某要求更换导师的申请。目前孙某已经在读六年，达到了最长修读年限，学校拟将其按退学处理。但孙某认为自己情况特殊，应当保留学籍，并为其更换导师。孙某的情况比较复杂，他入学时报考的导师于一年级时因故免去公职，被学校取消导师资格。学校为其更换导师后，第二位导师却因意外，在孙某就读第三年时英年早逝。学校为其更换的第三位导师，则因年事较高，一直未能有效指导，近期已经重病身故。

对以上情况，学校着手进行全面调查。对于田某的反映，经学校师德建设委员会调查，认定导师方某存在疏于指导学生学业，侮辱学生等师德失范行为，决定取消其评奖评优、职务晋升、职称晋级的资格，停止其研究生招生资格两年。学校同意田某提出的更换导师要求，并由二级培养单位安排田某跟随其他导师继续完成学业。对于孙某的情况，学校原则上同意孙某更换导师的要求，并要求孙某尽快完成论文写作。

二、问题解析

以上案例均涉及研究生提出更换导师的情况。导师作为研究生人才培养质量的第一责任人，更换导师对于研究生的培养并不利。但近年来，研究生要求更换导师的情况并不在少数，原因更是复杂多样。其中有研究生主动要求更换导师，如研究生转专业或者研究方向改变需要更换导师；也有原有导师无法有效指导，如本案例中田某的情况，以及因师德等原因导致导学关系恶化，学生要求更换导师；还有客观不得已更换导师的原因，如孙某面临的导师生病、死亡、取消资格等意外事件；还有因导师岗位变动等无法正常履职或是不愿履职等情况。

当前《普通高等学校学生管理规定》等法律法规对于更换导师并无明文规定，更换导师的程序和条件多由学校自行制定。一般由研究生本人申请、经转出及转入导师协商一致、所在二级培养单位同意，再由学校审批同意与否。如理由正当，确实有利于研究生学业的前提下，学校一般会同意。在田某要求更换导师的案例中，方某行为严重违反师德，应当依法依规严肃处理，田某更换导师的理由合理正当，学校应当予以支持。对于孙某的情况，学校则应当考虑到其特殊情况，给予更换导师并支持其尽快完成学业。

当然，考虑到导学关系作为研究生人才培养中最核心和最基础的关系，更换导师一定要慎重。必须看到，任何导学关系的建构都并非一帆风顺，期间会有一些冲突和磨合。如果随意以导学关系不顺、师生冲突就提出更换导师，不仅起不到促进研究生学业的作用，还可能影响人才培养的质量。研究生教育作为专业化、个性化的教育，导师的更换直接影响了学生研究的专业方向。在现实中，也确有个别研究生出于精致的利己主义，反复申请更换导师的情况出现，这有悖于教育的公平性。

三、对策建议

导学关系是研究生人才培养中的核心和关键，和谐的导学关系是保障研究生人才培养质量的前提。对于更换导师、变更导师等影响导学关系的重大变故，学校应当加强管理和引导。

第一，健全导师队伍选拔、培训和考核机制。明确导师更换的要求和程序。以上案例虽然是研究生要求更换导师，但暴露出了学校导师队伍管理的不足。导师方某的行为严重违反师德，学校却未能及时发现并纠正，导致导学关系恶化，学生和导师之间水火不容。孙某的第一位导师行为不端导致被取消资格，第三位导师则因年事已高无法指导，这体现了学校缺乏对导师的资格和指导能力的常态化和制度化考核，只能采用治标不治本的事后临时补救措施。对此，学校应立足研究生人才培养规律，要从政治素质、师德师风、业务能力、身心健康等方面进一步明确导师遴选条件，确保符合资格条件和具备指导能力的教师进入导师队伍，并通过动态考核的方式及时调整，切实落实导师育人责任。同时，充分考虑到研究生人才培养的连续性和稳定性，对可能出现的更换导师的情况，要有明确的要求和程序性的规定，切实保障学生的权益。

第二，进一步创新研究生指导培养方式，提升人才培养质量。当前研究生教育旨在培养厚基础、宽口径的高素质人才，导师个人指导因其自身专业背景限制，可能存在着路径依赖问题，也可能存在着以上案例中提及的各种意外。对此，可以采取导师个人指导和导师组联合培养的指导方式，加强同专业的导师团队建设，以个人主责和集体负责相结合的形式，不仅可以提升对研究生指导的效果，也可减少因导师个人原因而影响学生学业的情况。同时，学校还应健全导师和学生互选机制，尊重导师和学生的选择权。

第三，高度重视导学思想政治教育工作，营造和谐的导学关系。导学关系作为融知识传承、学术创新、情感相融、人格感染为一体的师生关系，其一方面需要以师德师风建设和优良学风建设为其提供制度保障，另一方面也需要深入开展导学思政工作，将研究生思政工作和教师思政工作全面融合，为建构和谐导学关系提供情感认同的基础。学校应积极宣传模范典型，为师生树立榜样，开展人际关系的专题指导培训，搭建导师和学生的之间交流平台和矛盾化解平台，实现导师和学生之间的互相理解，互相信任、互相认同，构建和而不同、教学相长的和谐导学关系。

四、法律法规链接

1.《教育部关于高校教师师德失范行为处理的指导意见》(教师〔2018〕17 号)

三、对高校教师师德失范行为实行“一票否决”。(内容略)

2.《教育部关于加强和改进研究生培养工作的几点意见》(教研〔2000〕1号)

四、加强导师队伍建设，完善研究生指导教师选聘制度。

培养单位应注意对新上岗研究生指导教师，特别是博士生指导教师的培养。应采取有力措施稳定研究生指导教师队伍，同时重视从国外吸引优秀留学人员回国担任研究生指导教师工作。提倡高等学校聘请科研机构的高水平科研人员担任兼职导师工作。

培养单位应完善研究生指导教师的选聘制度。要逐步做到博士生指导教师由博士学位获得者担任。要强调博士生指导教师应具有适合于博士学位论文的高水平研究方向和科研项目。提倡建立由不同研究方面，甚至不同学科教师组成的博士生指导小组，为博士生创造更为综合的学术氛围。

3.《教育部、国家发展改革委、财政部关于深化研究生教育改革的意见》(教研〔2013〕1号)

四、健全导师责权机制

(内容略)

4.《教育部关于加强博士生导师岗位管理的若干意见》(教研〔2020〕11号)

七、健全导师变更制度。培养单位要明确导师变更程序，建立动态灵活的调整办法。因博士生转学、转专业、更换研究方向，或导师健康原因、调离等情况，研究生和导师均可提出变更导师的申请。对于师生出现矛盾或其他不利于保持良好导学关系的情况，培养单位应本着保护师生双方权益的原则及时给予调解，必要时可解除指导关系，重新确定导师。

八、完善岗位退出程序。对于未能有效履行岗位职责，在博士生招生、培养、学位授予等环节出现严重问题的导师，培养单位应视情况采取约谈、限招、停招、退出导师岗位等措施。对师德失范者和违法违纪者，要严肃处理并对有关责任人予以追责问责。对于导师退出指导岗位所涉及的博士生，应妥善安排，做好后续培养工作。

5.《教育部关于印发〈研究生导师指导行为准则〉的通知》(教研〔2020〕12号)

四、正确履行指导职责。遵循研究生教育规律和人才成长规律，因材施教；合理指导研究生学习、科研与实习实践活动；综合开题、中期考核等关键节点考核情况，提出研究生分流退出建议。不得要求研究生从事与学业、科研、社会服务无关的事务，不得违规随意拖延研究生毕业时间。

撰写人：吴意芬　王秀红

3

第三篇

行为规范要求

案例十三　导师师德行为底线不能逾越

概要：高校教师师德行为准则的“红七条”和“十不准”是每位导师必须恪守、不能逾越的行为底线。当面对各种利益和诱惑时，作为导师要心有所戒，行有所止。现实中的个别踩底线、越红线的例子值得警惕。

一、基本情况

近期，某大学接到某旅居海外的D女士实名举报，D女士自称为本校博士毕业生，教授李某是其指导教师。在D女士就读期间，李某以帮忙为借口找其到亲戚家，趁家中无人，对其进行性骚扰，D女士反抗后作罢，且D女士因学业、论文均掌控在李某手里，故一直不敢声张。毕业后，D女士依然受到精神上的折磨，后来建了一个微信群，将和自己有着同样遭遇的同校女生聚在一起，搜集受害者证词、录音证据后，向学校举报李某。经调查，学校认定李某存在对学生性骚扰的行为，停止其工作，撤销其行政职务、教师职务，取消其研究生导师资格和教师资格。教育部作出了撤销了李某奖励称号的决定。

在读研究生刘某面临着与D女士同样的情况，她的导师是院领导，平时应酬多，有时她也被叫去喝酒应酬。尽管很反感，但刘某始终不敢拒绝，她害怕如果跟导师撕破脸，会影响自己毕业，无奈之下，刘某选择了忍让。但事情变得越来越让她难以接受，在一次应酬中，某领导竟然对她动手动脚，刘某感到十分屈辱和害怕，对于受到性骚扰的事情，她不敢告诉父母，只能在背后流泪，现在特别害怕接到导师的电话。

二、问题解析

以上两个案例略有不同，但共同点是研究生在就读期间受到了性骚扰，前者是由导师实施，后者虽然不是导师实施的，但导师难辞其咎。

第一，案例中的两位导师的行为均已违背师德底线。在D女士的案例中，李某的行为跨越了男女界线，违背自己教师的底线，严重触犯《教育部关于建立健全高校师德建设长效机制的意见》中的“红七条”和《新时代高校教师职业行为十项准则》提出的“十不准”中关于“坚持言行雅正。为人师表，以身作则，举止文明，作风正派，自重自爱；不得与学生发生任何不正当关系，严禁任何形式的猥亵、性骚扰行为”的禁令。在刘某的案件中，虽然导师没有性骚扰等行为，但他出于个人目的，违背刘某意愿让其陪同应酬的行为违反了“十不准”中关于“不得要求学生从事与教学、科研、社会服务无关的事宜”的内容。当刘某受到性骚扰时，他坐视不理，也违背导师应当关爱学生的师德要求。

第二，案例中两位导师应当依法承担相应责任。D女士案例中，导师诱骗学生至其家中实施侵犯，而且受害学生数量众多，其行为违反师德要求，应当给予党纪政纪处分。我们看到涉事导师李某不仅被撤职，而且被取消导师资格和荣誉称号，体现了我国对违反师德者的零容忍。与此同时，李某还应当承担相应的法律责任。《中华人民共和国宪法》中明确规定公民的人格尊严不受侵犯，《中华人民共和国民法典》更是明确了性骚扰者应当承担民事责任。如果李某的行为严重违背被害人意愿，且情节严重的，构成猥亵行为，应依据《中华人民共和国治安管理处罚法》《中华人民共和国刑法》中的相关规定承担相应法律责任。在李某的案例中，实施性骚扰行为的人应依法承担相应责任，其导师应当负连带责任。对因强迫陪同应酬给李某造成的精神损害，依据相关法律，导师应当赔礼道歉，给予精神损害赔偿。

另外，在这里必须注意的是，随着教育部有关师德建设的“红七条”“十不准”“十不得”等规定的出台，教师要严格约束自己行为，保持清醒，坚守底线，坚决杜绝“师生恋”等行为。

三、对策建议

以上案例在现实中虽极为个别，但不得不警惕。个别导师滥用权力，以科研、成绩、论文等为筹码，逼迫或是暗示学生屈服，让学生有苦难言。对此，应当加强监管教育，不断强化师德师风建设。

第一，完善机制，明确责任。教育主管部门和高校要严格落实法律规定，对于性骚扰行为采取合理预防、受理投诉、调查处置等措施，要严明态度，发现一起处理一起，坚决防止和制止利用职权、从属关系等实施性骚扰的行为。同时要注意保护受害人，鼓励受害人敢于发声，切实维护受害人的权益，避免给受害人造成二次伤害。

第二，加强教育，强化师德。高校要加强导师师德师风宣传，导师无论在公共或私人场合，都应为人师表。一方面要通过反面例子让导师们知道底线和禁区，另一方面要加强正面宣传教育，发挥模范典型的示范引领作用。

第三，加强宣传，重在保护。学校可设立处理性骚扰的专门机构，畅通网络等投诉渠道，加大监督力量，高校要普及反性骚扰的相关教育，让师生澄清认知误区，掌握应对方法，维护自身合法权益。

四、法律法规链接

1.《中华人民共和国宪法》

第三十八条 中华人民共和国公民的人格尊严不受侵犯。禁止用任何方法对公民进行侮辱、诽谤和诬告陷害。

2.《中华人民共和国民法典》

第一百七十九条 承担民事责任的方式主要有：

……

（十）消除影响、恢复名誉；

（十一）赔礼道歉。

法律规定惩罚性赔偿的，依照其规定。

本条规定的承担民事责任的方式，可以单独适用，也可以合并适用。

第一千零一十条 违背他人意愿，以言语、文字、图像、肢体行为等方式对他人实施性骚扰的，受害人有权依法请求行为人承担民事责任。

机关、企业、学校等单位应当采取合理的预防、受理投诉、调查处置等措施，防止和制止利用职权、从属关系等实施性骚扰。

第一千一百八十三条第一款 侵害自然人人身权益造成严重精神损害的，被侵权人有权请求精神损害赔偿。

3.《中华人民共和国治安管理处罚法》

第四十四条 猥亵他人的，或者在公共场所故意裸露身体，情节恶劣的，处五日以上十日以下拘留；猥亵智力残疾人、精神病人、不满十四周岁的人或者有其他严重情节的，处十日以上十五日以下拘留。

4.《中华人民共和国刑法》

第二百三十七条第一款　以暴力、胁迫或者其他方法强制猥亵他人或者侮辱妇女的，处五年以下有期徒刑或者拘役。

5.《中国共产党纪律处分条例》

第一百三十五条　与他人发生不正当性关系，造成不良影响的，给予警告或者严重警告处分；情节较重的，给予撤销党内职务或者留党察看处分；情节严重的，给予开除党籍处分。

利用职权、教养关系、从属关系或者其他相类似关系与他人发生性关系的，从重处分。

第一百三十八条　有其他严重违反社会公德、家庭美德行为的，应当视具体情节给予警告直至开除党籍处分。

6.《事业单位工作人员处分暂行规定》（中华人民共和国人力资源和社会保障部、中华人民共和国监察部令第 18 号）

第二十条第一款　有下列行为之一的，给予警告或者记过处分；情节较重的，给予降低岗位等级或者撤职处分；情节严重的，给予开除处分：

……

（三）利用职业身份进行利诱、威胁或者误导，损害他人合法权益的；

……

第二十一条第一款　有下列行为之一的，给予警告或者记过处分；情节较重的，给予降低岗位等级或者撤职处分；情节严重的，给予开除处分：

……

（七）其他严重违反公共秩序、社会公德的行为。

7.《教育部关于建立健全高校师德建设长效机制的意见》（教师〔2014〕10号）

严格师德惩处，发挥制度规范约束作用。……对学生实施性骚扰或与学生发生不正当关系；……有上述情形的，依法依规分别给予警告、记过、降低专业技术职务等级、撤销专业技术职务或者行政职务、解除聘用合同或者开除。对严重违法违纪的要及时移交相关部门。建立问责机制，对教师严重违反师德行为监管不力、拒不处分、拖延处分或推诿隐瞒，造成不良影响或严重后果的，要追究高校主要负责人的责任。

8.《新时代高校教师职业行为十项准则》（教师〔2018〕16号）

六、坚持言行雅正。为人师表，以身作则，举止文明，作风正派，自重自爱；不得与学生发生任何不正当关系，严禁任何形式的猥亵、性骚扰行为。

9.《教育部、中国教科文卫体工会全国委员会关于印发〈高等学校教师职业道德规范〉的通知》（教人〔2011〕11号）

六、为人师表。学为人师，行为世范。淡泊名利，志存高远。树立优良学风教风，以高尚师德、人格魅力和学识风范教育感染学生。模范遵守社会公德，维护社会正义，引领社会风尚。言行雅正，举止文明。自尊自律，清廉从教，以身作则。自觉抵制有损教师职业声誉的行为。

10.《国务院学位委员会、教育部关于进一步严格规范学位与研究生教育质量管理的若干意见》（学位〔2020〕19号）

（二十一）健全导师分类评价考核和激励约束机制，将研究生在学期间及毕业后反馈评价、同行评价、管理人员评价、培养和学位授予环节职责考核情况科学合理地纳入导师评价体系，综合评价结果作为招生指标分配、职称评审、岗位聘用、评奖评优等的重要依据。严格执行《教育部关于高校教师师德失范行为处理的指导意见》，对师德失范、履行职责不力的导师，视情况给予约谈、限招、停招、取消导师资格等处理；情节较重的，依法依规给予党纪政纪处分。

11.《教育部关于印发〈研究生导师指导行为准则〉的通知》(教研〔2020〕12号)

八、构建和谐师生关系。落实立德树人根本任务，加强人文关怀，关注研究生学业、就业压力和心理健康，建立良好的师生互动机制。不得侮辱研究生人格，不得与研究生发生不正当关系。

撰写人：王鹏昊

案例十四　导师和学生应当共守安全底线

概要：安全是教育事业不断发展、学生成长成才的基本保障。当前高校各类科学实验存在着诸多不确定性，也存在着校园安全隐患。健全安全规章制度，完善安全监管措施，强化安全至上意识，提高安全技能，做到安全教育入脑入心，是高校师生必须恪守的底线。

一、基本情况

某高校一实验室突发爆炸事件，导致3名学生死亡，现场过火面积约60平方米。经调查，这是一起责任事故。事故发生前，作为实验室科研项目负责人的张教授与校外公司签订合作协议，购买大量易燃易爆的镁粉作为实验材料，并违规存放在实验室内。学生在实验过程中产生易燃气体和火花，引发镁粉粉尘爆炸，继而引燃周边镁粉和其他可燃物，造成3名学生当场死亡的重大事故。

事前曾有群众向当地环保等部门举报，称该校区教学楼（即事发实验室所在地）排放废气，发出异味，给附近居民造成不便。有关部门进行了受理、调查和取证，并约谈相关人员，但并未能阻止悲剧发生。

调查认定，某高校有关人员违规开展试验、冒险作业；违规购买、违法储存危险化学品；对实验室和科研项目安全管理不到位。为此，公安机关对张教授和事发实验室管理人员依法立案侦查。教育部和高校研究决定，对学校及相关学院的领导进行问责，分别给予党纪政纪处分。

二、问题解析

本案例是一起严重的高校安全责任事故，导师等相关人员严重失职并违反安全规定，对于学生的安全意识教育不到位、安全能力培养不足导致违规操作，终酿成此次惨剧。

第一，项目负责人张教授等工作人员严重违反安全管理规定，应当依法承担刑事责任。本案例中，项目负责人张教授违规购买、违法储存危险化学品，对实验室和科研项目安全管理不到位，对于学生安全教育不到位，导致爆炸事故，其负有不可推卸的责任。事故发生后，根据《中华人民共和国突发事件应对法》等法律法规，当地相关部门组成联合调查组，经反复调查和论证，确认违规开展试验、冒险作业，违规购买、违法储存危险化学品，对实验室和科研项目安全管理不到位，是导致本起事故的间接原因。依据《中华人民共和国刑法》相关规定，张教师以及实验室的管理人员违反规定存放大量危险化学用品，进而导致了事故的严重后果，已经构成危险物品肇事罪，应当依法追究其刑事责任。

第二，学校实验室安全管理存在巨大漏洞，应依法追究相关人员责任。本次爆炸事故的发生不仅因为项目负责人的违规行为，学校相关部门的监管不力也是诱因。目前《中华人民共和国消防法》《危险化学品安全管理条例》《高等学校实验室工作规程》等已经明确了学校实验室安全管理常态化制度，《教育部关于加强高校实验室安全工作的意见》进一步明确了高校实验室安全管理的各方责任。在本次事故中，学校、学院、实验室在安全教育、风险评估、安全检查等方面监管缺失，安全管理主体责任落实不明，对于实验室和科研项目管理不到位，最终才导致了此次事故的发生，其相关负责人都应当承担责任。对此，本案例中学校领导、相关职能部门以及学院负责人都受到了党纪政纪处分。

第三，切实维护受害人合法权益，依法进行赔偿。在本案例中最为可惜的是 3 名受害同学，因导师未能尽到安全教育和管理义务，违规存放危险物品，自身也缺乏安全意识，违规冒险作业导致惨剧发生。对此，导师作为责任人不仅应承担刑事责任，还应当承担相应民事责任，依法向受害人家属进行赔偿，学校应承担连带责任。因学生意外伤害事件性质特殊，影响涉及面广，学校在处理中应“法理情”并用，妥善处置并合理解决家属诉求，切实保障受害人的合法权益，维护校园和谐稳定。

三、对策建议

安全是教育事业不断发展、学生成长成才的基本保障。高校实验室因其特殊情况，是高校安全管理的重中之重。本案例暴露出了学校安全管理缺失，师生安全意识淡薄等一系列问题。

第一，要进一步健全高校实验室安全管理制度，落实安全责任。要严格依据相关法律法规和教育部有关文件要求，学校制定完善安全管理制度，实现分级管理，细化责任要求，健全安全检查、风险评估、危险源全周期管理以及应急管理制度，确保安全责任落到实处。

第二，要进一步加强安全教育培训和安全能力提升。通过创新教育方式，强化师生安全至上意识，提高师生安全技能，做到安全教育“入脑入心”。其中要重点加强导师的安全责任意识塑造，所谓“教不严，师之惰”，作为导师更要时刻绷紧安全这根弦，守住安全底线。

第三，要进一步加强安全责任落实。徒法不足以自行，要将安全责任纳入学校日常工作考核内容，建立安全工作奖惩机制。建立健全问责追责机制，一旦发生实验室安全事故，开展责任倒查，严肃追究相关单位及个人的事故责任，依法依规处理。

四、法律法规链接

1.《中华人民共和国刑法》

第一百三十六条　违反爆炸性、易燃性、放射性、毒害性、腐蚀性物品的管理规定，在生产、储存、运输、使用中发生重大事故，造成严重后果的，处三年以下有期徒刑或者拘役；后果特别严重的，处三年以上七年以下有期徒刑。

2.《中华人民共和国民法典》

第一千一百六十八条　二人以上共同实施侵权行为，造成他人损害的，应当承担连带责任。

第一千一百七十九条　侵害他人造成人身损害的，应当赔偿医疗费、护理费、交通费、营养费、住院伙食补助费等为治疗和康复支出的合理费用，以及因误工减少的收入。造成残疾的，还应当赔偿辅助器具费和残疾赔偿金；造成死亡的，还应当赔偿丧葬费和死亡赔偿金。

第一千一百八十一条第一款　被侵权人死亡的，其近亲属有权请求侵权人承担侵权责任。被侵权人为组织，该组织分立、合并的，承继权利的组织有权请求侵权人承担侵权责任。

3.《中华人民共和国消防法》

第六条第二款　机关、团体、企业、事业等单位，应当加强对本单位人员的消防宣传教育。

第二十三条第一款　生产、储存、运输、销售、使用、销毁易燃易爆危险品，必须执行消防技术标准和管理规定。

4.《危险化学品安全管理条例》(国务院令第591号)

(内容略)

5.《高等学校消防安全管理规定》(中华人民共和国教育部、中华人民共和国公安部令第28号)

第十四条第一款　学校应当将下列单位（部位）列为学校消防安全重点单位（部位）：

……

(六）易燃易爆等危险化学物品的生产、充装、储存、供应、使用部门；

(七）实验室、计算机房、电化教学中心和承担国家重点科研项目或配备有先进精密仪器设备的部位，监控中心、消防控制中心；

……

第二十一条 学校购买、储存、使用和销毁易燃易爆等危险品，应当按照国家有关规定严格管理、规范操作，并制定应急处置预案和防范措施。

学校对管理和操作易燃易爆等危险品的人员，上岗前必须进行培训，持证上岗。

第三十六条 学校应当采取下列措施对学生进行消防安全教育，使其了解防火、灭火知识，掌握报警、扑救初起火灾和自救、逃生方法。

……

（四）对进入实验室的学生进行必要的安全技能和操作规程培训；

……

第三十七条 学校二级单位应当组织新上岗和进入新岗位的员工进行上岗前的消防安全培训。

消防安全重点单位（部位）对员工每年至少进行一次消防安全培训。

第四十八条 学校违反消防安全管理规定或者发生重特大火灾的，除依据消防法的规定进行处罚外，教育行政部门应当取消其当年评优资格，并按照国家有关规定对有关主管人员和责任人员依法予以处分。

6.《高等学校实验室工作规程》（中华人民共和国国家教育委员会令第20号）

（内容略）

7.《教育部办公厅关于进一步加强高等学校实验室危险化学品安全管理工作的通知》(教技厅〔2013〕1号)

(内容略)

8.《教育部关于加强高校实验室安全工作的意见》(教技函〔2019〕36号)

(内容略)

9.《中国共产党纪律处分条例》

第一百二十一条第一款　工作中不负责任或者疏于管理，贯彻执行、检查督促落实上级决策部署不力，给党、国家和人民利益以及公共财产造成较大损失的，对直接责任者和领导责任者，给予警告或者严重警告处分；造成重大损失的，给予撤销党内职务、留党察看或者开除党籍处分。

10.《事业单位工作人员处分暂行规定》(中华人民共和国人力资源和社会保障部、中华人民共和国监察部令第18号)

第十七条第一款　有下列行为之一的，给予警告或者记过处分；情节较重的，给予降低岗位等级或者撤职处分；情节严重的，给予开除处分：

……

(三)违章指挥、违规操作，致使人民生命财产遭受损失的；

……

撰写人：王鹏昊

案例十五 导师应尊重学生基本权益

概要： 导学关系并非传统意义上人身依附的师徒关系的延续，也非商品经济意义上的老板雇工关系，而是融知识传承、学术创新、情感交融、人格塑造为一体的新型师生关系。师生作为平等主体，应当相互包容与成全，共享尊重与合作，在互信的基础上共同维系良好的学术共同体关系。

一、基本情况

李某经过重重考试和选拔终于如愿进入某知名院校学习，师从该校某著名教授。但入学半年后李某出现了严重焦虑的情绪，主要是因无法及时完成导师布置的任务。在学业上，导师要求极为严格，丝毫没有考虑李某刚入学而且课程较多的情况，经常不分昼夜地布置任务，有时前一天晚上十点布置，第二天早上八点就要结果，如果不能完成，就给予李某严厉批评，甚至是辱骂。李某平时沉默寡言，不善交流，有了轻度抑郁的趋势。一开始，家人朋友并没有在意，以为李某只是不适应导师的严厉。

在生活上，李某还被导师要求随叫随到，甚至要帮看孩子、寄快递、打扫家庭卫生等。为此，李某曾多次向家人朋友倾诉自己的遭遇，但家人和朋友劝说他要考虑自己的前途，忍耐到毕业。到了研二，李某想出国，但是导师以实验室任务较多为由拒绝了他的申请，并且威胁他如执意出国，将不在其毕业申请上签字同意。对此，李某感觉前途无望，他不知道如何处理与导师的关系，可又不甘心放弃学业。处在两难之中的他出现了严重的焦虑情绪，手不停抖动，不停产生“我完了”的想法，情绪不断积累，最终崩溃，选择了跳楼结束自己的生命。

二、问题解析

本案例是一起极为个别但是矛盾冲突非常典型的导师越过正常界限，违背师德要求，造成学生身心受到伤害的事件。在本案例中，导师行为已超过“严师”的标准，属于对学生学习和生活上的压迫，严重侵犯了学生基本权益，导致学生产生严重心理问题，酿成了不可挽回的结果。

第一，导师存在着严重师德的问题。在本案例中，导师并没有把学生当作平等的主体对待和尊重，而是将学生视为对自己有人身依附关系的学徒，任意指使，布置科研任务完全不考虑学生学术专长、研究方向和课业安排等实际情况，甚至予以辱骂，严重侵犯了李某的人格尊严，造成了身心伤害。另外，导师压榨学生帮助自己处理私人生活事件，为了完成课题，甚至不惜利用恐吓和威胁方式逼迫学生放弃出国深造，严重违背高校教师行为准则和导师立德树人的根本宗旨。

第二，导师应当承担相应的法律责任。因该导师行为严重失职，导致悲剧发生，应当按照“师德一票否决制”，依法依规坚决给予相应处理。与此同时，导师还应当对李某的离世承担相应的法律责任。导师的不当行为是引发李某产生严重心理问题并自杀的直接原因，严重侵犯了李某的生命健康权利。依照我国法律相关规定，其应当承担民事侵权责任。

第三，学校的管理责任不能回避。在本案例中，如此导师的存在说明该学校的导师聘任标准和制度存在很大问题。学校缺少导师职业规范、道德水平的评价和监管体系，对导师资格的考察以及随访做得不够，致使李某在面对导师的强势态度时，不知如何寻求救济，而选择采用跳楼这一极端方式来逃避。对此，学校的管理责任不可回避。

第四，学校的学生教育管理不到位。李某作为受害者，其遭遇值得同情。但在长达两年的时间内，李某不懂得如何维护自身权益，其家长朋友也持息事宁人的态度，这暴露出学校对于学生的权利教育不到位，导致学生不了解学校规章制度，不知道如何寻求救助的问题。当学生出现抑郁乃至轻生的想法，学校的心理健康教育和危机干预机制均未能有效发挥作用，学校和导师、家庭都缺乏有效沟通，使问题持续恶化而无法控制，最终酿成悲剧。

三、对策建议

导学关系是研究生人才培养的基础。导学关系并非传统意义上人身依附的师徒关系延续，也非商品经济意义上老板和雇工的关系，而是融知识传承、学术创新、情感交融、人格塑造为一体的新型师生关系。对于导师而言，应当坚持自律和他律相结合，明确自身定位，既要坚守底线，恪尽职守；更要全身心投入，真正成为塑造学生品格、品行、品味的“大先生”。

第一，导师要注重自身师德建设。首先，导师增强自身修养，熟悉导师职责要求和行为规范，做到行有所止，言有所戒。其次，导师要学习教育学、心理学等相关知识，掌握和学生交往的方法，做到因材施教。再次，导师要掌握分寸，把握尺度，平衡师生关系中指导和帮助，评价和关爱之间的关系，促进学生全面发展。最后，导师还要注重自身心理健康，形成师生之间良好心理互动。

第二，学校要加强导师师德师风建设。学校应当落实法律法规要求，建立健全导师师德监督体系，坚持把师德师风作为教师素质评价的第一标准，建立教师个人信用记录，完善诚信承诺和失信惩戒机制，推动师德建设常态化长效化。同时健全投诉和矛盾化解机制，学校应公开投诉电话或邮箱，使得学生能够及时反映问题，维护自身权益。对于投诉和反映，学校应公平、公正、公开地对导师进行全面评价，做到“有则改之，无则加勉”。学校既要严肃处理违反师德师风者，也要宣传典型模范，形成良好的氛围。

第三，进一步加强研究生的心理健康教育。学校要加强宣传心理健康教育，积极开展抗挫折教育，重点帮扶学业、就业上存在困难的群体。加强对研究生与导师沟通技巧主题培训，由心理专家讲授人际沟通技巧，师兄师姐分享与导师相处的经验。健全和畅通家校合作机制，让家长及时了解学生状况和学校要求，能及时地给予帮助。只有多管齐下，才能有效化解矛盾，构建和谐导学关系。

四、法律法规链接

1.《中华人民共和国教师法》

第八条　教师应当履行下列义务：

……

（四）关心、爱护全体学生，尊重学生人格，促进学生在品德、智力、体质等方面全面发展；

……

第二十二条　学校或者其他教育机构应当对教师的政治思想、业务水平、工作态度和工作成绩进行考核。

教育行政部门对教师的考核工作进行指导、监督。

第二十三条 考核应当客观、公正、准确，充分听取教师本人、其他教师以及学生的意见。

2.《中华人民共和国民法典》

第一千零二条 自然人享有生命权。自然人的生命安全和生命尊严受法律保护。任何组织或者个人不得侵害他人的生命权。

第一千零四条 自然人享有健康权。自然人的身心健康受法律保护。任何组织或者个人不得侵害他人的健康权。

第一千一百六十五条第一款 行为人因过错侵害他人民事权益造成损害的，应当承担侵权责任。

第一千一百七十九条 侵害他人造成人身损害的，应当赔偿医疗费、护理费、交通费、营养费、住院伙食补助费等为治疗和康复支出的合理费用，以及因误工减少的收入。造成残疾的，还应当赔偿辅助器具费和残疾赔偿金；造成死亡的，还应当赔偿丧葬费和死亡赔偿金。

3.《学生伤害事故处理办法》(中华人民共和国教育部令第12号)

第九条 因下列情形之一造成的学生伤害事故，学校应当依法承担相应的责任：

……

（九）学校教师或者其他工作人员体罚或者变相体罚学生，或者在履行职责过程中违反工作要求、操作规程、职业道德或者其他有关规定的；

……

第十四条 因学校教师或者其他工作人员与其职务无关的个人行为，或者因学生、教师及其他个人故意实施的违法犯罪行为，造成学生人身损害的，由致害人依法承担相应的责任。

4.《新时代高校教师职业行为十项准则》（教师〔2018〕16号）

四、潜心教书育人。落实立德树人根本任务，遵循教育规律和学生成长规律，因材施教，教学相长；不得违反教学纪律，敷衍教学，或擅自从事影响教育教学本职工作的兼职兼薪行为。

五、关心爱护学生。严慈相济，诲人不倦，真心关爱学生，严格要求学生，做学生良师益友；不得要求学生从事与教学、科研、社会服务无关的事宜。

5.《教育部关于高校教师师德失范行为处理的指导意见》（教师〔2018〕17号）

三、对高校教师师德失范行为实行“一票否决”。高校教师出现违反师德行为的，根据情节轻重，给予相应处理或处分。情节较轻的，给予批评教育、诫勉谈话、责令检查、通报批评，以及取消其在评奖评优、职务晋升、职称评定、岗位聘用、工资晋级、干部选任、申报人才计划、申报科研项目等方面的资格。担任研究生导师的，还应采取限制招生名额、停止招生资格直至取消导师资格的处理。以上取消相关资格处理的执行期限不得少于24个月。情节较重应当给予处分的，还应根据《事业单位工作人员处分暂行规定》给予行政处分，包括警告、记过、降低岗位等级或撤职、开除，需要解除聘用合同的，按照《事业单位人事管理条例》相关规定进行处理。情节严重、影响恶劣的，应当依据《教师资格条例》报请主管教育部门撤销其教师资格。是中共党员的，同时给予党纪处分。涉嫌违法犯罪的，及时移送司法机关依法处理。

6.《关于加强和改进新时代师德师风建设的意见》（教师〔2019〕10号）

9. 突出规则立德，强化教师的法治和纪律教育。(内容略)

11. 严格考核评价，落实师德第一标准。(内容略)

12. 严格师德督导，建立多元监督体系。(内容略)

13. 严格违规惩处，治理师德突出问题。(内容略)

7.《教育部关于印发〈研究生导师指导行为准则〉的通知》（教研〔2020〕12号）

四、正确履行指导职责。遵循研究生教育规律和人才成长规律，因材施教；合理指导研究生学习、科研与实习实践活动；综合开题、中期考核等关键节点考核情况，提出研究生分流退出建议。不得要求研究生从事与学业、科研、社会服务无关的事务，不得违规随意拖延研究生毕业时间。

八、构建和谐师生关系。落实立德树人根本任务，加强人文关怀，关注研究生学业、就业压力和心理健康，建立良好的师生互动机制。不得侮辱研究生人格，不得与研究生发生不正当关系。

8. 做党和人民满意的好老师——习近平同北京师范大学师生代表座谈时的讲话

(内容略)

撰写人：钟慧文　许晶晶

案例十六　导师安排学生做“财务助理”

概要： 导师应当守住廉洁底线，严把科研课题经费使用关，虚开发票、冒领劳务套取科研经费的行为属于严重违背科研诚信的行为，违反国家财经纪律，甚至触犯刑律。对此，导师应充分发挥言传身教的作用，在教学科研中作出表率，给学生树立良好的榜样。

一、基本情况

李同学是某高校研究生二年级的学生，其导师王某除在学校任教外，还有自己的公司，并经常赴国外进行学术交流。因“副业”较多，王某事务繁忙，无暇顾及学生。李同学见到导师的机会很少，学术方面遇到问题，只能通过电话或微信的方式与导师沟通，但导师的回复往往是只言片语，有时甚至不回复。李同学在学业中遇到问题只好自己处理。

因王某忙于校外事务，无暇顾及其课题的财务报销工作，于是任命李同学为“财务助理”，协助其报销课题经费。王某的课题类型多、金额大，报销任务比较重，李同学成了财务处的“常客”，学校各类的财务会议王某也让其代为参加。李同学为此耗费了大量精力，严重影响了自身的学习。王某主动联系李同学基本都是说课题报销事宜，很少与其交流学业。不仅如此，王某经常不分时间，甚至是深夜电联李同学，如果接听不及时，还会严厉斥责甚至辱骂李同学。李同学不敢与导师发生正面冲突，只能默默忍受。

因王某有多个项目经费剩余较多，王某指示李同学“灵活应对”，并暗示其可以购买发票进行报销，并拿出自己旅游探亲的机票，以差旅费名义报销。王某还让李同学联系自己公司的财务人员，以服务费、技术合作费等名义报销经费，但实际上该公司没有提供任何服务。王某还让李同学找“靠谱”的同学，将钱分几次以劳务费的名义打入学生卡中，再让学生以现金的形式交给自己。对导师的做法，李同学一直很担心，但王某表示横向课题经费管理较松，让李同学“大胆去做”。

二、问题解析

本案例中导师王某已严重触及师德底线，严重违纪违法，乃至触犯刑律，应当依法追究其相应法律责任。

第一，王某作为导师并没有尽到指导学生、培养人才的义务。《教育部关于全面落实研究生导师立德树人职责的意见》就明确指出，导师应“确保足够的时间和精力及时给予研究生启发和指导”，应“定期与研究生沟通交流，指导研究生确定研究方向，深入开展研究”。本案例中，王某事务繁多、身兼数职，但无一和人才培养有关，其疏于对学生的学术指导，很少与学生见面，和本书中另一案例所提到的导师洪某不同，王某是完全不管学生，使得导师与学生之间的指导关系形同虚设。王某已严重违反《新时代高校教师职业行为十项准则》中对兼职兼薪的规定，严重违反教学纪律。

第二，王某安排李同学作为“财务助理”的行为严重违背师德。王某作为导师，不仅不指导李同学开展学术研究，反而任命李同学为其“财务助理”，协助其管理课题的财务报销工作。学生协助导师进行课题报销，适度了解财务工作无可厚非，但王某是将过于繁重的财务工作交给学生，甚至影响了其学业。其行为违反了《新时代高校教师职业行为十项准则》中“不得要求学生从事与教学、科研、社会服务无关的事宜”的规定。而王某因李同学未及时接听其电话便斥责和辱骂的行为与教师的基本行为规范背道而驰，更是极大地伤害了学生的身心健康，损害了学生的合法权益，是“极端个人主义”的体现。对此，《教育部关于进一步加强和改进师德建设的意见》中明确规定，“要坚决反对教师讥讽、歧视、侮辱学生，体罚和变相体罚学生的行为”。

第三，王某虚开发票、冒领劳务套取科研经费的行为严重违纪违法，乃至触犯刑律。教师为人师表，应当是遵守宪法、法律和职业道德的模范，但王某让学生用报销作假、虚开发票、编造劳务的手段来套取科研经费的行为违反了教师的基本行为准则，尤其是通过虚开发票的方式将科研资金划拨至其公司，严重违反国家科研经费的使用规定，属于严重违纪违法，应当依法受到党纪政纪处分。依据《中华人民共和国刑法》和相关司法解释规定，其套取经费数额如果超过 3 万元，则构成贪污罪。但王某法治意识淡薄，侥幸心理突出，认为横向课题经费管理不严，殊不知，已有高校教师因套取横向课题经费以贪污罪定罪判刑的司法先例。

当然，本案例中的李同学是无辜的，其不得已受到老师指使，违心从事套取科研经费的行为，并不构成犯罪。但如果李同学明知这种情况，且同导师王某套取经费，甚至从中取利的话，则可能构成贪污罪的共犯。

三、对策建议

通过本案例提醒广大导师应当守住廉洁底线，恪守法律和职业道德，增强法治意识和规则意识，要严把科研经费使用关，严格按照相关规定支出和使用经费。

另外，导师为人师表，应当恪守职业道德和伦理，把握住学业指导和日常交往之间的限度，导师要成为学生的知心人和引路人，但在日常生活中要把握分寸、掌握方法。绝不能像个别导师一样，公私不分，指使学生从事各种不合适的事宜。

当然，对于学校而言，也应该严格财务管理制度，严厉处罚虚假报销、套取经费等违法违纪行为。同时要加强科研经费“放管服”管理，避免让经费报销成为师生的负担，让科研经费的使用报销更加便利、更加有效。

四、法律法规链接

1.《中华人民共和国教师法》

第八条 教师应当履行下列义务：

（一）遵守宪法、法律和职业道德，为人师表；

……

2.《中华人民共和国刑法》

第三百八十二条 国家工作人员利用职务上的便利，侵吞、窃取、骗取或者以其他手段非法占有公共财物的，是贪污罪。

受国家机关、国有公司、企业、事业单位、人民团体委托管理、经营国有财产的人员，利用职务上的便利，侵吞、窃取、骗取或者以其他手段非法占有国有财物的，以贪污论。

与前两款所列人员勾结，伙同贪污的，以共犯论处。

3.《事业单位工作人员处分暂行规定》(中华人民共和国人力资源和社会保障部、中华人民共和国监察部令第18号)

第十八条第一款 有下列行为之一的，给予警告或者记过处分；情节较重的，给予降低岗位等级或者撤职处分；情节严重的，给予开除处分：

（一）贪污、索贿、受贿、行贿、介绍贿赂、挪用公款的；

……

4.《教育部关于进一步加强和改进师德建设的意见》（教师〔2005〕1号）

7. 着力解决师德建设中的突出问题。要坚决反对教师讥讽、歧视、侮辱学生，体罚和变相体罚学生的行为；……

5.《新时代高校教师职业行为十项准则》（教师〔2018〕16号）

五、关心爱护学生。严慈相济，诲人不倦，真心关爱学生，严格要求学生，做学生良师益友；不得要求学生从事与教学、科研、社会服务无关的事宜。

6.《教育部、财政部关于进一步加强高校科研经费管理的若干意见》（教财〔2005〕11号）

三、建立健全科研经费管理责任制。……项目负责人应自觉接受有关部门的监督检查，按有关规定及时办理科研项目结题及结账手续，并对科研经费使用的真实性、有效性承担经济与法律责任。……

四、不断完善校内科研经费管理制度。……特别应针对当前横向科研经费使用和管理中存在的一些问题，建立和完善校内横向科研经费管理办法，切实加强横向科研经费的管理。横向科研经费的收支必须规范，经费的使用要依据科研活动的实际需要、符合有关法规制度的要求。在横向科研活动中，为个人牟取私利、损坏学校声誉或给学校造成经济损失的，必须追究有关责任人的责任。触犯法律的，要追究法律责任。

7.《教育部、财政部关于加强中央部门所属高校科研经费管理的意见》（教财〔2012〕7号）

13. 严禁违规使用经费。学校科研人员应严格按照预算批复或合同（任务书）的支出范围和标准使用经费，严禁以任何方式挪用、侵占、骗取科研经费。严禁编造虚假合同、编制虚假预算；严禁违规将科研经费转拨、转移到利益相关的单位或个人；严禁购买与科研项目无关的设备、材料；严禁虚构经济业务、使用虚假票据套取科研经费；严禁在科研经费中报销个人家庭消费支出；严禁虚列、伪造名单，虚报冒领科研劳务性费用；严禁借科研协作之名，将科研经费挪作它用；严禁设立“小金库”。

18. 落实责任追究制度。有关部门和学校要将专项审计、中期财务检查、财务验收和绩效评价等结果作为项目申请和科研经费预算分配的重要依据。对发生违纪违法问题的单位和个人，按照《财政违法行为处罚处分条例》《事业单位工作人员处分暂行规定》等规定进行严肃处理，依情节轻重给予行政处罚或处分。涉嫌犯罪的，依法移送司法机关追究刑事责任。

8.《教育部关于印发〈研究生导师指导行为准则〉的通知》(教研〔2020〕12号)

四、正确履行指导职责。遵循研究生教育规律和人才成长规律，因材施教；合理指导研究生学习、科研与实习实践活动；综合开题、中期考核等关键节点考核情况，提出研究生分流退出建议。不得要求研究生从事与学业、科研、社会服务无关的事务，不得违规随意拖延研究生毕业时间。

七、严格经费使用管理。鼓励研究生积极参与科学研究、社会实践和学术交流，按规定为研究生提供相应经费支持，确保研究生正当权益。不得以研究生名义虚报、冒领、挪用、侵占科研经费或其他费用。

9. 王XX贪污二审刑事裁定书，北京市高级人民法院刑事裁定书（2017）京刑终229号

中国裁判文书网：https://wenshu.court.gov.cn/website/wenshu/181107ANFZ0BXSK4/index.html? docId=0f979af48f5e44a4bca6a85800111aeb.

撰写人：朱琳

案例十七　导师应对学生的学术不端行为负责

概要：导师应当对其所指导学生的学术不端行为负责。导师谨遵学术规范，恪守学术道德，自觉维护风清气正的学术环境；指导研究生恪守学术道德规范，在研究生培养的各个环节，强化学术规范训练，杜绝学术不端行为。

一、基本情况

孙某系某高校李教授的博士研究生，李教授因担任学校管理职务，平时工作繁忙，对孙某的指导教育相对松懈，主要让他负责期刊投稿论文的审稿工作。孙某借机将投稿论文中尚未公开发表的内容攫为己有，连续发表了多篇以李教授为通讯作者的“高水平”论文，不仅顺利拿到博士学位，还成为备受瞩目的学术新星。

不久之后，孙某剽窃的事情败露。经学校学术委员会调查并认定后，学校做出了撤销其博士学位、收回荣誉等一系列处罚，对其导师李教授也做出了停止招生、降级处理的严厉处罚。

有人认为，李教授承担了大量的管理工作，事务繁忙，没有时间深入了解孙某的工作和论文情况，属于情有可原，如此处罚太重了。对此，学校学术委员会认为，李教授作为导师应了解自己学生的情况，不能以事务繁忙作为不尽职的借口，而且其作为问题论文的通讯作者，应当对论文的真实性负责。

二、问题解析

本案例是一起典型的导师对学生学术不端负责的案例，李教授因学生孙某论文造假这一学术不端行为受到牵连，确实可惜。但他作为孙某的研究生导师，难辞其咎。

第一，李教授作为博士生导师，并未尽到指导责任。李教授作为孙某的导师，本应悉心指导孙某，但因他承担了大量的管理工作，实际上很少指导孙某。他不了解孙某的学业进展情况，更不要说对孙某开展学风诚信教育，这就让孙某有了不劳而获、投机取巧的侥幸心理，靠剽窃他人成果的论文造假来获取学位。在对孙某的教育指导上，李教授违背了导师立德树人的宗旨。

第二，李教授的署名行为和孙某的剽窃行为均为学术不端行为。在本案例中，孙某利用审稿的机会，剽窃未公开发表的内容作为自己的成果发表，并以此获得博士学位以及学术荣誉，属于严重的学术不端行为。李教授虽然对于孙某的剽窃行为不知情，但在没有实际参与论文指导写作的情况下，就署名为通讯作者，亦属于学术不端行为。而且按照国际科学界惯例，学生为第一作者，导师作为通讯作者的情况，表明导师指导学生开展研究，导师应对论文内容负主要责任。

第三，学校给予导师李教授以及研究生孙某的处罚恰如其分。孙某利用造假论文获得学位和荣誉，依据《高等学校预防与处理学术不端行为办法》等法律法规的相关规定，学校学术委员会对其作出的处罚定性准确、程序合法、处罚适当；对于导师李教授的停止招生、降级处理的处罚并无不当之处，李教授因忙于管理工作，怠于履行职责的教训值得每位导师反思。

三、对策建议

在现实中，导师因学生的学术不端行为而受到牵连的情况并不少见。本案例中出现的导师挂名研究生的论文是其中较为典型的情况，还有些导师因把关不严，为研究生学位论文买卖、抄袭等行为担责的情况。

对此，我们建议，导师应当严格自律，恪守师德规范，认真悉心指导学生，不仅要关注学生的学术成就，还要注重学生的品德教育，应当将学术道德和学术规范教育贯彻于培养的全过程。导师本人更要严守学术规范，以身作则，成为研究生学风诚信学习的楷模。学校也应全面加强学术规范和学术诚信教育，要作为教师培训和学生教育的必要内容，以多种形式开展教育和培训。同时，学校还应健全学术不端预防和监督机制，从论文查重、项目管理、成果鉴定等环节严把学术诚信关，进一步建立健全学术诚信记录，将其与年度考核、职称评定、岗位聘用、学位授予、人才评价乃至个人信用记录等挂钩，以制度的形式固化和强化学术诚信的要求。

四、法律法规链接

1.《中华人民共和国学位条例》

第十七条　学位授予单位对于已经授予的学位，如发现有舞弊作伪等严重违反本条例规定的情况，经学位评定委员会复议，可以撤销。

2.《高等学校预防与处理学术不端行为办法》(中华人民共和国教育部令第40号)

第二条 本办法所称学术不端行为是指高等学校及其教学科研人员、管理人员和学生，在科学研究及相关活动中发生的违反公认的学术准则、违背学术诚信的行为。

第六条第二款 高等学校教学科研人员、管理人员、学生在科研活动中应当遵循实事求是的科学精神和严谨认真的治学态度，恪守学术诚信，遵循学术准则，尊重和保护他人知识产权等合法权益。

第七条 高等学校应当将学术规范和学术诚信教育，作为教师培训和学生教育的必要内容，以多种形式开展教育、培训。

教师对其指导的学生应当进行学术规范、学术诚信教育和指导，对学生公开发表论文、研究和撰写学位论文是否符合学术规范、学术诚信要求，进行必要的检查与审核。

第二十七条 经调查，确认被举报人在科学研究及相关活动中有下列行为之一的，应当认定为构成学术不端行为：

(一) 剽窃、抄袭、侵占他人学术成果；

……

(四) 未参加研究或创作而在研究成果、学术论文上署名，未经他人许可而不当使用他人署名，虚构合作者共同署名，或者多人共同完成研究而在成果中未注明他人工作、贡献；

……

第二十九条 高等学校应当根据学术委员会的认定结论和处理建议，结合行为性质和情节轻重，依职权和规定程序对学术不端行为责任人作出如下处理：

(一) 通报批评；

(二) 终止或者撤销相关的科研项目，并在一定期限内取消申请资格；

（三）撤销学术奖励或者荣誉称号；

（四）辞退或解聘；

（五）法律、法规及规章规定的其他处理措施。

同时，可以依照有关规定，给予警告、记过、降低岗位等级或者撤职、开除等处分。

学术不端行为责任人获得有关部门、机构设立的科研项目、学术奖励或者荣誉称号等利益的，学校应当同时向有关主管部门提出处理建议。

学生有学术不端行为的，还应当按照学生管理的相关规定，给予相应的学籍处分。

学术不端行为与获得学位有直接关联的，由学位授予单位作暂缓授予学位、不授予学位或者依法撤销学位等处理。

3.《普通高等学校学生管理规定》(中华人民共和国教育部令第41号)

第七条　学生在校期间依法履行下列义务：

（一）遵守宪法和法律、法规；

（二）遵守学校章程和规章制度；

（三）恪守学术道德，完成规定学业；

……

第二十条　学校应当开展学生诚信教育，以适当方式记录学生学业、学术、品行等方面的诚信信息，建立对失信行为的约束和惩戒机制；对有严重失信行为的，可以规定给予相应的纪律处分，对违背学术诚信的，可以对其获得学位及学术称号、荣誉等作出限制。

第三十七条　对违反国家招生规定取得入学资格或者学籍的，学校应当取消其学籍，不得发给学历证书、学位证书；已发的学历证书、学位证书，学校应当依法予以撤销。对以作弊、剽窃、抄袭等学术不端行为或者其他不正当手段获得学历证书、学位证书的，学校应当依法予以撤销。

被撤销的学历证书、学位证书已注册的，学校应当予以注销并报教育行政部门宣布无效。

第五十二条 学生有下列情形之一，学校可以给予开除学籍处分：

……

（五）学位论文、公开发表的研究成果存在抄袭、篡改、伪造等学术不端行为，情节严重的，或者代写论文、买卖论文的；

……

4.《国务院学位委员会关于在学位授予工作中加强学术道德和学术规范建设的意见》（学位〔2010〕9号）

五、在学位授予工作中，学位授予单位对以下的舞弊作伪行为，必须严肃处理。

（一）在学位授予工作各环节中，通过不正当手段获取成绩；

（二）在学位论文或在学期间发表学术论文中存在学术不端行为；

（三）购买或由他人代写学位论文；

（四）其他学术舞弊作伪行为。

六、学位评定委员会是各学位授予单位负责处理学位授予工作中舞弊作伪行为的评决机构。学位授予单位在处理舞弊作伪行为时，要遵循客观、公正、合法的原则，根据舞弊作伪行为的性质和情节轻重，依据法律、法规和有关规章制度对相关人员做如下处理。

（一）对于学位申请者或学位获得者，可分别做出暂缓学位授予、不授予学位或撤销学位授予的处理；

（二）对于指导教师，可做出暂停招生、取消导师资格的处理；严重败坏学术道德的，由学位授予单位依据国家有关学术不端行为处理办法进行处理；

……

5.《事业单位工作人员处分暂行规定》（中华人民共和国人力资源和社会保障部、中华人民共和国监察部令第18号）

第二十条第一款　有下列行为之一的，给予警告或者记过处分；情节较重的，给予降低岗位等级或者撤职处分；情节严重的，给予开除处分：

……

（二）有抄袭、剽窃、侵吞他人学术成果，伪造、篡改数据文献，或者捏造事实等学术不端行为的；

……

6.《新时代高校教师职业行为十项准则》（教师〔2018〕16号）

七、遵守学术规范。严谨治学，力戒浮躁，潜心问道，勇于探索，坚守学术良知，反对学术不端；不得抄袭剽窃、篡改侵吞他人学术成果，或滥用学术资源和学术影响。

7. 中共中央办公厅、国务院办公厅印发《关于进一步加强科研诚信建设的若干意见》

（七）从事科研活动和参与科技管理服务的各类人员要坚守底线、严格自律。（内容略）

（二十）严厉打击严重违背科研诚信要求的行为。（内容略）

（二十一）开展联合惩戒。（内容略）

8.《科研诚信案件调查处理规则（试行）》（国科发监〔2019〕323号）

第二十八条　处理包括以下措施：

（一）科研诚信诫勉谈话；

（二）一定范围内或公开通报批评；

（三）暂停财政资助科研项目和科研活动，限期整改；

（四）终止或撤销财政资助的相关科研项目，按原渠道收回已拨付的资助经费、结余经费，撤销利用科研失信行为获得的相关学术奖励、荣誉称号、职务职称等，并收回奖金；

（五）一定期限直至永久取消申请或申报科技计划项目（专项、基金等）、科技奖励、科技人才称号和专业技术职务晋升等资格；

（六）取消已获得的院士等高层次专家称号，学会、协会、研究会等学术团体以及学术、学位委员会等学术工作机构的委员或成员资格；

（七）一定期限直至永久取消作为提名或推荐人、被提名或推荐人、评审专家等资格；

（八）一定期限减招、暂停招收研究生直至取消研究生导师资格；

（九）暂缓授予学位、不授予学位或撤销学位；

（十）其它处理。

上述处理措施可合并使用。科研失信行为责任人是党员或公职人员的，还应根据《中国共产党纪律处分条例》等规定，给予责任人党纪和政务处分。责任人是事业单位工作人员的，应按照干部人事管理权限，根据《事业单位工作人员处分暂行规定》给予处分。涉嫌违法犯罪的，应移送有关国家机关依法处理。

9.《教育部办公厅关于进一步规范和加强研究生培养管理的通知》（教研厅〔2019〕1号）

五、健全预防和处置学术不端的机制。（内容略）

10.《教育部、国家发展改革委、财政部关于加快新时代研究生教育改革发展的意见》(教研〔2020〕9号)

21. 加强学风建设，严惩学术不端行为。培养单位要完善学风建设工作机制，将科学精神、学术诚信、学术（职业）规范和伦理道德作为导师培训和研究生培养的重要内容，把论文写作指导课程作为必修课。抓住研究生培养关键环节，健全学术不端行为预防和处置机制，加大对学术不端行为的查处力度。

11.《国务院学位委员会、教育部关于进一步严格规范学位与研究生教育质量管理的若干意见》(学位〔2020〕19号)

七、健全处置学术不端有效机制

（二十三）严格执行《学位论文作假行为处理办法》《高等学校预防与处理学术不端行为办法》等规定。对学术不端行为，坚持“零容忍”，一经发现坚决依法依规、从快从严进行彻查。对有学术不端行为的当事人以及相关责任人，根据情节轻重，依法依规给予党纪政纪校纪处分和学术惩戒；违反法律法规的，应及时移送有关部门查处。对学术不端查处不力的单位予以问责。将学位论文作假行为作为信用记录，纳入全国信用信息共享平台。

12.《教育部关于印发〈研究生导师指导行为准则〉的通知》(教研〔2020〕12号)

五、严格遵守学术规范。秉持科学精神，坚持严谨治学，带头维护学术尊严和科研诚信；以身作则，强化研究生学术规范训练，尊重他人劳动成果，杜绝学术不端行为，对与研究生联合署名的科研成果承担相应责任。不得有违反学术规范、损害研究生学术科研权益等行为。

撰写人：吴意芬　彭姣

4

第四篇

思想政治教育

案例十八　导师思想引领作用的发挥

概要：导师作为研究生思想政治教育的首要责任人，开展思想政治教育工作亦是导师作为人民教师的法定职责。导师应当秉承立德树人的根本宗旨，不断创新方式方法加强对学生的思想引领，培养德才兼备、全面发展的高素质专门人才。

一、基本情况

近期，学校组织研究生党员赴井冈山开展为期一周的红色教育活动。小陈看到之后，积极响应，还号召其他党员同学和他一起。可没想到，小陈在向导师请假时，却遇到阻碍，导师劝他不要参加这类活动，甚至还在课堂上建议同学多将时间放在学业上。这在同学中引起了很大争议，认为该老师言论过于不妥。

与小陈面临同样情况的还有小李，他的导师对科研要求很严格，小李每天都要按时到实验室打卡。作为班干部的小李有时会因组织班级活动而无法按时到实验室打卡，于是受到了导师的严厉批评，并要求他不再担任班干部。暑假期间，学校组织学生赴基层的科技志愿服务，小李前往报名，但没想到和老师的课题安排冲突了，对此，导师提出以科研为重，认为参加志愿活动属于个人爱好，应该是在完成科研任务之后，要求小李全身心地投入科研。对此，小李也很郁闷，天天待在学校从事实验，和外界接触很少，希望通过这次暑期志愿服务能够增加自身阅历，为今后的工作就业打下基础。同学们对此也不理解，认为参加社会实践并非是个人爱好，是拓宽视野、了解国情社情、增强自身能力的最好途径。

而小孙的导师王教授则十分关注学生实践能力和综合素质的提升，王教授很支持自己的学生担任班级干部，有时候还会参加专业班级活动，主讲党课。每年暑假，王教授都组织学生赴乡村企业进行田野调查，并指导撰写调研报告。通过这些社会实践，小孙感觉受益匪浅。

二、问题解析

导师作为研究生人才培养质量的第一责任人，亦是研究生思想政治教育工作的首要责任人。在以上案例中，两位导师忽视研究生的思政工作，将学术科研和思想政治教育分裂开来，甚至否定社会实践等活动的思想政治教育作用，这些均违背了导师立德树人的根本宗旨。这确实也暴露出了当前研究生人才培养中，导师在研究生思想引领方面发挥的作用不够，一些导师甚至不了解研究生思想政治教育。

第一，提升研究生思想政治素质和增强研究生社会责任感是导师的基本职责要求。立德树人作为导师的根本任务，导师育人要促进研究生德智体美劳全面发展。片面重视学术科研，阻碍学生参与党团组织活动、开展社会实践都是对导师育人责任的曲解。研究生通过参与党团组织活动可以进一步坚定理想信念，明确自身责任所在，对激发学习动力和热情，成为德才兼备的高层次人才具有重要意义，导师应给予支持，并在允许的情况下，主动参与进来，与学生共同参加党团组织活动，开展志愿服务活动。当然，研究生思想政治工作也要和专业教育统筹安排，避免两者出现时间上的冲突。

第二，导师要充分发挥实践对于研究生人才培养的重要意义。社会实践对于研究生拓宽视野、增强实践能力具有重要意义。导师不仅不应该阻止，更应当鼓励和引导研究生开展社会实践，对此，导师要在培养过程中精心安排课堂教学和实践课程，实现理论教学和实践指导之间的平衡，积极引导研究生参加学术和专业实践活动，指导研究生理论和实践结合，提升创新创业能力。

第三，政治素质过硬是导师的基本素质要求。在研究生人才培养中，导师必须坚持正确的政治方向，具有高度的政治责任感，要带头践行社会主义核心价值观，将思想教育与专业教育有机统一。小陈的导师阻止其参加相关活动的行为，已经违背师德规范，应当承担相应的责任。课堂讲授有纪律，日常行为有规范，当前高校个别教师因发布不当言论受到纪律处分、取消导师资格的情况并不鲜见。

三、对策建议

研究生教育作为国民教育的最高层次，肩负着高层次人才培养和创新创造的重要使命，是国家发展、社会进步的重要基石。导师作为研究生人才培养质量的第一责任人和思想政治教育工作的首要责任人，应当秉承立德树人的根本宗旨，不断创新方式方法加强对学生的思想引领，培养德才兼备、全面发展的高素质专门人才。在本案例中，小孙的导师王教授很好地做到了专业教育和思政教育的统一，其支持学生积极参加社会实践等活动，而且通过讲党课等方式身体力行地开展思想教育，对于全面提升学生综合素质具有重要意义。

第一，进一步健全导师遴选、培训和考核机制。要以立德树人为宗旨，以德才兼备、以德为先为导向细化和强化导师的遴选标准，加强以导师师德师风建设为重点内容的培训，明确导师开展思想政治教育工作的内容要求，并将其纳入导师的考核标准中，夯实导师在思想引领上的育人责任。

第二，进一步加强导师思想政治教育工作。研究生导师作为我国研究生培养的关键力量，造就一支有理想信念、道德情操、扎实学识、仁爱之心的研究生导师队伍，是全面落实研究生导师立德树人职责的基础。对此，学校教师工作部、人事等相关部门要多举措加强导师的思想政治教育工作，坚定导师队伍正确的政治立场，树立导师队伍高尚的师德师风，让真正有信仰、有情怀的导师来为研究生传道授业解惑。

第三，进一步创新研究生思想政治教育方式方法。坚持以问题为导向，不断创新研究生思想政治教育方式方法，充分发挥导师在研究生思想引领上的作用。不断在党团组织建设、思政教育形式和内容等方面下功夫，积极推进导师思想政治教育和研究生思想政治教育相融合，构建教学相长、师生共同进步的一体化导学思政。

四、法律法规链接

1.《中华人民共和国教师法》

第八条 教师应当履行下列义务：

（一）遵守宪法、法律和职业道德，为人师表；

……

（三）对学生进行宪法所确定的基本原则的教育和爱国主义、民族团结的教育，法制教育以及思想品德、文化、科学技术教育，组织、带领学生开展有益的社会活动；

……

2.《事业单位工作人员处分暂行规定》(中华人民共和国人力资源和社会保障部、中华人民共和国监察部令第18号)

第十六条第一款　有下列行为之一的，给予记过处分；情节较重的，给予降低岗位等级或者撤职处分；情节严重的，给予开除处分：

(一) 散布损害国家声誉的言论，组织或者参加旨在损害国家利益的集会、游行、示威等活动的；

……

3.《新时代高校教师职业行为十项准则》(教师〔2018〕16号)

一、坚定政治方向。坚持以习近平新时代中国特色社会主义思想为指导，拥护中国共产党的领导，贯彻党的教育方针；不得在教育教学活动中及其他场合有损害党中央权威、违背党的路线方针政策的言行。

二、自觉爱国守法。忠于祖国，忠于人民，恪守宪法原则，遵守法律法规，依法履行教师职责；不得损害国家利益、社会公共利益，或违背社会公序良俗。

三、传播优秀文化。带头践行社会主义核心价值观，弘扬真善美，传递正能量；不得通过课堂、论坛、讲座、信息网络及其他渠道发表、转发错误观点，或编造散布虚假信息、不良信息。

4.《教育部关于全面落实研究生导师立德树人职责的意见》(教研〔2018〕1号)

二、强化研究生导师基本素质要求

(内容略)

三、明确研究生导师立德树人职责

6. 提升研究生思想政治素质。(内容略)

7. 培养研究生学术创新能力。(内容略)

9. 增强研究生社会责任感。(内容略)

5.《教育部关于进一步加强和改进研究生思想政治教育的若干意见》(教思政〔2010〕11号)

13. 研究生思想政治教育工作队伍是加强和改进研究生思想政治教育的组织保证。高等学校要根据研究生的特点和教育规律,建立起以研究生导师和辅导员为主体的研究生思想政治教育工作队伍。同时,要明确专门的党政干部和共青团干部负责组织协调研究生思想政治教育工作,充分发挥思想政治理论课和哲学社会科学课教师在研究生思想政治教育中的相应作用。

14. 充分发挥导师在研究生思想政治教育中首要责任人的作用。教书和育人是导师的两大基本职责。导师负有对研究生进行思想政治教育的首要责任。导师要了解掌握研究生的思想状况,全面关心研究生的成长,帮助他们解决学习和生活中遇到的困难和问题;要在教学和科研实践中培养研究生良好的学风,严格要求学生遵守学术道德规范;要对研究生进行就业指导,鼓励他们为社会主义现代化建设做出贡献。高等学校要定期组织导师开展教书育人工作经验交流,定期评选优秀导师,不断提高导师育人水平。要积极构建研究生导师育人的有效机制,完善相关政策,明确导师的责任与义务,鼓励导师参与到研究生党团和班集体建设及各类活动中,有效调动导师育人的积极性和主动性。要把育人作为遴选研究生导师的必要条件,实施"一票否决"制。要制订导师教书育人工作的考核奖惩办法,定期进行考核检查。

6.《教育部、国家发展改革委、财政部关于加快新时代研究生教育改革发展的意见》(教研〔2020〕9号)

二、加强思想政治工作,健全"三全育人"机制

5. 发挥导师言传身教作用，激励导师做研究生成长成才的引路人。导师是研究生培养第一责任人，要了解掌握研究生的思想状况，将专业教育与思想政治教育有机融合，既做学业导师又做人生导师；要率先垂范，以良好的思想品德和人格魅力影响和鼓舞研究生；要培养研究生良好的学风，严格要求学生遵守科学道德和学术规范。

7.《教育部关于加强博士生导师岗位管理的若干意见》（教研〔2020〕11号）

一、严格岗位政治要求。坚持以习近平新时代中国特色社会主义思想为指导，拥护中国共产党的领导，贯彻党的教育方针；具有高度的政治责任感，依法履行导师职责，将专业教育与思想政治教育有机融合，做社会主义核心价值观的坚定信仰者、积极传播者、模范实践者。

8.《国务院学位委员会、教育部关于进一步严格规范学位与研究生教育质量管理的若干意见》（学位〔2020〕19号）

六、强化指导教师质量管控责任

（十八）导师要切实履行立德树人职责，积极投身教书育人，教育引导研究生坚定理想信念，增强中国特色社会主义道路自信、理论自信、制度自信、文化自信，自觉践行社会主义核心价值观。……

9.《教育部关于印发〈研究生导师指导行为准则〉的通知》（教研〔2020〕12号）

一、坚持正确思想引领。坚持以习近平新时代中国特色社会主义思想为指导，模范践行社会主义核心价值观，强化对研究生的思想政治教育，引导研究生树立正确的世界观、人生观、价值观，增强使命感、责任感，既做学业导师又做人生导师。

不得有违背党的理论和路线方针政策、违反国家法律法规、损害党和国家形象、背离社会主义核心价值观的言行。

撰写人：王超　王婷婷

案例十九　导师正确对待和引导学生的评奖评优

概要：研究生奖助制度对于研究生人才培养具有重要的激励作用。导师要引导学生正确看待评奖评优，树立正确的荣誉观和科研观，教育学生感恩励志，努力培育学生的优良学风。同时，导师应秉着公平公正的态度参与评奖评优，要将解决实际问题和思想问题相结合，为研究生成长成才提供良好条件。

一、基本情况

近期，某高校 X 学院的研究生国家奖学金评选出现争议。某同学在微博中发文，称学院评选国家奖学金不公正，存在着学生靠与评审导师的关系获得奖学金的暗箱操作，个别导师为了让学生获奖，将其挂名在根本没有参与的课题和论文上，个别导师在面试评审前打招呼给予自己学生高分，等等。该文一出便引发了轩然大波。由于国家奖学金荣誉难得且金额较大，一直为同学们所高度关注。在评选过程中，确实也存在冷热不均的情况，有些同学论文课题等科研成绩非常突出，而有些学生的科研成绩基本上为零，最终获奖的往往就是那几个经常被导师带着做课题、写论文的同学。

对此，同学们认为，研究生国家奖学金评选标准不科学，有拼导师、唯论文之嫌；评选过程也不够公开公正，甚至有导师违反回避制度参与评选。对此，有同学希望学校能够重新调查，甚至个别同学认为国家奖学金不如不评，因评奖而导致的恶性激烈竞争和猜疑的关系氛围，已经违背了最初的目的。这种意见甚至在导师中也得到了一定的认同。

二、问题解析

评奖评优涉及研究生的切身利益，其不仅受到学生关注，也受到导师关注。本案例焦点在于：一是如何科学合理地设置评奖评优标准，激励研究生群体能够勤奋学习、潜心科研、勇于创新、积极进取。二是如何发挥导师的作用，引导学生全面发展。

第一，明确立德树人的育人导向，健全科学的评奖评优机制。本案例反映出了当前研究生评奖评优过程存在的现实问题。研究生国家奖学金、学业奖学金等评奖评优都旨在考察研究生的综合素质，鼓励引导研究生全面发展，对此，在财政部等部门印发的《学生资助资金管理办法》中相关奖学金评审细则及申请条件都非常明确。研究生阶段是专业学习的阶段，其科研创新能力是研究生应具备的核心素质。因此，各高校在进行评审的过程中，非常关注研究生发表论文、参与课题等情况，将其作为评奖评优的重要指标，这也是本案例中所提到的“唯论文、唯课题”情况。

当然，评奖评优将科研成果作为重要指标确有道理：一是这些成果具有显示度，能够较为客观地反映研究生的科研水平；二是这些成果可以量化，容易进行考核评价。因此，在研究生人才培养过程中，将科研成果作为评奖评优甚至获得毕业学位的必要条件、人才培养质量评价的重要指标是有其客观背景的。

因此，很多研究生很注重发表论文，并积极参与各类课题，这类情况在学术型研究生群体中表现得尤为明显。不少导师也鼓励、督促甚至要求研究生要发论文、写课题。但因导师的科研情况以及学生的兴趣能力等诸多差异，学生之间差异较大，有些人表现很突出，有些人则默默无闻，呈现出评奖评优的“马太效应”。当然获奖多者，导师、学生皆大欢喜；而没有获奖者，学生则会有不服的想法，于是出现了本案例中所说的导师帮助学生获取成果等说法，甚至出现了导师和学生认为国家奖学金不如不评的观念。

这实际上就涉及了教育评价机制改革的问题，习近平总书记在全国教育大会的讲话中就指出，要健全立德树人落实机制，扭转不科学的教育评价导向，坚决克服唯分数、唯升学、唯文凭、唯论文、唯帽子的顽瘴痼疾，从根本上解决教育评价指挥棒问题。国家奖学金等评奖评优作为研究生人才培养中重要的激励措施，应当立足研究生人才培养规律，根据专业特点而科学设置评选标准，明确正确的育人导向。要纠正当前存在于研究生导师和学生中不正确的科研观念，明确导师育人的根本点在立德树人，学生的成才在于德才兼备的全面发展。

第二，导师秉承立德树人的根本宗旨，公平公正对待学生评奖评优。根据《学生资助资金管理办法》的规定，在研究生国家奖学金评选中，导师的评价具有重要意义，导师不仅要指导研究生开展研究，出科研成果，而且导师代表还要作为学校、基层单位的两级评审委员会的成员，全程参与奖学金申请、初步评审和监督等工作。导师代表是否或能否坚持回避，并以公平公正的态度进行评选，确实是评奖评优需要面临的问题。而在本案例中，所提到的导师给学生挂名论文、课题来增加学生竞争力，或者在作为评审人员的面试中打招呼的行为都违反师德要求。导师的帮助虽然能够让学生一时获益，但对学生诚信优良学风的培养具有负面影响，甚至还有可能成为学生未来发展中不可抹去的污点。

对此，导师作为研究生培养的第一责任人，要引导学生正确对待评奖评优，让学生正确认识到自身的能力，不骄不躁，避免学生产生急功近利的浮躁心理，出现诸如抄袭或剽窃他人学术成果、伪造或编造试验数据等不良学术现象。而对于出现类似本案例的冲突纠纷时，导师要积极化解，疏导学生精神和心理压力，维护良好的人际关系，真正实现以评奖评优实现研究生之间互相激励、共同进步的良好局面。

三、对策建议

国家设立各类研究生奖学金，旨在通过评奖评优激励广大研究生勤奋学习、潜心科研、勇于创新、积极进取，而面对本案例中出现的问题，我们建议，要进一步健全研究生评奖评优机制，高校要以促进学生全面发展为标准设置各类评奖评优的条件，给予师生以正确导向。要优化程序安排，通过回避、申诉等制度设计增强透明性和公正性，要进一步完善评奖评优的监督机制，增强结果的公信力。另外还要进一步加强导师的师德师风宣传教育，导师本人应当树立正确的评价观，应当公平公正对待评奖评优，进而正确引导学生对待荣誉，教育学生应当感恩励志，努力培育学生的优良学风。

四、法律法规链接

1.《学生资助资金管理办法》(财科教〔2019〕19号)

附4：研究生国家奖学金实施细则

第二条 研究生国家奖学金基本申请条件：

(一) 具有中华人民共和国国籍；

(二) 热爱社会主义祖国，拥护中国共产党的领导；

(三) 遵守宪法和法律，遵守高等学校规章制度；

(四) 诚实守信，道德品质优良；

(五) 学习成绩优异，科研能力显著，发展潜力突出。

第六条 研究生国家奖学金每学年评审一次，评审工作应坚持公开、公平、公正、择优的原则。

第九条 高校应成立研究生国家奖学金评审领导小组，由校主管领导、相关职能部门负责人、研究生导师代表等组成。评审领导小组负责制定本校研究生国家奖学金评审实施细则；制定名额分配方案；统筹领导、协调、监督本校评审工作；裁决学生对评审结果的申诉；指定有关部门统一保存本校的国家奖学金评审资料。

第十条 高校下设的基层单位（院、系、所、中心，下同）应成立研究生国家奖学金评审委员会，由基层单位主要领导任主任委员，研究生导师、行政管理人员、学生代表任委员，负责本单位研究生国家奖学金的申请组织、初步评审等工作。

2.《新时代高校教师职业行为十项准则》(教师〔2018〕16号)

八、秉承公平诚信。坚持原则，处事公道，光明磊落，为人正直；不得在招生、考试、推优、保送及绩效考核、岗位聘用、职称评聘、评优评奖等工作中徇私舞弊、弄虚作假。

3.《教育部关于全面落实研究生导师立德树人职责的意见》(教研〔2018〕1号)

三、明确研究生导师立德树人职责

(内容略)

4.《教育部、国家发展改革委、财政部关于加快新时代研究生教育改革发展的意见》(教研〔2020〕9号)

六、切实加强组织领导，完善条件保障

26. 改革完善资助体系，激发研究生学习积极性。完善政府主导、培养单位统筹、社会广泛参与的研究生资助投入格局。根据经济发展水平和物价变动情况，建立完善资助标准动态调整机制。加大对基础学科和关键领域人才培养的资助力度。培养单位要完善奖助学金评定标准，充分发挥奖学金的激励作用，探索建立动态调整的“三助”制度。适时调整国家助学贷款标准，给予家庭经济困难研究生更多支持。

5.《教育部关于印发〈研究生导师指导行为准则〉的通知》(教研〔2020〕12号)

一、坚持正确思想引领。坚持以习近平新时代中国特色社会主义思想为指导，模范践行社会主义核心价值观，强化对研究生的思想政治教育，引导研究生树立正确的世界观、人生观、价值观，增强使命感、责任感，既做学业导师又做人生导师。不得有违背党的理论和路线方针政策、违反国家法律法规、损害党和国家形象、背离社会主义核心价值观的言行。

撰写人：王超

案例二十　导师应对和处置学生心理危机

概要：关注学生心理健康是导师育人的重要组成部分，亦是法定职责。导师应当具备相应的心理健康知识，掌握应对危机的基本能力，和辅导员、家长建立有效的沟通机制，及时关注学生心理健康状况，并能准确识别和妥善处置心理危机事件。

一、基本情况

导师何老师具有多年指导学生的经验，在本届毕业的研究生中，徐某毕业论文进展缓慢，其他同学均已提交初稿，但是徐某的实验数据收集还未完成。何老师见此情形，便与徐某单独详谈，发现她情绪低落，一提到论文和就业就唉声叹气，且不停掉眼泪。进一步沟通后了解到，徐某因论文压力已出现失眠状况，饮食也不规律，时常感觉自卑，觉得生活和学习无望，有结束生命的想法。何老师非常重视徐某的情况，劝其到心理咨询中心求助。学校心理咨询中心经评估后，发现徐某的情况较严重，故由学校心理咨询中心转介到专科医院就诊，经精神科医生评估诊断后，建议其住院治疗。但当导师和辅导员联系其家长时，家长坚决不来校，且不同意就医，认为孩子只是一时想不开，如果因精神问题住院，一定会影响到就业。徐某在这种情况下，彻底绝望，在朋友圈发了“生活无望，不如离开”的死亡信息，何老师看到之后拨打徐某电话发现已关机，迅速拨打“110”报警，并通知学院的辅导员。最终徐某被公安机关迅速找到并送往专科医院就诊，经过专业治疗后，情绪得到了稳定。随后徐某办理了休学手续，将治疗修养。

二、问题解析

本案例是典型的因学业压力引发的研究生心理危机事件，该案例对于研究生导师如何处置研究生心理危机提供了很好的指导借鉴。

第一，导师准确识别以及妥当处置是本案例的关键。本案例中徐某的心理危机能得到妥善化解，何老师的作用非常关键。正是何老师及时识别危机，并进行有效的干预，才得以挽救徐某的生命。何老师切实发挥了研究生思想政治教育中首要责任人的作用，关心学生全面成长，积极与学生进行沟通，及时帮扶解决问题。正是因为他积极关注学生心理动态，才能发现徐某的异常，也正是在他的劝告下，徐某才向专业机构求助。在心理危机干预方面，导师临危不乱，注意到明显的自杀信号之后及时向当地公安机关求助，并告知学校，避免了悲剧的发生。

第二，关注学生心理健康是导师的法定职责。导师作为研究生思想政治教育的首要责任人，依据《中华人民共和国教师法》《中华人民共和国精神卫生法》等的相关规定，关注学生心理健康亦是导师的法定职责。对于出现心理危机的学生，《中华人民共和国精神卫生法》明确规定，“疑似精神障碍患者发生伤害自身、危害他人安全的行为，或者有伤害自身、危害他人安全的危险的，其近亲属、所在单位、当地公安机关应当立即采取措施予以制止，并将其送往医疗机构进行精神障碍诊断。”何老师在学生失联的情况下，及时求助公安机关并告知学校，是有效、妥当的处理方式。

第三，导师应当和学校、家庭以及公安机关等形成合力。现实中，并非每位导师都是心理健康教育专家，因此，导师要及时和学校、家长沟通学生情况，形成合力。在本案例中，何老师指导学生前往心理咨询中心咨询，反映了何老师了解心理健康知识和学生基本情况。在危机时刻，何老师及时告知学校并求助公安机关，化解了危机。在这里，比较遗憾的是家长的不理解、不配合甚至推卸的行为，如果家长能够积极配合，就会避免情况的恶化和危机的发生。

三、对策建议

当前，党和国家对大学生心理健康教育工作给予了前所未有的重视。研究生群体因为学业、就业等方面的压力，其心理健康问题值得学校、家庭、导师等各方关注。实践中，有些导师因不了解心理健康知识而不知如何处置，有些导师忽视学生的心理健康教育甚至听之任之等情况并不少见。对此，我们建议：

第一，强化立德树人观念，增强导师在心理健康教育方面的意识。导师教书育人不仅是专业知识传授的过程，而且是促进学生全面发展、塑造健全人格的过程。据此，导师应当高度关注学生的心理健康问题，掌握心理健康教育的内容和方法，了解并提高应对突发事件的能力。对此，学校应当进一步明确导师的心理健康教育职责，将之纳入师德师风建设，并通过专题培训不断提升导师的心理健康意识和危机应对能力。

第二，进一步完善家校联动的研究生心理危机干预机制。妥善化解心理危机，需要各方合力。本案例反映了当前家长群体中较为常见的认识误区，家长不能理性科学地对待学生心理健康状况，家校配合脱节，导致学生情况恶化。加强学生监护人的心理健康教育，将家长纳入危机干预体系是势在必行的。学校不能出了问题才联系家长，要在预防和宣传方面下功夫。

学校要抓住开学等重要节点积极向家长宣传心理健康知识，导师和辅导员要主动与家长建立联系、定期沟通。通过普及心理健康知识，倡导科学育人，让家长树立正确的理念，能正确面对学生出现的严重心理状况，依法履行监护责任。

第三，进一步完善研究生的心理健康教育体系。本案例暴露出学校的心理健康教育以及干预体系不够严密的问题，在已确定徐某患有精神疾患的时候，所在院系就应密切关注，持续与其本人和家属进行沟通，做通家长工作，使其主动就医或家属送医。另外研究生在心理健康教育中的自我教育作用也有待提升，研究生具有心智较为成熟、知识和能力储备完善等特点，学校应该加强对研究生心理健康知识的普及宣传，组织与学生息息相关的心理健康活动，让学生在出现压力超负荷状态时，能主动求助、自觉就医。

四、法律法规链接

1.《中华人民共和国精神卫生法》

第十六条　各级各类学校应当对学生进行精神卫生知识教育；配备或者聘请心理健康教育教师、辅导人员，并可以设立心理健康辅导室，对学生进行心理健康教育。学前教育机构应当对幼儿开展符合其特点的心理健康教育。

发生自然灾害、意外伤害、公共安全事件等可能影响学生心理健康的事件，学校应当及时组织专业人员对学生进行心理援助。

教师应当学习和了解相关的精神卫生知识，关注学生心理健康状况，正确引导、激励学生。地方各级人民政府教育行政部门和学校应当重视教师心理健康。

学校和教师应当与学生父母或者其他监护人、近亲属沟通学生心理健康情况。

第二十八条第二款 疑似精神障碍患者发生伤害自身、危害他人安全的行为，或者有伤害自身、危害他人安全的危险的，其近亲属、所在单位、当地公安机关应当立即采取措施予以制止，并将其送往医疗机构进行精神障碍诊断。

2.《中华人民共和国教师法》

第八条 教师应当履行下列义务：

……

（四）关心、爱护全体学生，尊重学生人格，促进学生在品德、智力、体质等方面全面发展；

……

3.《教育部关于进一步加强和改进研究生思想政治教育的若干意见》（教思政〔2010〕11号）

8. 加强研究生心理健康教育和咨询工作。要积极开展研究生心理健康普查、心理健康教育、心理咨询和危机干预等工作。要根据研究生的心理特点，开发有针对性的个体服务和团体辅导项目，帮助他们解决好情绪调节、环境适应、人格发展、人际交往、交友恋爱、择业就业等方面的困惑，增强心理调适能力，提高心理健康水平。

14. 充分发挥导师在研究生思想政治教育中首要责任人的作用。（内容略）

4.《教育部关于加强普通高等学校大学生心理健康教育工作的意见》（教社政〔2001〕1号）

三、高等学校大学生心理健康教育工作的原则、途径和方法

……

大学生心理健康教育工作是学生日常教育与管理工作的重

要内容，同时也是高等学校全体教职员工，特别是教师义不容辞的责任。教师要结合教学工作过程，渗透对学生进行心理健康教育的内容。班主任、政治辅导员不仅要在日常思想政治教育中发挥作用，也要在增进学生心理健康、提高学生心理素质中发挥积极作用。医疗保健机构要充分发挥医务人员的优势，面向学生开展心理健康教育和心理咨询服务。在日常思想政治教育工作中，要注意区分学生的思想道德问题与心理问题，要善于对学生的心理问题有针对性地进行辅导或咨询，及时主动地与学校从事心理健康教育工作的教师合作，给有心理困惑、心理障碍的学生以及时必要的帮助。

……

5.《教育部关于全面落实研究生导师立德树人职责的意见》(教研〔2018〕1号)

三、明确研究生导师立德树人职责

12. 注重对研究生人文关怀。要加强人文关怀和心理疏导，加强校规校纪教育，把解决思想问题同解决实际问题结合起来，了解学生成长环境和过程，在关心帮助研究生的过程中做好教育和引导工作。加强与研究生的交流与沟通，建立良好的师生互动机制，关注研究生的学业压力，营造良好的学习氛围，提供相应的支持和鼓励，保护研究生合法权益；关注研究生的就业压力，引导研究生做好职业生涯规划，关心研究生生活和身心健康，不断提升研究生敢于面对困难挫折的良好心理素质。

6.《国务院学位委员会、教育部关于进一步严格规范学位与研究生教育质量管理的若干意见》(学位〔2020〕19号)

六、强化指导教师质量管控责任

(十八)……关注研究生个体成长和思想状况，与研究生思政工作和管理人员密切协作，共同促进研究生身心健康。

7.《教育部关于加强博士生导师岗位管理的若干意见》（教研〔2020〕11号）

四、加强导师岗位培训。建立国家典型示范、省级重点保障、培养单位全覆盖的三级培训体系。构建新聘导师岗前培训、在岗导师定期培训、日常学习交流相结合的培训制度，加强对培训过程和培训效果的考核。新聘博士生导师必须接受岗前培训，在岗博士生导师每年至少参加一次培训。要将政治理论、国情教育、法治教育、导师职责、师德师风、研究生教育政策、教学管理制度、指导方法、科研诚信、学术伦理、学术规范、心理学知识等作为培训内容，通过专家报告、经验分享、学习研讨等多种形式，切实保障培训效果。

8.《教育部关于印发〈研究生导师指导行为准则〉的通知》（教研〔2020〕12号）

八、构建和谐师生关系。落实立德树人根本任务，加强人文关怀，关注研究生学业、就业压力和心理健康，建立良好的师生互动机制。不得侮辱研究生人格，不得与研究生发生不正当关系。

撰写人：许晶晶

案例二十一　导师指导有心理问题的学生

概要： 导师应以科学的态度对待有心理问题或精神疾病的学生，并给予特别的关爱和针对性的帮助。导师必须认识到，来自导师的支持对于这部分学生具有不可替代的作用。对于因身心健康状态确实无法完成或者暂时无法完成学业的学生，导师应当分类施教，按相应规定处理。

一、基本情况

小丽经过激烈的考试竞争和严格的面试进入某大学就读，成为导师宋某的一名研究生。导师宋某经过一段时间的观察后，发现小丽不善交往，在完成任务方面进展稍显缓慢。后宋某得知她在本科阶段曾经到精神疾病专科医院就诊，进入研究生阶段后，仍持续服用精神类药物。对此，宋某认为小丽曾患有精神疾病，不能适应研究生阶段的学习节奏，无法按时完成实验的任务，所以对小丽的教育采取了放弃态度。小丽在学习过程中，遇到问题向导师寻求帮助时，宋某不予回答和指点，甚至对于毕业论文的写作方向都不管不顾。不得已，小丽向辅导员寻求帮助，但是辅导员与宋某的沟通效果不佳，宋某认为如何指导学生与辅导员和学院无关，自己的学生自己决定。在这种情况下，小丽感到很崩溃，主动向学校心理咨询中心寻求帮助。心理咨询中心在得知情况后，经过小丽的允许与导师取得联系，向宋某宣传、普及心理健康和精神疾病的知识，最终化解了导师的顾虑，也帮助小丽得以顺利完成学业。

二、问题解析

本案例是典型的导师如何指导有心理疾病或精神障碍的学生的问题。本案例中，导师宋某缺乏对心理健康的正确认知，不能科学合理地对待学生，给学生健康成长带来了一定的影响。

第一，宋某对心理健康缺乏科学认知，行为有违导师职责要求。作为导师应“有教无类”，一视同仁地对待每个学生，绝不能有歧视。导师宋某得知小丽曾有精神疾病史，目前还在服药的情况后，就放弃对她的指导，是有违导师职责要求的。小丽通过研究生考试入学，其录取合法、程序公平公正，其身心健康状况符合研究生入学条件，具备完成学业要求的专业能力素质和科研创新潜质。宋某因其自身缺乏科学认知，就自行判断小丽不具备培养潜质，以“精神障碍”为由放弃教育指导，其行为违背导师职责，亦违反了《中华人民共和国精神卫生法》中不得歧视精神障碍者的法律规定。

第二，宋某对于导师育人的认识和理解存在偏差。导师作为研究生培养的第一责任人，教书和育人是导师的两大职责。宋某认为自己有权来决定是否进行专业指导，不听取辅导员的意见，放弃对学生的指导，这反映了宋某对于导师育人认识的偏差。导师不仅是传授专业知识的学术训导者，还是研究生健全人格塑造的人生领路人，导师和辅导员同样作为研究生教育管理的重要队伍，是天然的同盟军，要齐心协力，形成育人合力，才能实现立德树人的根本任务。在此令人欣慰的是，经过心理咨询中心教师的劝导，宋某的思想得到了转变。在各方的合力帮助下，学生得到了悉心指导，最终也顺利毕业。但如宋某仍不能认识到问题所在，仍不履行职责甚至导致严重后果的话，其应当承担相应纪律处分和法律责任。

第三，必须充分重视导师在研究生人才培养中的作用。从心理层面来看，研究生个性化的培养过程奠定了导师的权威地位，研究生对于导师有极大的依附感和信赖感，导师更容易了解学生和教育引导学生，这是辅导员、心理健康教师等其他人无法实现的。正是如此，如果研究生得不到导师的关注乃至受到不公平待遇，便很容易产生挫折感和失败感，引发诸多后续问题，本案例中小丽的情况就是明证，由于导师对其不关心，甚至放弃指导致使其心理压力巨大，情况发生恶化。因此，作为导师，一定要谨言慎行，恪守师德规范，避免给学生带来不良影响。

三、对策建议

当前，如何指导有心理问题或精神疾病的学生是导师们面临的棘手问题。现实中，对此类学生，导师或因时间紧张无暇顾及，或因不了解心理健康知识而区别对待，等等，这些做法都有悖导师育人职责的。对此，导师应以始终秉承立德树人的宗旨，依法落实导师育人责任，以科学的态度对待问题，以仁爱宽容之心关爱和帮助这些学生。

第一，导师应以科学的态度正确对待有心理问题或精神疾病的学生。当前是一个心理或精神问题高发的时代，越来越多的学生主动寻求专业帮助，甚至是就读期间长期服药。根据精神病学的研究，如果患者能够及时服药、按时复诊、遵从医嘱，是完全可以进行正常的学习和工作的，所以歧视心理或精神障碍学生是无理无据的。导师应正确对待这些同学，要认识到心理疾病同生理疾病一样是正常的，对于有心理问题抑或精神疾病的学生，绝不能歧视，更不能放弃。

第二，对于有心理问题或精神疾病的学生导师要予以关爱和有针对性的帮助。这些同学因为受到心理方面问题的影响，导致其在学业或是人际交往方面存在困难，如不能及时干预，严重的将会导致危机事件，但这并不意味着其不适合研究生阶段的学习。在治疗阶段，师长等各方的有效支持是学生心理精神康复的重要因素。对此，导师要具备心理健康知识并掌握科学方法，给予相关学生以鼓励和引导，帮助他们渡过难关。

第三，导师应当根据情况对有心理问题或精神疾病的学生以因材施教。当前，随着研究生培养管理要求越来越严格，对导师作为培养质量第一责任人的要求也越来越明确。导师不放弃有心理问题或精神疾病的学生，并给予关爱和帮助，不意味着就是培养质量的“放水”。对于身心健康状态确实无法完成或者暂时无法完成学业的学生，应当根据相关规定及时处理。在入学阶段，对于身心健康状况不符合报考专业或者专业类别体检要求，不能保证在校正常学习、生活的学生，可以保留其入学资格，待康复后再就读。在就读期间出现严重问题的，则可以申请休学。如确实无法完成学业的，则应采取分流措施。

当然，从学校层面而言，应当进一步加强对导师认知心理健康相关知识的培训工作，健全导师和辅导员、心理健康教育专职教师等之间的协调联动机制，及时发现问题，妥善化解矛盾。

四、法律法规链接

1.《中华人民共和国精神卫生法》

第五条 全社会应当尊重、理解、关爱精神障碍患者。

任何组织或者个人不得歧视、侮辱、虐待精神障碍患者，不得非法限制精神障碍患者的人身自由。

新闻报道和文学艺术作品等不得含有歧视、侮辱精神障碍患者的内容。

2.《教育部办公厅关于进一步规范和加强研究生考试招生工作的通知》(教学厅〔2019〕2号)

四、坚持择优录取，确保招生质量

招生单位要在研究生招生工作领导小组的统一领导下，按照教育部有关招生录取政策规定及各省级教育招生考试机构的补充规定，根据本单位招生计划、复试录取办法以及考生初试和复试成绩、思想政治表现、身心健康状况等择优确定拟录取名单。录取工作要依法保护残疾考生的合法权益。……

3.《普通高等学校学生管理规定》(中华人民共和国教育部令第41号)

第十一条　学生入学后，学校应当在3个月内按照国家招生规定进行复查。复查内容主要包括以下方面：

……

（四）身心健康状况是否符合报考专业或者专业类别体检要求，能否保证在校正常学习、生活；

……

复查中发现学生存在弄虚作假、徇私舞弊等情形的，确定为复查不合格，应当取消学籍；情节严重的，学校应当移交有关部门调查处理。

复查中发现学生身心状况不适宜在校学习，经学校指定的二级甲等以上医院诊断，需要在家休养的，可以按照第十条的规定保留入学资格。

复查的程序和办法，由学校规定。

第二十五条　学生可以分阶段完成学业，除另有规定外，应当在学校规定的最长学习年限（含休学和保留学籍）内完成学业。

学生申请休学或者学校认为应当休学的，经学校批准，可以休学。休学次数和期限由学校规定。

第三十条第一款 学生有下列情形之一，学校可予退学处理：

（一）学业成绩未达到学校要求或者在学校规定的学习年限内未完成学业的；

（二）休学、保留学籍期满，在学校规定期限内未提出复学申请或者申请复学经复查不合格的；

（三）根据学校指定医院诊断，患有疾病或者意外伤残不能继续在校学习的；

……

4.《教育部办公厅关于进一步规范和加强研究生培养管理的通知》（教研厅〔2019〕1号）

四、切实加强导师队伍建设。（内容略）

5.《教育部关于进一步加强和改进研究生思想政治教育的若干意见》（教思政〔2010〕11号）

8. 加强研究生心理健康教育和咨询工作。要积极开展研究生心理健康普查、心理健康教育、心理咨询和危机干预等工作。要根据研究生的心理特点，开发有针对性的个体服务和团体辅导项目，帮助他们解决好情绪调节、环境适应、人格发展、人际交往、交友恋爱、择业就业等方面的困惑，增强心理调适能力，提高心理健康水平。

6.《教育部关于印发〈研究生导师指导行为准则〉的通知》（教研〔2020〕12号）

八、构建和谐师生关系。落实立德树人根本任务，加强人文关怀，关注研究生学业、就业压力和心理健康，建立良好的师生互动机制。不得侮辱研究生人格，不得与研究生发生不正当关系。

撰写人：许晶晶

案例二十二　导师指导学生的就业发展

概要：就业乃民生之本，导师作为研究生的学术引领人和人生引路人，引导学生科学规划职业和人生是育人工作的重要部分。导师应将专业教育和学生专业发展、职业规划结合起来，有意识培养学生就业创业意识，锻炼就业能力，引导学生树立正确的择业就业观念，帮助学生缓解就业心理压力。

一、基本情况

小张作为某大学研三的学生，面临着毕业论文写作和就业求职的双重压力。因她就读专业的就业面比较窄，故她希望导师能帮忙推荐下工作，前几年导师就成功推荐了同门师兄到某知名企业就职，但没想到，她提出来后，导师却不闻不问。她有点苦恼，就在学校的贴吧上说了自己的情况，并提问是否应请导师推荐工作。她的导师不知如何知道了此事，狠狠地批评了小张，原本融洽的师生关系变得紧张起来。

研究生小赵也因推荐工作问题与导师发生矛盾，但不同的是，小赵的导师将他推荐到一家企业面试，但小赵因故错过投简历的时间，加之认为该企业并不适合自己，就没进一步争取，也没告诉导师。后来，导师了解到小赵没有到该企业面试，非常不高兴，小赵虽承认错误，但和老师在关系上确实出现了裂痕。

与此同时，导师李老师也面临着学生就业的难题。因就业形势严峻，李某所在专业的研究生就业率始终上不去，严重拖了全校的后腿。就业作为学院的一号工程，导师们被要求“自己的孩子自己抱走”，至少解决一个学生的就业问题，学校对此还明确了学生就业与招生挂钩，将视就业率调整招生指标。但李某平时关注科研，社会关系简单，很难找到好的就业岗位，好不容易推荐的岗位，学生还看不上，弄得李老师很是为难。这导师不仅要教授学生知识，还要负责就业吗？李老师对此感到困惑不已。

二、问题解析

当前随着研究生教育改革的深入和招生规模的扩大，研究生的就业问题日益凸显，毕业后能否找到满意的工作已经成为广大研究生关心的问题。上述案例中因就业而引发的研究生导学关系间的矛盾较为常见：一些学生毕业后想凭借导师力量轻松获得一份好工作，但却未能得偿所愿，就对导师心生不满；而有些导师则十分关心学生，尤其是自己满意的学生，直接安排学生就业，导致有些学生在自身规划和导师推荐间进退两难。当然，导师们也存在困惑，推荐学生就业是否是自己的责任，尤其在就业率和招生指标挂钩的情况下，但让导师开展就业工作确实勉为其难。

正常而言，导师如认可学生的品德与能力，大部分是愿意给学生推荐工作。也有导师因关注学术科研，对学生就业并不上心，不过如学生主动提出请求，一般也不会拒绝。当然，导师推荐工作，是建立在对学生的能力与品德认可的基础上。平时导师与学生交往多，非常了解学生，就可以帮助学生做好职业规划，引导学生树立正确的求职观，愿意主动推荐合适的工作机会。但现实中也有学生与导师的沟通次数屈指可数，导师不了解学生，自然也不会为其推荐工作。

还有些导师对自身名誉极为重视，不肯轻易给学生推荐工作，因为推荐工作是以导师个人名誉和“人情”付出为担保的。导师的推荐只是机会，并不能保证学生被录取。用人单位需要的是和岗位匹配、有能力的人才，而非导师的名气、威望。现实中有些同学借助导师获得工作，但后期表现不佳，给导师带来负面影响。

另外，导师和学生对就业问题思考的出发点并不同。当前各类规章制度只是较为原则性地要求导师应当帮助研究生解决实际问题，但对导师是否必须确保学生就业并没有明确规定。由此，导师认为给学生推荐工作纯属个人意愿，并非义务；而学生认为导师应当帮助学生，至少可以借助导师资源找工作。不过导师作为教育工作者，就业单位资源有限，很难完全满足学生的需求，而且一些学生就业失信行为相当于让导师做了无用功，打击了导师的积极性。

可见，导师是否推荐学生工作受到诸多因素制约。面对当前日益严峻的就业形势，学校为确保就业率而出台相关制度要求导师负责学生就业，在一定程度上将问题更加凸显。

三、对策建议

在当前双一流建设深入推进的背景下，就业作为衡量研究生人才培养质量和学科建设评估的重要指标之一，对于学校的建设发展意义越来越重要。而面对日趋严峻的就业形势，就业作为民生工程，直接关系研究生群体的切身利益，因此，在研究生就业中充分发挥导师的作用，形成合力就成为必然要求。

第一，明确导师职责，建立激励引导机制。充分发挥导师在就业工作中的作用要从建立健全制度入手，要进一步明确导师在研究生就业指导、就业引导、就业推荐等方面的具体职责、工作内容与考评标准；建立激励机制，从导师遴选、导师考核、招生指标分配、项目申请、物质奖励等方面给促进研究生就业的导师以实质性优待，引导广大导师转变思想观念，主动关注研究生就业问题，投入资源与精力帮助其所指导研究生提升核心竞争力，实现高质量就业。

第二，加强导师培训，提升导师指导能力。导师不仅是研究生的学术引领人，亦是人生引路人，引导学生科学规划职业和人生是应有之义。对此，导师应当立足专业发展，了解就业方面的知识，掌握国家就业方针政策，提升就业指导能力。能够引导学生做“有心人”，有意识地锻炼就业能力，提高自身求职竞争力。另外，坚持就业教育和专业教育相融合，就业意识从源头做起，专业招生时就应当向学生明确职业发展前景，了解学生能力和诉求，让学生提前有规划、有目标。

第三，加强师生互动，增进师生之间的理解和互动。师生之间要加强交流互动，导师不仅要了解学生的学业规划，还要了解学生的职业规划和人生规划，学生也应当理解导师的顾虑。除推荐工作外，导师对于研究生就业其实还可从其他方面进行助力，比如从专业发展角度帮助学生做好职业规划，引导学生树立正确的择业就业观念，帮助学生缓解就业心理压力，等等。

四、法律法规链接

1.《中华人民共和国高等教育法》

第五条 高等教育的任务是培养具有社会责任感、创新精神和实践能力的高级专门人才，发展科学技术文化，促进社会主义现代化建设。

第三十一条 高等学校应当以培养人才为中心，开展教学、科学研究和社会服务，保证教育教学质量达到国家规定的标准。

第五十九条第一款　高等学校应当为毕业生、结业生提供就业指导和服务。

2.《教育部关于进一步加强和改进研究生思想政治教育的若干意见》(教思政〔2010〕11号)

三、努力拓展新形势下研究生思想政治教育的有效途径

9. 努力解决研究生的实际问题。(内容略)

3.《教育部关于全面落实研究生导师立德树人职责的意见》(教研〔2018〕1号)

三、明确研究生导师立德树人职责

12. 注重对研究生人文关怀。(内容略)

4.《教育部、国家发展改革委、财政部关于加快新时代研究生教育改革发展的意见》(教研〔2020〕9号)

二、加强思想政治工作，健全“三全育人”机制

4. 完善思想政治教育体系，提升研究生思想政治教育水平。……加强研究生心理健康教育、职业规划和就业创业服务。将研究生思想政治教育评价结果作为“双一流”建设成效评价、学位授权点合格评估的重要内容。

5. 发挥导师言传身教作用，激励导师做研究生成长成才的引路人。导师是研究生培养第一责任人，要了解掌握研究生的思想状况，将专业教育与思想政治教育有机融合，既做学业导师又做人生导师；要率先垂范，以良好的思想品德和人格魅力影响和鼓舞研究生；要培养研究生良好的学风，严格要求学生遵守科学道德和学术规范。

5.《教育部关于印发〈研究生导师指导行为准则〉的通知》(教研〔2020〕12号)

八、构建和谐师生关系。落实立德树人根本任务，加强人文

关怀，关注研究生学业、就业压力和心理健康，建立良好的师生互动机制。不得侮辱研究生人格，不得与研究生发生不正当关系。

撰写人：蔡明波

案例二十三 导师应春风化雨般育人

概要：导师作为我国研究生培养的关键力量，肩负着培养国家高层次创新人才的使命与重任。导师不能只做传授书本知识的教书匠，而要成为塑造学生品格、品行、品味的“大先生”。作为导师应当政治素质过硬，师德师风高尚，业务素质精湛，潜心教书育人，做到全过程、全方位育人，做研究生成长成才的指导者和引路人。

一、基本情况

小王系某著名高校的法学专业学生，本科阶段，小王便被刘老师条理清晰、博学生动的讲课风采所折服，立志要成为他的研究生。小王通过不懈努力，最终如愿以偿，并在硕士研究生毕业后继续攻读博士学位。本科四年、硕士三年、博士三年，每个阶段，刘老师都能够针对不同阶段的特点，对小王进行全面的指导。

作为导师，刘老师非常注重学生学术能力的培养。他每周会在家里举办学术沙龙，邀请全体学生参加。每期有一名学生结合自己的研究方向，就社会热点问题做主题报告，其他同学参与探讨。刘老师还经常邀请学生参加学术会议，并鼓励学生积极参加学术讲座，这大大地拓宽了学生的专业视野。小王与导师的联系也非常紧密，他们经常见面，导师会向他推荐书籍；有时还一起就餐，聊聊生活近况。刘老师非常热爱运动，经常和小王及同学们一起踢足球。

除了学术指导外，刘老师对学生的人生选择和职业规划也倾注了心血。研究生入学后，刘老师送给小王一套合体精良的西装作为礼物，原来刘老师见到小王报到时穿了一身背心短裤，而后又得知小王父母经常在外工作，对他鲜有照顾。刘老师叮嘱小王说，“作为一位年轻的学者，希望这套西装，陪伴你开启得体、拼搏的未来”。

刘老师因其表现多次被评为学校优秀导师，并作为典型向青年导师传授经验。在刘老师悉心指导下，小王立志成为“与老师一样的名师”。如今，他作为一名高校教师，身体力行地把师门的优良师风以及渊博学识传承了下去。

二、问题解析

本案例作为和谐导学关系的典型，导师既严厉又慈爱，对学生的学业和为人处世要求严格、毫不松懈、极富责任心，践行了作为一名人民教师的最高职业道德和操守；学生本人上进心强、坚韧不拔、尊敬师长、对导师的恩情牢记心中。

本案例中，刘老师看到学生进入研究生学习阶段时，还穿着不合时宜的背心短裤来报到，并在得知其成长经历后，这位有责任心的老师，在生活中，给予学生无微不至的父亲般的温暖与爱；在专业学习中，倾尽自己的学识给予学生指导与帮助；在学生职业选择中，作为引路人为其职业生涯规划指点迷津。真正把“育人为本、德育为先、立德树人”的思想贯穿到学生培养的全过程中，引导学生树立正确的世界观、人生观、价值观。而正是在导师刘老师的感召和指导下，小王成长为一名德才兼备的高校教师，并将师门的优良传统传承下去。

同时本案例中也反映出学校具有完善的导师考核和奖励机制，刘老师多次被评为优秀导师，说明导师对学生的关心、责任心以及爱心在学校的考评、奖励体系得到了认可。对导师资格的考核机制以及对优秀导师的奖励机制从客观上督促了导师的责任心，也促进了导师维护和谐导学关系的积极性。

三、对策建议

研究生教育作为国民教育体系的顶端，是培养高层次专门人才的主要途径，是国家人才竞争的重要支柱，是建设创新型国家的核心要素。研究生导师是我国研究生培养的关键力量，肩负着培养国家高层次创新人才的使命与重任。

第一，导师必须具备扎实的专业知识和广博的学识。习近平总书记在同北京师范大学师生代表座谈时的讲话中指出，扎实的知识功底、过硬的教学能力、勤勉的教学态度、科学的教学方法是老师的基本素质，其中知识是根本基础。尤其作为研究生导师，不仅仅要具备精湛的本专业理论知识，还要具备广阔的学识和经验。具有深厚的学术造诣和执着的学术追求，关注社会需求，推动知识文化传承发展；秉承先进教育理念，重视课程前沿引领，创新教学模式，丰富教学手段；不断提升指导能力，着力培养研究生创新能力，实现理论教学与实践指导之间的平衡，这样才能助力研究生成长成才。本案例中，刘老师结合社会热点并以主题沙龙形式鼓励学生自由讨论，给予了学生空间，可以看出该导师不仅有深厚的学术造诣和广博的知识，还很关注社会需求，并培养了学生的社会责任感。

第二，导师应注重学生健康人格的塑造。培养德智体美劳全面发展的社会主义建设者和接班人，是研究生教育的重要使命。这种全面发展不仅仅是培养学生增长知识、见识，教育引导学生珍惜学习时光，心无旁骛求知问学，丰富学识，沿着求真理、悟道理、明事理的方向前进，还要在培养学生的理想信念、品德修养、奋斗精神、综合素质以及健康第一的理念等方面下功夫。

第三，导师应当鼓励研究生进行学术创新，培养理论与实践相结合的能力。导师要按照因材施教和个性化培养理念，积极参与制定并执行研究生培养计划，统筹安排实践与科研活动，强化学术指导；定期与研究生沟通交流，指导研究生确定研究方向，开展深入研究；营造和谐的学术环境，培养研究生的创新意识和创新能力，激发研究生创新潜力；引导研究生跟踪学科前沿，直面学术问题，开拓学术视野，在学术研究上开展创新性工作，鼓励研究生积极参加国内外学术活动，指导研究生发表各类研究成果，培养研究生提出问题、分析问题和解决问题的能力，强化理论与实践相结合。本案例中的学术沙龙、学术讲座以及学术会议就是师生教学相长、共同提高很好的例子。

第四，导师应注重与学生生活上的交流。研究生导师作为研究生培养的第一责任人，不能局限于对学生的学术创新的指导，还要注重在生活中多与学生交流。导师和学生在纯粹的师生关系之上，还应是肩并肩的战友关系、心连心的朋友关系。导师与研究生作为战友，两者有责任通过脚踏实地的研究找到产生问题的真正的症结，找到解决问题的真正有效的办法，改进当下社会现实中存在的问题。导师与研究生作为朋友，应尽可能多地进行情感交流，建构起共同的精神家园。导师不应只是盯着研究生的培养计划、中期考核、论文开题、写作以及论文等，还应充分了解他们除了学习之外的兴趣、爱好，研究生和导师不仅应在学术上教学相长，而且可以在整个人生轨迹上携手成长和发展。教育是一门“仁而爱人”的事业，爱是教育的灵魂，没有爱就没有教育。好老师要用爱培育爱、激发爱、传播爱，通过真情、真心、真诚拉近与同学的距离，滋润学生的心田，使自己成为学生的好朋友和贴心人。

第五，导师要重视大学生的职业规划，重视高等教育的传承与延续。习近平同志指出，我们的教育必须把培养社会主义建设者和接班人作为根本任务，培养一代又一代拥护中国共产党领导和我国社会主义制度、立志为中国特色社会主义奋斗终身的有用人才。这是教育工作的根本任务，也是教育现代化的方向目标。我们的高等教育需要不断传承与延续，就需要培育出立志为高等教育事业的发展而奋斗终身的建设者和接班人。导师给予学生个性化的职业规划与分析，将会为学生的学习以及职业发展规划指明道路。高等教育也需要后继有人，发现和挖掘有志于此的好苗子，有针对性地进行指引与传授，将有助于国家整体高等教育水平的提高。

当然，和谐导学关系不仅需要导师的努力，还需要研究生全身心的投入以及学校的支持保障。学生在与导师的相处中，应尊重导师，不仅在学术上要主动向老师请教，生活、心理的问题也可以向老师寻求帮助。在现实中，有些学生与导师在沟通方面缺乏主动性，有的性格腼腆对导师敬畏而不知道如何与导师相处，有的为了摆脱管束故意躲着导师，这些都并非良性导学关系，甚至最终导致部分同学耽误了学业，也错失了机会。学校在和谐导学关系建设中，应将立德树人落到实处，善于发现师德高尚、导学关系和谐的导师，并将其优秀事迹树立为典型。对师德优秀、导学关系和谐的导师进行物质和精神的多种奖励，并将其作为导师资格遴选和职称晋级的重要考核指标。另外，学校除了重视导师的科研水平之外，更应当重视导师的师德师风建设，定期对导师进行师德师风方面的教育，让导师从内心深处认识到师德师风的重要性。

四、法律法规链接

1.《教育部关于全面落实研究生导师立德树人职责的意见》（教研〔2018〕1号）

（内容略）

2.《教育部、国家发展改革委、财政部关于加快新时代研究生教育改革发展的意见》（教研〔2020〕9号）

五、全面从严加强管理，提升培养质量

20. 强化导师岗位管理，全面落实育人职责。培养单位要严格导师选聘标准，加强导师团队建设，明确导师权责，规范导师指导行为，支持导师严格学业管理；将政治表现、师德师风、学术水平、指导精力投入等纳入导师评价考核体系。加强兼职导师、校外导师的选聘、考核和培训工作。建立国家典型示范、省级重点保障、培养单位全覆盖的三级导师培训体系。鼓励各地各培养单位评选优秀导师和团队。

3.《教育部关于加强博士生导师岗位管理的若干意见》（教研〔2020〕11号）

六、建立激励示范机制。培养单位要重视博士生导师评价考核结果的使用，将考评结果作为绩效分配、评优评先的重要依据，作为导师年度招生资格和招生计划分配的重要依据，充分发挥评价考核的教育、引导和激励功能。鼓励各地各培养单位评选优秀导师和优秀团队，加大宣传力度，推广成功经验，重视发挥优秀导师和优秀团队的示范引领作用。

4. 坚持中国特色社会主义教育发展道路 培养德智体美劳全面发展的社会主义建设者和接班人——习近平总书记在全国教育大会上发表的重要讲话

5. 做党和人民满意的好老师——习近平同北京师范大学师生代表座谈时的讲话

撰写人：王英娜　钟慧文

APPENDIX

附 录

常用法律法规和规范性文件汇编

1. 《中华人民共和国学位条例》

2. 《中华人民共和国教师法》

3. 《中华人民共和国学位条例暂行实施办法》

4. 《学位论文作假行为处理办法》（中华人民共和国教育部令第 34 号）

5. 《高等学校预防与处理学术不端行为办法》（中华人民共和国教育部令第 40 号）

6. 《普通高等学校学生管理规定》（中华人民共和国教育部令第 41 号）

7. 《教育部关于加强和改进研究生培养工作的几点意见》（教研〔2000〕1 号）

8. 《教育部关于进一步加强和改进师德建设的意见》（教师〔2005〕1 号）

9. 《教育部关于进一步加强和改进研究生思想政治教育的若干意见》（教思政〔2010〕11 号）

10. 《国务院学位委员会关于在学位授予工作中加强学术道德和学术规范建设的意见》（学位〔2010〕9 号）

11. 《教育部、中国教科文卫体工会全国委员会关于印发〈高等学校教师职业道德规范〉的通知》（教人〔2011〕11 号）

12. 《教育部、国家发展改革委、财政部关于深化研究生教育改革的意见》（教研〔2013〕1 号）

13.《教育部关于建立健全高校师德建设长效机制的意见》（教师〔2014〕10号）

14.《国务院学位委员会、教育部关于加强学位与研究生教育质量保证和监督体系建设的意见》（学位〔2014〕3号）

15.《教育部关于印发〈新时代高校教师职业行为十项准则〉〈新时代中小学教师职业行为十项准则〉〈新时代幼儿园教师职业行为十项准则〉的通知》（教师〔2018〕16号）

16. 中共中央办公厅、国务院办公厅印发《关于进一步加强科研诚信建设的若干意见》（厅字〔2018〕23号）

17.《教育部关于高校教师师德失范行为处理的指导意见》（教师〔2018〕17号）

18.《教育部关于全面落实研究生导师立德树人职责的意见》（教研〔2018〕1号）

19.《教育部办公厅关于进一步规范和加强研究生培养管理的通知》（教研厅〔2019〕1号）

20.《教育部等七部门印发〈关于加强和改进新时代师德师风建设的意见〉的通知》（教师〔2019〕10号）

21.《教育部、国家发展改革委、财政部关于加快新时代研究生教育改革发展的意见》（教研〔2020〕9号）

22.《教育部关于加强博士生导师岗位管理的若干意见》（教研〔2020〕11号）

23.《国务院学位委员会、教育部关于进一步严格规范学位与研究生教育质量管理的若干意见》（学位〔2020〕19号）

24.《教育部关于印发〈研究生导师指导行为准则〉的通知》（教研〔2020〕12号）

中华人民共和国学位条例

（1980 年 2 月 12 日第五届全国人民代表大会常务委员会第十三次会议通过　根据 2004 年 8 月 28 日第十届全国人民代表大会常务委员会第十一次会议《关于修改〈中华人民共和国学位条例〉的决定》修正）

第一条　为了促进我国科学专门人才的成长，促进各门学科学术水平的提高和教育、科学事业的发展，以适应社会主义现代化建设的需要，特制定本条例。

第二条　凡是拥护中国共产党的领导、拥护社会主义制度，具有一定学术水平的公民，都可以按照本条例的规定申请相应的学位。

第三条　学位分学士、硕士、博士三级。

第四条　高等学校本科毕业生，成绩优良，达到下述学术水平者，授予学士学位：

（一）较好地掌握本门学科的基础理论、专门知识和基本技能；

（二）具有从事科学研究工作或担负专门技术工作的初步能力。

第五条　高等学校和科学研究机构的研究生，或具有研究生毕业同等学力的人员，通过硕士学位的课程考试和论文答辩，成绩合格，达到下述学术水平者，授予硕士学位：

（一）在本门学科上掌握坚实的基础理论和系统的专门

知识；

（二）具有从事科学研究工作或独立担负专门技术工作的能力。

第六条 高等学校和科学研究机构的研究生，或具有研究生毕业同等学力的人员，通过博士学位的课程考试和论文答辩，成绩合格，达到下述学术水平者，授予博士学位：

（一）在本门学科上掌握坚实宽广的基础理论和系统深入的专门知识；

（二）具有独立从事科学研究工作的能力；

（三）在科学或专门技术上做出创造性的成果。

第七条 国务院设立学位委员会，负责领导全国学位授予工作。学位委员会设主任委员一人，副主任委员和委员若干人。主任委员、副主任委员和委员由国务院任免。

第八条 学士学位，由国务院授权的高等学校授予；硕士学位、博士学位，由国务院授权的高等学校和科学研究机构授予。

授予学位的高等学校和科学研究机构（以下简称学位授予单位）及其可以授予学位的学科名单，由国务院学位委员会提出，经国务院批准公布。

第九条 学位授予单位，应当设立学位评定委员会，并组织有关学科的学位论文答辩委员会。

学位论文答辩委员会必须有外单位的有关专家参加，其组成人员由学位授予单位遴选决定。学位评定委员会组成人员名单由学位授予单位确定，报国务院有关部门和国务院学位委员会备案。

第十条 学位论文答辩委员会负责审查硕士和博士学位论文、组织答辩，就是否授予硕士学位或博士学位作出决议。决议以不记名投票方式，经全体成员三分之二以上通过，报学位评定委员会。

学位评定委员会负责审查通过学士学位获得者的名单；负责对学位论文答辩委员会报请授予硕士学位或博士学位的决议，作出是否批准的决定。决定以不记名投票方式，经全体成员过半数通过。决定授予硕士学位或博士学位的名单，报国务院学位委员会备案。

第十一条　学位授予单位，在学位评定委员会作出授予学位的决议后，发给学位获得者相应的学位证书。

第十二条　非学位授予单位应届毕业的研究生，由原单位推荐，可以就近向学位授予单位申请学位。经学位授予单位审查同意，通过论文答辩，达到本条例规定的学术水平者，授予相应的学位。

第十三条　对于在科学或专门技术上有重要的著作、发明、发现或发展者，经有关专家推荐，学位授予单位同意，可以免除考试，直接参加博士学位论文答辩。对于通过论文答辩者，授予博士学位。

第十四条　对于国内外卓越的学者或著名的社会活动家，经学位授予单位提名，国务院学位委员会批准，可以授予名誉博士学位。

第十五条　在我国学习的外国留学生和从事研究工作的外国学者，可以向学位授予单位申请学位。对于具有本条例规定的学术水平者，授予相应的学位。

第十六条　非学位授予单位和学术团体对于授予学位的决议和决定持有不同意见时，可以向学位授予单位或国务院学位委员会提出异议。学位授予单位和国务院学位委员会应当对提出的异议进行研究和处理。

第十七条 学位授予单位对于已经授予的学位，如发现有舞弊作伪等严重违反本条例规定的情况，经学位评定委员会复议，可以撤销。

第十八条 国务院对于已经批准授予学位的单位，在确认其不能保证所授学位的学术水平时，可以停止或撤销其授予学位的资格。

第十九条 本条例的实施办法，由国务院学位委员会制定，报国务院批准。

第二十条 本条例自 1981 年 1 月 1 日起施行。

中华人民共和国教师法

（1993年10月31日第八届全国人民代表大会常务委员会第四次会议通过　1993年10月31日中华人民共和国主席令第十五号公布　根据2009年8月27日中华人民共和国主席令第十八号第十一届全国人民代表大会常务委员会第十次会议《关于修改部分法律的决定》修正）

第一章　总　则

第一条　为了保障教师的合法权益，建设具有良好思想品德修养和业务素质的教师队伍，促进社会主义教育事业的发展，制定本法。

第二条　本法适用于在各级各类学校和其他教育机构中专门从事教育教学工作的教师。

第三条　教师是履行教育教学职责的专业人员，承担教书育人，培养社会主义事业建设者和接班人、提高民族素质的使命。教师应当忠诚于人民的教育事业。

第四条　各级人民政府应当采取措施，加强教师的思想政治教育和业务培训，改善教师的工作条件和生活条件，保障教师的合法权益，提高教师的社会地位。

全社会都应当尊重教师。

第五条　国务院教育行政部门主管的教师工作。

国务院有关部门在各自职权范围内负责有关的教师工作。

学校和其他教育机构根据国家规定，自主进行教师管理工作。

第六条 每年九月十日为教师节。

第二章 权利和义务

第七条 教师享有下列权利：

（一）进行教育教学活动，开展教育教学改革和实验；

（二）从事科学研究、学术交流，参加专业的学术团体，在学术活动中充分发表意见；

（三）指导学生的学习和发展，评定学生的品行和学业成绩；

（四）按时获取工资报酬，享受国家规定的福利待遇以及寒暑假期的带薪休假；

（五）对学校教育教学、管理工作和教育行政部门的工作提出意见和建议，通过教职工代表大会或者其他形式，参与学校的民主管理；

（六）参加进修或者其他方式的培训。

第八条 教师应当履行下列义务：

（一）遵守宪法、法律和职业道德，为人师表；

（二）贯彻国家的教育方针，遵守规章制度，执行学校的教学计划，履行教师聘约，完成教育教学工作任务；

（三）对学生进行宪法所确定的基本原则的教育和爱国主义、民族团结的教育，法制教育以及思想品德、文化、科学技术教育，组织、带领学生开展有益的社会活动；

（四）关心、爱护全体学生，尊重学生人格，促进学生在品德、智力、体质等方面全面发展；

（五）制止有害于学生的行为或者其他侵犯学生合法权益的

行为，批评和抵制有害于学生健康成长的现象；

（六）不断提高思想政治觉悟和教育教学业务水平。

第九条　为保障教师完成教育教学任务，各级人民政府、教育行政部门、有关部门、学校和其他教育机构应当履行下列职责：

（一）提供符合国家安全标准的教育教学设施和设备；

（二）提供必需的图书、资料及其他教育教学用品；

（三）对教师在教育教学、科学研究中的创造性工作给以鼓励和帮助；

（四）支持教师制止有害于学生的行为或者其他侵犯学生合法权益的行为。

第三章　资格和任用

第十条　国家实行教师资格制度。

中国公民凡遵守宪法和法律，热爱教育事业，具有良好的思想品德，具备本法规定的学历或者经国家教师资格考试合格，有教育教学能力，经认定合格的，可以取得教师资格。

第十一条　取得教师资格应当具备的相应学历是：

（一）取得幼儿园教师资格，应当具备幼儿师范学校毕业及其以上学历；

（二）取得小学教师资格，应当具备中等师范学校毕业及其以上学历；

（三）取得初级中学教师、初级职业学校文化、专业课教师资格，应当具备高等师范专科学校或者其他大学专科毕业及其以上学历；

（四）取得高级中学教师资格和中等专业学校、技工学校、职业高中文化课、专业课教师资格，应当具备高等师范院校本科或者其他大学本科毕业及其以上学历；取得中等专业学校、技工学校和职业高中学生实习指导教师资格应当具备的学历，由国务院教育行政部门规定；

（五）取得高等学校教师资格，应当具备研究生或者大学本科毕业学历；

（六）取得成人教育教师资格，应当按照成人教育的层次、类别，分别具备高等、中等学校毕业及其以上学历。

不具备本法规定的教师资格学历的公民，申请获取教师资格，必须通过国家教师资格考试。国家教师资格考试制度由国务院规定。

第十二条 本法实施前已经在学校或者其他教育机构中任教的教师，未具备本法规定学历的，由国务院教育行政部门规定教师资格过渡办法。

第十三条 中小学教师资格由县级以上地方人民政府教育行政部门认定。中等专业学校、技工学校的教师资格由县级以上地方人民政府教育行政部门组织有关主管部门认定。普通高等学校的教师资格由国务院或者省、自治区、直辖市教育行政部门或者由其委托的学校认定。

具备本法规定的学历或者经国家教师资格考试合格的公民，要求有关部门认定其教师资格的，有关部门应当依照本法规定的条件予以认定。

取得教师资格的人员首次任教时，应当有试用期。

第十四条 受到剥夺政治权利或者故意犯罪受到有期徒刑以上刑事处罚的，不能取得教师资格；已经取得教师资格的，丧失教师资格。

第十五条 各级师范学校毕业生，应当按照国家有关规定从事教育教学工作。

国家鼓励非师范高等学校毕业生到中小学或者职业学校任教。

第十六条 国家实行教师职务制度，具体办法由国务院规定。

第十七条 学校和其他教育机构应当逐步实行教师聘任制。教师的聘任应当遵循双方地位平等的原则，由学校和教师签订聘任合同，明确规定双方的权利、义务和责任。

实施教师聘任制的步骤、办法由国务院教育行政部门规定。

第四章 培养和培训

第十八条 各级人民政府和有关部门应当办好师范教育，并采取措施，鼓励优秀青年进入各级师范学校学习。各级教师进修学校承担培训中小学教师的任务。

非师范学校应当承担培养和培训中小学教师的任务。

各级师范学校学生享受专业奖学金。

第十九条 各级人民政府教育行政部门、学校主管部门和学校应当制定教师培训规划，对教师进行多种形式的思想政治、业务培训。

第二十条 国家机关、企业事业单位和其他社会组织应当为教师的社会调查和社会实践提供方便，给予协助。

第二十一条 各级人民政府应当采取措施，为少数民族地区和边远贫困地区培养、培训教师。

第五章 考 核

第二十二条 学校或者其他教育机构应当对教师的政治思想、业务水平、工作态度和工作成绩进行考核。

教育行政部门对教师的考核工作进行指导、监督。

第二十三条 考核应当客观、公正、准确，充分听取教师本人、其他教师以及学生的意见。

第二十四条 教师考核结果是受聘任教、晋升工资、实施奖惩的依据。

第六章 待 遇

第二十五条 教师的平均工资水平应当不低于或者高于国家公务员的平均工资水平，并逐步提高。建立正常晋级增薪制度，具体办法由国务院规定。

第二十六条 中小学教师和职业学校教师享受教龄津贴和其他津贴，具体办法由国务院教育行政部门会同有关部门制定。

第二十七条 地方各级人民政府对教师以及具有中专以上学历的毕业生到少数民族地区和边远贫困地区从事教育教学工作的，应当予以补贴。

第二十八条 地方各级人民政府和国务院有关部门，对城市教师住房的建设、租赁、出售实行优先、优惠。

县、乡两级人民政府应当为农村中小学教师解决住房提供方便。

第二十九条 教师的医疗同当地国家公务员享受同等的待遇；定期对教师进行身体健康检查，并因地制宜安排教师进行休养。

医疗机构应当对当地教师的医疗提供方便。

第三十条 教师退休或者退职后，享受国家规定的退休或者退职待遇。

县级以上地方人民政府可以适当提高长期从事教育教学工作的中小学退休教师教的退休金比例。

第三十一条 各级人民政府应当采取措施，改善国家补助、集体支付工资的中小学教师的待遇，逐步做到在工资收入上与国家支付工资的教师同工同酬，具体办法由地方各级人民政府根据本地区的实际情况规定。

第三十二条　社会力量所办学校的教师的待遇，由举办者自行确定并予以保障。

第七章　奖　励

第三十三条　教师在教育教学、培养人才、科学研究、教学改革、学校建设、社会服务、勤工俭学等方面成绩优异的，由所在学校予以表彰、奖励。

国务院和地方各级人民政府及其有关部门对有突出贡献的教师，应当予以表彰、奖励。

对有重大贡献的教师，依照国家有关规定授予荣誉称号。

第三十四条　国家支持和鼓励社会组织或者个人向依法成立的奖励教师的基金组织捐助资金，对教师进行奖励。

第八章　法律责任

第三十五条　侮辱、殴打教师的，根据不同情况，分别给予行政处分或者行政处罚；造成损害的，责令赔偿损失；情节严重，构成犯罪的，依法追究刑事责任。

第三十六条　对依法提出申诉、控告、检举的教师进行打击报复的，由其所在单位或者上级机关责令改正；情节严重的，可以根据具体情况给予行政处分。

国家工作人员对教师打击报复构成犯罪的，依照刑法有关规定追究刑事责任。

第三十七条　教师有下列情形之一的，由所在学校、其他教育机构或者教育行政部门给予行政处分或者解聘。

（一）故意不完成教育教学任务给教育教学工作造成损失的；

（二）体罚学生，经教育不改的；

（三）品行不良、侮辱学生，影响恶劣的。

教师有前款第（二）项、第（三）项所列情形之一，情节严重，构成犯罪的，依法追究刑事责任。

第三十八条 地方人民政府对违反本法规定，拖欠教师工资或者侵犯教师其他合法权益的，应当责令其限期改正。

违反国家财政制度、财务制度，挪用国家财政用于教育的经费，严重妨碍教育教学工作，拖欠教师工资，损害教师合法权益的，由上级机关责令限期归还被挪用的经费，并对直接责任人员给予行政处分；情节严重，构成犯罪的，依法追究刑事责任。

第三十九条 教师对学校或者其他教育机构侵犯其合法权益的，或者对学校或者其他教育机构作出的处理不服的，可以向教育行政部门提出申诉，教育行政部门应当在接到申诉的三十日内，作出处理。

教师认为当地人民政府有关行政部门侵犯其根据本法规定享有的权利的，可以向同级人民政府或者上一级人民政府有关部门提出申诉，同级人民政府或者上一级人民政府有关部门应当作出处理。

第九章 附 则

第四十条 本法下列用语的含义是：

（一）各级各类学校，是指实施学前教育、普通初等教育、普通中等教育、职业教育、普通高等教育以及特殊教育、成人教育的学校。

（二）其他教育机构，是指少年宫以及地方教研室、电化教育机构等。

（三）中小学教师，是指幼儿园、特殊教育机构、普通中小学、成人初等中等教育机构、职业中学以及其他教育机构的教师。

第四十一条 学校和其他教育机构中的教育教学辅助人员，其他类型的学校的教师和教育教学辅助人员，可以根据实际情况参照 本法的有关规定执行。

军队所属院校的教师和教育教学辅助人员，由中央军事委员会依照本法制定有关规定。

第四十二条 外籍教师的聘任办法由国务院教育行政部门规定。

第四十三条 本法自 1994 年 1 月 1 日起施行。

中华人民共和国学位条例暂行实施办法

（1981 年 5 月 20 日国务院批准实施）

第一条 根据中华人民共和国学位条例，制定本暂行实施办法。

第二条 学位按下列学科的门类授予：哲学、经济学、法学、教育学、文学、历史学、理学、工学、农学、医学。

学士学位

第三条 学士学位由国务院授权的高等学校授予。

高等学校本科学生完成教学计划的各项要求，经审核准予毕业，其课程学习和毕业论文（毕业设计或其他毕业实践环节）的成绩，表明确已较好地掌握本门学科的基础理论、专门知识和基本技能，并且有从事科学研究工作或担负专门技术工作的初步能力的，授予学士学位。

第四条 授予学士学位的高等学校，应当由系逐个审核本科毕业生的成绩和毕业鉴定等材料，对符合本暂行办法第三条及有关规定的，可向学校学位评定委员会提名，列入学士学位获得者的名单。

非授予学士学位的高等学校，对达到学士学术水平的本科毕业生，应当由系向学校提出名单，经学校同意后，由学校就近向本系统、本地区的授予学士学位的高等学校推荐。授予学士学位的高等学校有关的系，对非授予学士学位的高等学校推荐的本科毕业生进行审查考核，认为符合本暂行办法第三条及有关规定的，可向学校学位评定委员会提名，列入学士学位获得者的名单。

第五条 学士学位获得者的名单，经授予学士学位的高等学校学位评定委员会审查通过，由授予学士学位的高等学校授予学士学位。

硕士学位

第六条 硕士学位由国务院授权的高等学校和科学研究机构授予。

申请硕士学位人员应当在学位授予单位规定的期限内，向学位授予单位提交申请书和申请硕士学位的学术论文等材料。学位授予单位应当在申请日期截止后两个月内进行审查，决定是否同意申请，并将结果通知申请人及其所在单位。

非学位授予单位应届毕业的研究生申请时，应当送交本单位关于申请硕士学位的推荐书。

同等学力人员申请时，应当送交两位副教授、教授或相当职称的专家的推荐书。学位授予单位对未具有大学毕业学历的申请人员，可以在接受申请前，采取适当方式，考核其某些大学课程。

申请人员不得同时向两个学位授予单位提出申请。

第七条 硕士学位的考试课程和要求：

1. 马克思主义理论课。要求掌握马克思主义的基本理论。

2. 基础理论课和专业课，一般为三至四门。要求掌握坚实的基础理论和系统的专门知识。

3. 一门外国语。要求比较熟练地阅读本专业的外文资料。

学位授予单位研究生的硕士学位课程考试，可按上述的课程要求，结合培养计划安排进行。

非学位授予单位研究生的硕士学位课程考试，由学位授予单位组织进行。凡经学位授予单位审核，认为其在原单位的课程考试内容和成绩合格的，可以免除部分或全部课程考试。

同等学力人员的硕士学位课程考试，由学位授予单位组织进行。

申请硕士学位人员必须通过规定的课程考试，成绩合格，方可参加论文答辩。规定考试的课程中，如有一门不及格，可在半年内申请补考一次，补考不及格的，不能参加论文答辩。

试行学分制的学位授予单位，应当按上述的课程要求，规定授予硕士学位所应取得的课程学分。申请硕士学位人员必须取得规定的学分后，方可参加论文答辩。

第八条 硕士学位论文对所研究的课题应当有新的见解，表明作者具有从事科学研究工作或独立担负专门技术工作的能力。

学位授予单位应当聘请一至二位与论文有关学科的专家评阅论文。评阅人应当对论文写出详细的学术评语，供论文答辩委员会参考。

硕士学位论文答辩委员会由三至五人组成。成员中一般应当有外单位的专家。论文答辩委员会主席由副教授、教授或相当职称的专家担任。

论文答辩委员会根据答辩的情况，就是否授予硕士学位作出决议。决议采取不记名投票方式，经全体成员三分之二以上同意，方得通过。决议经论文答辩委员会主席签字后，报送学位评定委员会。会议应当有记录。

硕士学位论文答辩不合格的，经论文答辩委员会同意，可在一年内修改论文，重新答辩一次。

第九条 硕士学位论文答辩委员会多数成员如认为申请人的论文已相当于博士学位的学术水平，除作出授予硕士学位的决议外，可向授予博士学位的单位提出建议，由授予博士学位的单位按本暂行办法博士学位部分中有关规定办理。

博士学位

第十条 博士学位由国务院授权的高等学校和科学研究机构授予。

申请博士学位人员应当在学位授予单位规定的期限内，向学位授予单位提交申请书和申请博士学位的学术论文等材料。

学位授予单位应当在申请日期截止后两个月内进行审查，决定是否同意申请，并将结果通知申请人及其所在单位。

同等学力人员申请时，应当送交两位教授或相当职称的专家的推荐书。学位授予单位对未获得硕士学位的申请人员，可以在接受申请前，采取适当方式，考核其某些硕士学位的基础理论课和专业课。

申请人员不得同时向两个学位授予单位提出申请。

第十一条 博士学位的考试课程和要求：

1. 马克思主义理论课。要求较好地掌握马克思主义的基本理论。

2. 基础理论课和专业课。要求掌握坚实宽广的基础理论和系统深入的专门知识。考试范围由学位授予单位的学位评定委员会审定。基础理论课和专业课的考试，由学位授予单位学位评定委员会指定三位专家组成的考试委员会主持，考试委员会主席必须由教授、副教授或相当职称的专家担任。

3. 两门外国语。第一外语要求熟练地阅读本专业的外文资料，并具有一定的写作能力，第二外国语要求有阅读本专业外文资料的初步能力。个别学科、专业，经学位授予单位的学位评定委员会审定，可只考第一外国语。

攻读博士学位研究生的课程考试．可按上述的课程要求，结合培养计划安排进行。

第十二条　申请博士学位人员必须通过博士学位的课程考试，成绩合格，方可参加博士学位论文答辩。

申请博士学位人员在科学或专门技术上有重要著作、发明、发现或发展的，应当向学位授予单位提交有关的出版著作、发明的鉴定或证明书等材料，经两位教授或相当职称的专家推荐，学位授予单位按本暂行办法第十一条审查同意，可以免除部分或全部课程考试。

第十三条　博士学位论文应当表明作者具有独立从事科学研究工作的能力，并在科学或专门技术上做出创造性的成果。博士学位论文或摘要，应当在答辩前三个月印送有关单位，并经同行评议。

学位授予单位应当聘请两位与论文有关学科的专家评阅论文，其中一位应当是外单位的专家。评阅人应当对论文写出详细的学术评语，供论文答辩委员会参考。

第十四条　博士学位论文答辩委员会由五至七人组成。成员的半数以上应当是教授或相当职称的专家。成员中必须包括二至三位外单位的专家。论文答辩委员会主席一般应当由教授或相当职称的专家担任。

论文答辩委员会根据答辩的情况，就是否授予博士学位作出决议。决议采取不记名投票方式，经全体成员三分之二以上同意，方得通过。决议经论文答辩委员会主席签字后，报送学位评定委员会。会议应当有记录。

博士学位的论文答辩一般应当公开举行；已经通过的博士

学位论文或摘要应当公开发表（保密专业除外）。

博士学位论文答辩不合格的，经论文答辩委员会同意，可在两年内修改论文，重新答辩一次。

第十五条 博士学位论文答辩委员会认为申请人的论文虽未达到博士学位的学术水平，但已达到硕士学位的学术水平，而且申请人尚未获得过该学科硕士学位的，可作出授予硕士学位的决议，报送学位评定委员会。

名誉博士学位

第十六条 名誉博士学位由国务院授权授予博士学位的单位授予。

第十七条 授予名誉博士学位须经学位授予单位的学位评定委员会讨论通过，由学位授予单位报国务院学位委员会批准后授予。

学位评定委员会

第十八条 学位授予单位的学位评定委员会根据国务院批准的授予学位的权限，分别履行以下职责：

（一）审查通过接受申请硕士学位和博士学位的人员名单；

（二）确定硕士学位的考试科目、门数和博士学位基础理论课和专业课的考试范围；审批主考人和论文答辩委员会成员名单；

（三）通过学士学位获得者的名单；

（四）作出授予硕士学位的决定；

（五）审批申请博士学位人员免除部分或全部课程考试的名单；

（六）作出授予博士学位的决定；

（七）通过授予名誉博士学位的人员名单；

（八）作出撤销违反规定而授予学位的决定；

（九）研究和处理授予学位的争议和其他事项。

第十九条 学位授予单位的学位评定委员会由九至二十五人组成，任期二至三年。成员应当包括学位授予单位主要负责人和教学、研究人员。

授予学士学位的高等学校，参加学位评定委员会的教学人员应当从本校讲师以上教师中遴选。授予学士学位、硕士学位和博士学位的单位，参加学位评定委员会的教学、研究人员主要应当从本单位副教授、教授或相当职称的专家中遴选。授予博士学位的单位，学位评定委员会中至少应当有半数以上的教授或相当职称的专家。

学位评定委员会主席由学位授予单位具有教授、副教授或相当职称的主要负责人（高等学校校长，主管教学、科学研究和研究生工作的副校长，或科学研究机构相当职称的人员）担任。

学位评定委员会可以按学位的学科门类，设置若干分委员会。各由七至十五人组成，任期二至三年。分委员会主席必须由学位评定委员会委员担任。分委员会协助学位评定委员会工作。学位评定委员会成员名单，应当由各学位授予单位报主管部门批准，主管部门转报国务院学位委员会备案。

学位评定委员会可根据需要，配备必要的专职或兼职的工作人员，处理日常工作。

第二十条 学位授予单位每年应当将授予学士学位的人数、授予硕士学位和博士学位的名单及有关材料，分别报主管部门和国务院学位委员会备案。

其他规定

第二十一条　在我国学习的外国留学生申请学士学位，参照本暂行办法第三条及有关规定办理。

在我国学习的外国留学生和从事研究或教学工作的外国学者申请硕士学位或博上学位，参照本暂行办法的有关规定办理。

第二十二条　学士学位的证书格式．由教育部制定。硕士学位和博士学位的证书格式，由国务院学位委员会制定。学位获得者的学位证书，由学位授予单位发给。

第二十三条　已经通过的硕士学位和博士学位的论文，应当交存学位授予单位图书馆一份，已经通过的博士学位论文，还应当交存北京图书馆和有关的专业图书馆各一份。

第二十四条　在职人员申请硕士学位或博士学位，经学位授予单位审核同意参加课程考试和论文答辩后，准备参加考试或答辩，可享有不超过两个月的假期。

第二十五条　学位授予单位可根据本暂行实施办法，制定本单位授予学位的工作细则。

学位论文作假行为处理办法

（中华人民共和国教育部令第34号）

第一条 为规范学位论文管理，推进建立良好学风，提高人才培养质量，严肃处理学位论文作假行为，根据《中华人民共和国学位条例》、《中华人民共和国高等教育法》，制定本办法。

第二条 向学位授予单位申请博士、硕士、学士学位所提交的博士学位论文、硕士学位论文和本科学生毕业论文（毕业设计或其他毕业实践环节）（统称为学位论文），出现本办法所列作假情形的，依照本办法的规定处理。

第三条 本办法所称学位论文作假行为包括下列情形：

（一）购买、出售学位论文或者组织学位论文买卖的；

（二）由他人代写、为他人代写学位论文或者组织学位论文代写的；

（三）剽窃他人作品和学术成果的；

（四）伪造数据的；

（五）有其他严重学位论文作假行为的。

第四条 学位申请人员应当恪守学术道德和学术规范，在指导教师指导下独立完成学位论文。

第五条 指导教师应当对学位申请人员进行学术道德、学术规范教育，对其学位论文研究和撰写过程予以指导，对学位论文是否由其独立完成进行审查。

第六条 学位授予单位应当加强学术诚信建设，健全学位论文审查制度，明确责任、规范程序，审核学位论文的真实性、原创性。

第七条 学位申请人员的学位论文出现购买、由他人代写、剽窃或者伪造数据等作假情形的，学位授予单位可以取消其学位申请资格；已经获得学位的，学位授予单位可以依法撤销其学位，并注销学位证书。取消学位申请资格或者撤销学位的处理决定应当向社会公布。从做出处理决定之日起至少 3 年内，各学位授予单位不得再接受其学位申请。

前款规定的学位申请人员为在读学生的，其所在学校或者学位授予单位可以给予开除学籍处分；为在职人员的，学位授予单位除给予纪律处分外，还应当通报其所在单位。

第八条 为他人代写学位论文、出售学位论文或者组织学位论文买卖、代写的人员，属于在读学生的，其所在学校或者学位授予单位可以给予开除学籍处分；属于学校或者学位授予单位的教师和其他工作人员的，其所在学校或者学位授予单位可以给予开除处分或者解除聘任合同。

第九条 指导教师未履行学术道德和学术规范教育、论文指导和审查把关等职责，其指导的学位论文存在作假情形的，学位授予单位可以给予警告、记过处分；情节严重的，可以降低岗位等级直至给予开除处分或者解除聘任合同。

第十条 学位授予单位应当将学位论文审查情况纳入对学院（系）等学生培养部门的年度考核内容。多次出现学位论文作假或者学位论文作假行为影响恶劣的，学位授予单位应当对该学院（系）等学生培养部门予以通报批评，并可以给予该学院（系）负责人相应的处分。

第十一条 学位授予单位制度不健全、管理混乱，多次出现学位论文作假或者学位论文作假行为影响恶劣的，国务院学位委员会或者省、自治区、直辖市人民政府学位委员会可以暂停或者撤销其相应学科、专业授予学位的资格；国务院教育行政部门或者省、自治区、直辖市人民政府教育行政部门可以核减其招生计划；并由有关主管部门按照国家有关规定对负有直接管理责任的学位授予单位负责人进行问责。

第十二条 发现学位论文有作假嫌疑的，学位授予单位应当确定学术委员会或者其他负有相应职责的机构，必要时可以委托专家组成的专门机构，对其进行调查认定。

第十三条 对学位申请人员、指导教师及其他有关人员做出处理决定前，应当告知并听取当事人的陈述和申辩。

当事人对处理决定不服的，可以依法提出申诉、申请行政复议或者提起行政诉讼。

第十四条 社会中介组织、互联网站和个人，组织或者参与学位论文买卖、代写的，由有关主管机关依法查处。

学位论文作假行为违反有关法律法规规定的，依照有关法律法规的规定追究法律责任。

第十五条 学位授予单位应当依据本办法，制定、完善本单位的相关管理规定。

第十六条 本办法自2013年1月1日起施行。

高等学校预防与处理学术不端行为办法

（中华人民共和国教育部令第40号）

第一章 总 则

第一条 为有效预防和严肃查处高等学校发生的学术不端行为，维护学术诚信，促进学术创新和发展，根据《中华人民共和国高等教育法》《中华人民共和国科学技术进步法》《中华人民共和国学位条例》等法律法规，制定本办法。

第二条 本办法所称学术不端行为是指高等学校及其教学科研人员、管理人员和学生，在科学研究及相关活动中发生的违反公认的学术准则、违背学术诚信的行为。

第三条 高等学校预防与处理学术不端行为应坚持预防为主、教育与惩戒结合的原则。

第四条 教育部、国务院有关部门和省级教育部门负责制定高等学校学风建设的宏观政策，指导和监督高等学校学风建设工作，建立健全对所主管高等学校重大学术不端行为的处理机制，建立高校学术不端行为的通报与相关信息公开制度。

第五条 高等学校是学术不端行为预防与处理的主体。高等学校应当建设集教育、预防、监督、惩治于一体的学术诚信体系，建立由主要负责人领导的学风建设工作机制，明确职责分工；依据本办法完善本校学术不端行为预防与处理的规则与程序。

高等学校应当充分发挥学术委员会在学风建设方面的作用，支持和保障学术委员会依法履行职责，调查、认定学术不端行为。

第二章　教育与预防

第六条　高等学校应当完善学术治理体系，建立科学公正的学术评价和学术发展制度，营造鼓励创新、宽容失败、不骄不躁、风清气正的学术环境。

高等学校教学科研人员、管理人员、学生在科研活动中应当遵循实事求是的科学精神和严谨认真的治学态度，恪守学术诚信，遵循学术准则，尊重和保护他人知识产权等合法权益。

第七条　高等学校应当将学术规范和学术诚信教育，作为教师培训和学生教育的必要内容，以多种形式开展教育、培训。

教师对其指导的学生应当进行学术规范、学术诚信教育和指导，对学生公开发表论文、研究和撰写学位论文是否符合学术规范、学术诚信要求，进行必要的检查与审核。

第八条　高等学校应当利用信息技术等手段，建立对学术成果、学位论文所涉及内容的知识产权查询制度，健全学术规范监督机制。

第九条　高等学校应当建立健全科研管理制度，在合理期限内保存研究的原始数据和资料，保证科研档案和数据的真实性、完整性。

高等学校应当完善科研项目评审、学术成果鉴定程序，结合学科特点，对非涉密的科研项目申报材料、学术成果的基本信息以适当方式进行公开。

第十条　高等学校应当遵循学术研究规律，建立科学的学术水平考核评价标准、办法，引导教学科研人员和学生潜心研究，形成具有创新性、独创性的研究成果。

第十一条　高等学校应当建立教学科研人员学术诚信记录，在年度考核、职称评定、岗位聘用、课题立项、人才计划、评优奖励中强化学术诚信考核。

第三章　受理与调查

第十二条　高等学校应当明确具体部门，负责受理社会组织、个人对本校教学科研人员、管理人员及学生学术不端行为的举报；有条件的，可以设立专门岗位或者指定专人，负责学术诚信和不端行为举报相关事宜的咨询、受理、调查等工作。

第十三条　对学术不端行为的举报，一般应当以书面方式实名提出，并符合下列条件：

（一）有明确的举报对象；

（二）有实施学术不端行为的事实；

（三）有客观的证据材料或者查证线索。

以匿名方式举报，但事实清楚、证据充分或者线索明确的，高等学校应当视情况予以受理。

第十四条　高等学校对媒体公开报道、其他学术机构或者社会组织主动披露的涉及本校人员的学术不端行为，应当依据职权，主动进行调查处理。

第十五条　高等学校受理机构认为举报材料符合条件的，应当及时作出受理决定，并通知举报人。不予受理的，应当书面说明理由。

第十六条　学术不端行为举报受理后，应当交由学校学术委员会按照相关程序组织开展调查。

学术委员会可委托有关专家就举报内容的合理性、调查的可能性等进行初步审查，并作出是否进入正式调查的决定。

决定不进入正式调查的，应当告知举报人。举报人如有新的证据，可以提出异议。异议成立的，应当进入正式调查。

第十七条 高等学校学术委员会决定进入正式调查的，应当通知被举报人。

被调查行为涉及资助项目的，可以同时通知项目资助方。

第十八条 高等学校学术委员会应当组成调查组，负责对被举报行为进行调查；但对事实清楚、证据确凿、情节简单的被举报行为，也可以采用简易调查程序，具体办法由学术委员会确定。

调查组应当不少于 3 人，必要时应当包括学校纪检、监察机构指派的工作人员，可以邀请同行专家参与调查或者以咨询等方式提供学术判断。

被调查行为涉及资助项目的，可以邀请项目资助方委派相关专业人员参与调查组。

第十九条 调查组的组成人员与举报人或者被举报人有合作研究、亲属或者导师学生等直接利害关系的，应当回避。

第二十条 调查可通过查询资料、现场查看、实验检验、询问证人、询问举报人和被举报人等方式进行。调查组认为有必要的，可以委托无利害关系的专家或者第三方专业机构就有关事项进行独立调查或者验证。

第二十一条 调查组在调查过程中，应当认真听取被举报人的陈述、申辩，对有关事实、理由和证据进行核实；认为必要的，可以采取听证方式。

第二十二条 有关单位和个人应当为调查组开展工作提供必要的便利和协助。

举报人、被举报人、证人及其他有关人员应当如实回答询问，配合调查，提供相关证据材料，不得隐瞒或者提供虚假信息。

第二十三条 调查过程中，出现知识产权等争议引发的法律纠纷的，且该争议可能影响行为定性的，应当中止调查，待争议解决后重启调查。

第二十四条 调查组应当在查清事实的基础上形成调查报告。调查报告应当包括学术不端行为责任人的确认、调查过程、事实认定及理由、调查结论等。

学术不端行为由多人集体做出的，调查报告中应当区别各责任人在行为中所发挥的作用。

第二十五条 接触举报材料和参与调查处理的人员，不得向无关人员透露举报人、被举报人个人信息及调查情况。

第四章 认 定

第二十六条 高等学校学术委员会应当对调查组提交的调查报告进行审查；必要的，应当听取调查组的汇报。

学术委员会可以召开全体会议或者授权专门委员会对被调查行为是否构成学术不端行为以及行为的性质、情节等作出认定结论，并依职权作出处理或建议学校作出相应处理。

第二十七条 经调查，确认被举报人在科学研究及相关活动中有下列行为之一的，应当认定为构成学术不端行为：

（一）剽窃、抄袭、侵占他人学术成果；

（二）篡改他人研究成果；

（三）伪造科研数据、资料、文献、注释，或者捏造事实、编造虚假研究成果；

（四）未参加研究或创作而在研究成果、学术论文上署名，未经他人许可而不当使用他人署名，虚构合作者共同署名，或者多人共同完成研究而在成果中未注明他人工作、贡献；

（五）在申报课题、成果、奖励和职务评审评定、申请学位等过程中提供虚假学术信息；

（六）买卖论文、由他人代写或者为他人代写论文；

（七）其他根据高等学校或者有关学术组织、相关科研管理机构制定的规则，属于学术不端的行为。

第二十八条 有学术不端行为且有下列情形之一的，应当认定为情节严重：

（一）造成恶劣影响的；

（二）存在利益输送或者利益交换的；

（三）对举报人进行打击报复的；

（四）有组织实施学术不端行为的；

（五）多次实施学术不端行为的；

（六）其他造成严重后果或者恶劣影响的。

第五章 处 理

第二十九条 高等学校应当根据学术委员会的认定结论和处理建议，结合行为性质和情节轻重，依职权和规定程序对学术不端行为责任人作出如下处理：

（一）通报批评；

（二）终止或者撤销相关的科研项目，并在一定期限内取消申请资格；

（三）撤销学术奖励或者荣誉称号；

（四）辞退或解聘；

（五）法律、法规及规章规定的其他处理措施。

同时，可以依照有关规定，给予警告、记过、降低岗位等级或者撤职、开除等处分。

学术不端行为责任人获得有关部门、机构设立的科研项目、学术奖励或者荣誉称号等利益的，学校应当同时向有关主管部门提出处理建议。

学生有学术不端行为的，还应当按照学生管理的相关规定，给予相应的学籍处分。

学术不端行为与获得学位有直接关联的，由学位授予单位作暂缓授予学位、不授予学位或者依法撤销学位等处理。

第三十条 高等学校对学术不端行为作出处理决定，应当制作处理决定书，载明以下内容：

（一）责任人的基本情况；

（二）经查证的学术不端行为事实；

（三）处理意见和依据；

（四）救济途径和期限；

（五）其他必要内容。

第三十一条 经调查认定，不构成学术不端行为的，根据被举报人申请，高等学校应当通过一定方式为其消除影响、恢复名誉等。

调查处理过程中，发现举报人存在捏造事实、诬告陷害等行为的，应当认定为举报不实或者虚假举报，举报人应当承担相应责任。属于本单位人员的，高等学校应当按照有关规定给予处理；不属于本单位人员的，应通报其所在单位，并提出处理建议。

第三十二条 参与举报受理、调查和处理的人员违反保密等规定，造成不良影响的，按照有关规定给予处分或其他处理。

第六章 复 核

第三十三条 举报人或者学术不端行为责任人对处理决定不服的，可以在收到处理决定之日起30日内，以书面形式向高等学校提出异议或者复核申请。

异议和复核不影响处理决定的执行。

第三十四条 高等学校收到异议或者复核申请后，应当交由学术委员会组织讨论，并于15日内作出是否受理的决定。

决定受理的，学校或者学术委员会可以另行组织调查组或者委托第三方机构进行调查；决定不予受理的，应当书面通知当事人。

第三十五条 当事人对复核决定不服，仍以同一事实和理由提出异议或者申请复核的，不予受理；向有关主管部门提出申诉的，按照相关规定执行。

第七章 监 督

第三十六条 高等学校应当按年度发布学风建设工作报告，并向社会公开，接受社会监督。

第三十七条 高等学校处理学术不端行为推诿塞责、隐瞒包庇、查处不力的，主管部门可以直接组织或者委托相关机构查处。

第三十八条 高等学校对本校发生的学术不端行为，未能及时查处并做出公正结论，造成恶劣影响的，主管部门应当追究相关领导的责任，并进行通报。

高等学校为获得相关利益，有组织实施学术不端行为的，主管部门调查确认后，应当撤销高等学校由此获得的相关权利、项目以及其他利益，并追究学校主要负责人、直接负责人的责任。

第八章 附 则

第三十九条 高等学校应当根据本办法，结合学校实际和学科特点，制定本校学术不端行为查处规则及处理办法，明确各类学术不端行为的惩处标准。有关规则应当经学校学术委员会和教职工代表大会讨论通过。

第四十条　高等学校主管部门对直接受理的学术不端案件，可自行组织调查组或者指定、委托高等学校、有关机构组织调查、认定。对学术不端行为责任人的处理，根据本办法及国家有关规定执行。

教育系统所属科研机构及其他单位有关人员学术不端行为的调查与处理，可参照本办法执行。

第四十一条　本办法自 2016 年 9 月 1 日起施行。

教育部此前发布的有关规章、文件中的相关规定与本办法不一致的，以本办法为准。

普通高等学校学生管理规定

（中华人民共和国教育部令第41号）

第一章　总　则

第一条　为规范普通高等学校学生管理行为，维护普通高等学校正常的教育教学秩序和生活秩序，保障学生合法权益，培养德、智、体、美等方面全面发展的社会主义建设者和接班人，依据教育法、高等教育法以及有关法律、法规，制定本规定。

第二条　本规定适用于普通高等学校、承担研究生教育任务的科学研究机构（以下称学校）对接受普通高等学历教育的研究生和本科、专科（高职）学生（以下称学生）的管理。

第三条　学校要坚持社会主义办学方向，坚持马克思主义的指导地位，全面贯彻国家教育方针；要坚持以立德树人为根本，以理想信念教育为核心，培育和践行社会主义核心价值观，弘扬中华优秀传统文化和革命文化、社会主义先进文化，培养学生的社会责任感、创新精神和实践能力；要坚持依法治校，科学管理，健全和完善管理制度，规范管理行为，将管理与育人相结合，不断提高管理和服务水平。

第四条　学生应当拥护中国共产党领导，努力学习马克思列宁主义、毛泽东思想、中国特色社会主义理论体系，深入学习习近平总书记系列重要讲话精神和治国理政新理念新思想新战略，坚定中国特色社会主义道路自信、理论自信、制度自信、文化自信，树立中国特色社会主义共同理想；应当树立爱国主义思想，具有团结统一、爱好和平、勤劳勇敢、自强不息的精神；应当增强法治观念，遵守宪法、法律、法规，遵守公民道德规范，遵守学校管理制度，具有良好的道德品质和行为习惯；应当刻苦学习，勇于探索，积极实践，努力掌握现代科学文化知识和专业技能；应当积极锻炼身体，增进身心健康，提高个人修养，培养审美情趣。

第五条 实施学生管理，应当尊重和保护学生的合法权利，教育和引导学生承担应尽的义务与责任，鼓励和支持学生实行自我管理、自我服务、自我教育、自我监督。

第二章 学生的权利与义务

第六条 学生在校期间依法享有下列权利：

（一）参加学校教育教学计划安排的各项活动，使用学校提供的教育教学资源；

（二）参加社会实践、志愿服务、勤工助学、文娱体育及科技文化创新等活动，获得就业创业指导和服务；

（三）申请奖学金、助学金及助学贷款；

（四）在思想品德、学业成绩等方面获得科学、公正评价，完成学校规定学业后获得相应的学历证书、学位证书；

（五）在校内组织、参加学生团体，以适当方式参与学校管理，对学校与学生权益相关事务享有知情权、参与权、表达权和监督权；

（六）对学校给予的处理或者处分有异议，向学校、教育行政部门提出申诉，对学校、教职员工侵犯其人身权、财产权等合法权益的行为，提出申诉或者依法提起诉讼；

（七）法律、法规及学校章程规定的其他权利。

第七条 学生在校期间依法履行下列义务：

（一）遵守宪法和法律、法规；

（二）遵守学校章程和规章制度；

（三）恪守学术道德，完成规定学业；

（四）按规定缴纳学费及有关费用，履行获得贷学金及助学金的相应义务；

（五）遵守学生行为规范，尊敬师长，养成良好的思想品德和行为习惯；

（六）法律、法规及学校章程规定的其他义务。

第三章 学籍管理

第一节 入学与注册

第八条 按国家招生规定录取的新生，持录取通知书，按学校有关要求和规定的期限到校办理入学手续。因故不能按期入学的，应当向学校请假。未请假或者请假逾期的，除因不可抗力等正当事由以外，视为放弃入学资格。

第九条 学校应当在报到时对新生入学资格进行初步审查，审查合格的办理入学手续，予以注册学籍；审查发现新生的录取通知、考生信息等证明材料，与本人实际情况不符，或者有其他违反国家招生考试规定情形的，取消入学资格。

第十条 新生可以申请保留入学资格。保留入学资格期间不具有学籍。保留入学资格的条件、期限等由学校规定。

新生保留入学资格期满前应向学校申请入学，经学校审查合格后，办理入学手续。审查不合格的，取消入学资格；逾期不办理入学手续且未有因不可抗力延迟等正当理由的，视为放弃入学资格。

第十一条 学生入学后，学校应当在 3 个月内按照国家招生规定进行复查。复查内容主要包括以下方面：

（一）录取手续及程序等是否合乎国家招生规定；

（二）所获得的录取资格是否真实、合乎相关规定；

（三）本人及身份证明与录取通知、考生档案等是否一致；

（四）身心健康状况是否符合报考专业或者专业类别体检要求，能否保证在校正常学习、生活；

（五）艺术、体育等特殊类型录取学生的专业水平是否符合录取要求。

复查中发现学生存在弄虚作假、徇私舞弊等情形的，确定为复查不合格，应当取消学籍；情节严重的，学校应当移交有关部门调查处理。

复查中发现学生身心状况不适宜在校学习，经学校指定的二级甲等以上医院诊断，需要在家休养的，可以按照第十条的规定保留入学资格。

复查的程序和办法，由学校规定。

第十二条 每学期开学时，学生应当按学校规定办理注册手续。不能如期注册的，应当履行暂缓注册手续。未按学校规定缴纳学费或者有其他不符合注册条件的，不予注册。

家庭经济困难的学生可以申请助学贷款或者其他形式资助，办理有关手续后注册。

学校应当按照国家有关规定为家庭经济困难学生提供教育救助，完善学生资助体系，保证学生不因家庭经济困难而放弃学业。

第二节 考核与成绩记载

第十三条 学生应当参加学校教育教学计划规定的课程和各种教育教学环节（以下统称课程）的考核，考核成绩记入成绩册，并归入学籍档案。

考核分为考试和考查两种。考核和成绩评定方式，以及考核不合格的课程是否重修或者补考，由学校规定。

第十四条 学生思想品德的考核、鉴定，以本规定第四条为主要依据，采取个人小结、师生民主评议等形式进行。

学生体育成绩评定要突出过程管理，可以根据考勤、课内教学、课外锻炼活动和体质健康等情况综合评定。

第十五条 学生每学期或者每学年所修课程或者应修学分数以及升级、跳级、留级、降级等要求，由学校规定。

第十六条 学生根据学校有关规定，可以申请辅修校内其他专业或者选修其他专业课程；可以申请跨校辅修专业或者修读课程，参加学校认可的开放式网络课程学习。学生修读的课程成绩（学分），学校审核同意后，予以承认。

第十七条 学生参加创新创业、社会实践等活动以及发表论文、获得专利授权等与专业学习、学业要求相关的经历、成果，可以折算为学分，计入学业成绩。具体办法由学校规定。

学校应当鼓励、支持和指导学生参加社会实践、创新创业活动，可以建立创新创业档案、设置创新创业学分。

第十八条 学校应当健全学生学业成绩和学籍档案管理制度，真实、完整地记载、出具学生学业成绩，对通过补考、重修获得的成绩，应当予以标注。

学生严重违反考核纪律或者作弊的，该课程考核成绩记为无效，并应视其违纪或者作弊情节，给予相应的纪律处分。给予警告、严重警告、记过及留校察看处分的，经教育表现较好，可以对该课程给予补考或者重修机会。

学生因退学等情况中止学业，其在校学习期间所修课程及已获得学分，应当予以记录。学生重新参加入学考试、符合录取条件，再次入学的，其已获得学分，经录取学校认定，可以予以承认。具体办法由学校规定。

第十九条　学生应当按时参加教育教学计划规定的活动。不能按时参加的，应当事先请假并获得批准。无故缺席的，根据学校有关规定给予批评教育，情节严重的，给予相应的纪律处分。

第二十条　学校应当开展学生诚信教育，以适当方式记录学生学业、学术、品行等方面的诚信信息，建立对失信行为的约束和惩戒机制；对有严重失信行为的，可以规定给予相应的纪律处分，对违背学术诚信的，可以对其获得学位及学术称号、荣誉等作出限制。

第三节　转专业与转学

第二十一条　学生在学习期间对其他专业有兴趣和专长的，可以申请转专业；以特殊招生形式录取的学生，国家有相关规定或者录取前与学校有明确约定的，不得转专业。

学校应当制定学生转专业的具体办法，建立公平、公正的标准和程序，健全公示制度。学校根据社会对人才需求情况的发展变化，需要适当调整专业的，应当允许在读学生转到其他相关专业就读。

休学创业或退役后复学的学生，因自身情况需要转专业的，学校应当优先考虑。

第二十二条　学生一般应当在被录取学校完成学业。因患病或者有特殊困难、特别需要，无法继续在本校学习或者不适应本校学习要求的，可以申请转学。有下列情形之一，不得转学：

（一）入学未满一学期或者毕业前一年的；

（二）高考成绩低于拟转入学校相关专业同一生源地相应年

份录取成绩的；

（三）由低学历层次转为高学历层次的；

（四）以定向就业招生录取的；

（五）研究生拟转入学校、专业的录取控制标准高于其所在学校、专业的；

（六）无正当转学理由的。

学生因学校培养条件改变等非本人原因需要转学的，学校应当出具证明，由所在地省级教育行政部门协调转学到同层次学校。

第二十三条 学生转学由学生本人提出申请，说明理由，经所在学校和拟转入学校同意，由转入学校负责审核转学条件及相关证明，认为符合本校培养要求且学校有培养能力的，经学校校长办公会或者专题会议研究决定，可以转入。研究生转学还应当经拟转入专业导师同意。

跨省转学的，由转出地省级教育行政部门商转入地省级教育行政部门，按转学条件确认后办理转学手续。须转户口的由转入地省级教育行政部门将有关文件抄送转入学校所在地的公安机关。

第二十四条 学校应当按照国家有关规定，建立健全学生转学的具体办法；对转学情况应当及时进行公示，并在转学完成后3个月内，由转入学校报所在地省级教育行政部门备案。

省级教育行政部门应当加强对区域内学校转学行为的监督和管理，及时纠正违规转学行为。

第四节 休学与复学

第二十五条 学生可以分阶段完成学业，除另有规定外，应当在学校规定的最长学习年限（含休学和保留学籍）内完成学业。

学生申请休学或者学校认为应当休学的，经学校批准，可以休学。休学次数和期限由学校规定。

第二十六条　学校可以根据情况建立并实行灵活的学习制度。对休学创业的学生，可以单独规定最长学习年限，并简化休学批准程序。

第二十七条　新生和在校学生应征参加中国人民解放军（含中国人民武装警察部队），学校应当保留其入学资格或者学籍至退役后2年。

学生参加学校组织的跨校联合培养项目，在联合培养学校学习期间，学校同时为其保留学籍。

学生保留学籍期间，与其实际所在的部队、学校等组织建立管理关系。

第二十八条　休学学生应当办理手续离校。学生休学期间，学校应为其保留学籍，但不享受在校学习学生待遇。因病休学学生的医疗费按国家及当地的有关规定处理。

第二十九条　学生休学期满前应当在学校规定的期限内提出复学申请，经学校复查合格，方可复学。

第五节　退　学

第三十条　学生有下列情形之一，学校可予退学处理：

（一）学业成绩未达到学校要求或者在学校规定的学习年限内未完成学业的；

（二）休学、保留学籍期满，在学校规定期限内未提出复学申请或者申请复学经复查不合格的；

（三）根据学校指定医院诊断，患有疾病或者意外伤残不能继续在校学习的；

（四）未经批准连续两周未参加学校规定的教学活动的；

（五）超过学校规定期限未注册而又未履行暂缓注册手

续的；

（六）学校规定的不能完成学业、应予退学的其他情形。

学生本人申请退学的，经学校审核同意后，办理退学手续。

第三十一条　退学学生，应当按学校规定期限办理退学手续离校。退学的研究生，按已有毕业学历和就业政策可以就业的，由学校报所在地省级毕业生就业部门办理相关手续；在学校规定期限内没有聘用单位的，应当办理退学手续离校。

退学学生的档案由学校退回其家庭所在地，户口应当按照国家相关规定迁回原户籍地或者家庭户籍所在地。

第六节　毕业与结业

第三十二条　学生在学校规定学习年限内，修完教育教学计划规定内容，成绩合格，达到学校毕业要求的，学校应当准予毕业，并在学生离校前发给毕业证书。

符合学位授予条件的，学位授予单位应当颁发学位证书。

学生提前完成教育教学计划规定内容，获得毕业所要求的学分，可以申请提前毕业。学生提前毕业的条件，由学校规定。

第三十三条　学生在学校规定学习年限内，修完教育教学计划规定内容，但未达到学校毕业要求的，学校可以准予结业，发给结业证书。

结业后是否可以补考、重修或者补作毕业设计、论文、答辩，以及是否颁发毕业证书、学位证书，由学校规定。合格后颁发的毕业证书、学位证书，毕业时间、获得学位时间按发证日期填写。

对退学学生，学校应当发给肄业证书或者写实性学习证明。

第七节　学业证书管理

第三十四条　学校应当严格按照招生时确定的办学类型和

学习形式，以及学生招生录取时填报的个人信息，填写、颁发学历证书、学位证书及其他学业证书。

学生在校期间变更姓名、出生日期等证书需填写的个人信息的，应当有合理、充分的理由，并提供有法定效力的相应证明文件。学校进行审查，需要学生生源地省级教育行政部门及有关部门协助核查的，有关部门应当予以配合。

第三十五条　学校应当执行高等教育学籍学历电子注册管理制度，完善学籍学历信息管理办法，按相关规定及时完成学生学籍学历电子注册。

第三十六条　对完成本专业学业同时辅修其他专业并达到该专业辅修要求的学生，由学校发给辅修专业证书。

第三十七条　对违反国家招生规定取得入学资格或者学籍的，学校应当取消其学籍，不得发给学历证书、学位证书；已发的学历证书、学位证书，学校应当依法予以撤销。对以作弊、剽窃、抄袭等学术不端行为或者其他不正当手段获得学历证书、学位证书的，学校应当依法予以撤销。

被撤销的学历证书、学位证书已注册的，学校应当予以注销并报教育行政部门宣布无效。

第三十八条　学历证书和学位证书遗失或者损坏，经本人申请，学校核实后应当出具相应的证明书。证明书与原证书具有同等效力。

第四章　校园秩序与课外活动

第三十九条　学校、学生应当共同维护校园正常秩序，保障学校环境安全、稳定，保障学生的正常学习和生活。

第四十条　学校应当建立和完善学生参与管理的组织形式，支持和保障学生依法、依章程参与学校管理。

第四十一条 学生应当自觉遵守公民道德规范，自觉遵守学校管理制度，创造和维护文明、整洁、优美、安全的学习和生活环境，树立安全风险防范和自我保护意识，保障自身合法权益。

第四十二条 学生不得有酗酒、打架斗殴、赌博、吸毒，传播、复制、贩卖非法书刊和音像制品等违法行为；不得参与非法传销和进行邪教、封建迷信活动；不得从事或者参与有损大学生形象、有悖社会公序良俗的活动。

学校发现学生在校内有违法行为或者严重精神疾病可能对他人造成伤害的，可以依法采取或者协助有关部门采取必要措施。

第四十三条 学校应当坚持教育与宗教相分离原则。任何组织和个人不得在学校进行宗教活动。

第四十四条 学校应当建立健全学生代表大会制度，为学生会、研究生会等开展活动提供必要条件，支持其在学生管理中发挥作用。

学生可以在校内成立、参加学生团体。学生成立团体，应当按学校有关规定提出书面申请，报学校批准并施行登记和年检制度。

学生团体应当在宪法、法律、法规和学校管理制度范围内活动，接受学校的领导和管理。学生团体邀请校外组织、人员到校举办讲座等活动，需经学校批准。

第四十五条 学校提倡并支持学生及学生团体开展有益于身心健康、成长成才的学术、科技、艺术、文娱、体育等活动。

学生进行课外活动不得影响学校正常的教育教学秩序和生活秩序。

学生参加勤工助学活动应当遵守法律、法规以及学校、用工单位的管理制度，履行勤工助学活动的有关协议。

第四十六条 学生举行大型集会、游行、示威等活动，应当按法律程序和有关规定获得批准。对未获批准的，学校应当依法劝阻或者制止。

第四十七条 学生应当遵守国家和学校关于网络使用的有关规定，不得登录非法网站和传播非法文字、音频、视频资料等，不得编造或者传播虚假、有害信息；不得攻击、侵入他人计算机和移动通讯网络系统。

第四十八条 学校应当建立健全学生住宿管理制度。学生应当遵守学校关于学生住宿管理的规定。鼓励和支持学生通过制定公约，实施自我管理。

第五章 奖励与处分

第四十九条 学校、省（区、市）和国家有关部门应当对在德、智、体、美等方面全面发展或者在思想品德、学业成绩、科技创造、体育竞赛、文艺活动、志愿服务及社会实践等方面表现突出的学生，给予表彰和奖励。

第五十条 对学生的表彰和奖励可以采取授予“三好学生”称号或者其他荣誉称号、颁发奖学金等多种形式，给予相应的精神鼓励或者物质奖励。

学校对学生予以表彰和奖励，以及确定推荐免试研究生、国家奖学金、公派出国留学人选等赋予学生利益的行为，应当建立公开、公平、公正的程序和规定，建立和完善相应的选拔、公示等制度。

第五十一条 对有违反法律法规、本规定以及学校纪律行为的学生，学校应当给予批评教育，并可视情节轻重，给予如下纪律处分：

（一）警告；

（二）严重警告；

（三）记过；

（四）留校察看；

（五）开除学籍。

第五十二条 学生有下列情形之一，学校可以给予开除学籍处分：

（一）违反宪法，反对四项基本原则、破坏安定团结、扰乱社会秩序的；

（二）触犯国家法律，构成刑事犯罪的；

（三）受到治安管理处罚，情节严重、性质恶劣的；

（四）代替他人或者让他人代替自己参加考试、组织作弊、使用通讯设备或其他器材作弊、向他人出售考试试题或答案牟取利益，以及其他严重作弊或扰乱考试秩序行为的；

（五）学位论文、公开发表的研究成果存在抄袭、篡改、伪造等学术不端行为，情节严重的，或者代写论文、买卖论文的；

（六）违反本规定和学校规定，严重影响学校教育教学秩序、生活秩序以及公共场所管理秩序的；

（七）侵害其他个人、组织合法权益，造成严重后果的；

（八）屡次违反学校规定受到纪律处分，经教育不改的。

第五十三条 学校对学生作出处分，应当出具处分决定书。处分决定书应当包括下列内容：

（一）学生的基本信息；

（二）作出处分的事实和证据；

（三）处分的种类、依据、期限；

（四）申诉的途径和期限；

（五）其他必要内容。

第五十四条　学校给予学生处分，应当坚持教育与惩戒相结合，与学生违法、违纪行为的性质和过错的严重程度相适应。学校对学生的处分，应当做到证据充分、依据明确、定性准确、程序正当、处分适当。

第五十五条　在对学生作出处分或者其他不利决定之前，学校应当告知学生作出决定的事实、理由及依据，并告知学生享有陈述和申辩的权利，听取学生的陈述和申辩。

处理、处分决定以及处分告知书等，应当直接送达学生本人，学生拒绝签收的，可以以留置方式送达；已离校的，可以采取邮寄方式送达；难于联系的，可以利用学校网站、新闻媒体等以公告方式送达。

第五十六条　对学生作出取消入学资格、取消学籍、退学、开除学籍或者其他涉及学生重大利益的处理或者处分决定的，应当提交校长办公会或者校长授权的专门会议研究决定，并应当事先进行合法性审查。

第五十七条　除开除学籍处分以外，给予学生处分一般应当设置6到12个月期限，到期按学校规定程序予以解除。解除处分后，学生获得表彰、奖励及其他权益，不再受原处分的影响。

第五十八条　对学生的奖励、处理、处分及解除处分材料，学校应当真实完整地归入学校文书档案和本人档案。

被开除学籍的学生，由学校发给学习证明。学生按学校规定期限离校，档案由学校退回其家庭所在地，户口应当按照国家相关规定迁回原户籍地或者家庭户籍所在地。

第六章　学生申诉

第五十九条　学校应当成立学生申诉处理委员会，负责受理学生对处理或者处分决定不服提起的申诉。

学生申诉处理委员会应当由学校相关负责人、职能部门负责人、教师代表、学生代表、负责法律事务的相关机构负责人等组成，可以聘请校外法律、教育等方面专家参加。

学校应当制定学生申诉的具体办法，健全学生申诉处理委员会的组成与工作规则，提供必要条件，保证其能够客观、公正地履行职责。

第六十条 学生对学校的处理或者处分决定有异议的，可以在接到学校处理或者处分决定书之日起 10 日内，向学校学生申诉处理委员会提出书面申诉。

第六十一条 学生申诉处理委员会对学生提出的申诉进行复查，并在接到书面申诉之日起 15 日内作出复查结论并告知申诉人。情况复杂不能在规定限期内作出结论的，经学校负责人批准，可延长 15 日。学生申诉处理委员会认为必要的，可以建议学校暂缓执行有关决定。

学生申诉处理委员会经复查，认为做出处理或者处分的事实、依据、程序等存在不当，可以作出建议撤销或变更的复查意见，要求相关职能部门予以研究，重新提交校长办公会或者专门会议作出决定。

第六十二条 学生对复查决定有异议的，在接到学校复查决定书之日起 15 日内，可以向学校所在地省级教育行政部门提出书面申诉。

省级教育行政部门应当在接到学生书面申诉之日起 30 个工作日内，对申诉人的问题给予处理并作出决定。

第六十三条 省级教育行政部门在处理因对学校处理或者处分决定不服提起的学生申诉时，应当听取学生和学校的意见，并可根据需要进行必要的调查。根据审查结论，区别不同情况，分别作出下列处理：

（一）事实清楚、依据明确、定性准确、程序正当、处分适当的，予以维持；

（二）认定事实不存在，或者学校超越职权、违反上位法规定作出决定的，责令学校予以撤销；

（三）认定事实清楚，但认定情节有误、定性不准确，或者适用依据有错误的，责令学校变更或者重新作出决定；

（四）认定事实不清、证据不足，或者违反本规定以及学校规定的程序和权限的，责令学校重新作出决定。

第六十四条　自处理、处分或者复查决定书送达之日起，学生在申诉期内未提出申诉的视为放弃申诉，学校或者省级教育行政部门不再受理其提出的申诉。

处理、处分或者复查决定书未告知学生申诉期限的，申诉期限自学生知道或者应当知道处理或者处分决定之日起计算，但最长不得超过6个月。

第六十五条　学生认为学校及其工作人员违反本规定，侵害其合法权益的；或者学校制定的规章制度与法律法规和本规定抵触的，可以向学校所在地省级教育行政部门投诉。

教育主管部门在实施监督或者处理申诉、投诉过程中，发现学校及其工作人员有违反法律、法规及本规定的行为或者未按照本规定履行相应义务的，或者学校自行制定的相关管理制度、规定，侵害学生合法权益的，应当责令改正；发现存在违法违纪的，应当及时进行调查处理或者移送有关部门，依据有关法律和相关规定，追究有关责任人的责任。

第七章　附　则

第六十六条　学校对接受高等学历继续教育的学生、港澳台侨学生、留学生的管理，参照本规定执行。

第六十七条 学校应当根据本规定制定或修改学校的学生管理规定或者纪律处分规定，报主管教育行政部门备案（中央部委属校同时抄报所在地省级教育行政部门），并及时向学生公布。

省级教育行政部门根据本规定，指导、检查和监督本地区高等学校的学生管理工作。

第六十八条 本规定自2017年9月1日起施行。原《普通高等学校学生管理规定》（教育部令第21号）同时废止。其他有关文件规定与本规定不一致的，以本规定为准。

教育部关于加强和改进研究生培养工作的几点意见

（教研〔2000〕1号）

各省、自治区、直辖市教委、教育厅，广东省高教厅，国务院有关部委教育司（局），中国人民解放军学位委员会，中共中央党校学位评定委员会，有关研究生培养单位：

为贯彻全国教育工作会议精神，落实党中央、国务院确定的科教兴国战略，实施《面向21世纪教育振兴行动计划》，适应国家经济建设、科技进步和社会发展对各类高层次人才的需求，建立有一定先导性的、结构合理的，有利于高层次创新人才脱颖而出、提高研究生全面素质和培养质量的研究生教育体系，必须采取切实有效的措施，加强和改进研究生培养工作。

1995年全国研究生工作座谈会以来，国家和各培养单位相继出台了许多措施，有力地推动了研究生教育工作的改革与发展，较好地适应了国家“九五”期间对高层次人才的需求。与此同时，我们也必须看到，研究生培养工作中还存在着一些尚未解决的难点问题，而且随着形势的发展和改革的深入，又出现了一些较为突出的新问题，主要是：适应社会主义市场经济体制的研究生教育发展的调节机制尚未完全建立；研究生培养规模还不能很好满足社会发展对高层次人才的需要；研究生教育的质量意识尚不强；研究生培养条件的改善相对滞后；研究生导师队伍建设需进一步加强；能够适合于培养高水平博士的生源不足；现行研究生培养制度、培养模式等还不能完全适合于人才的个性发展和创新能力的培养；专业学位研究生的教学内容、教学方法及实践能力培养，与社会的实际需要还有较大的差距；研究生教育的质量保证体系亟待建立和完善等。

上述问题直接或间接地影响了研究生的培养质量，影响了研究生教育适应社会需要的程度，制约了研究生教育的进一步发展。为解决好这些问题，就今后几年的研究生培养工作提出以下几点意见：

一、研究生工作的基本方针是：深化改革，积极发展；分类指导，按需建设；注重创新，提高质量。

（一）研究生教育的改革与发展必须紧密结合国家现代化建设的实际。鼓励有条件的培养单位在研究生培养模式和学制等方面，根据社会对不同学科、不同类型研究生的要求进行改革和新的探索，不断提高研究生培养质量和适应社会需求的程度；积极发展研究生教育，加大应用性人才培养的比重。

（二）根据区域、行业和学科的发展水平及其对高层次人才数量、质量和类型的要求，对研究生工作进行分类规划与指导。采取多种措施扶持中西部地区研究生教育的发展；重视改善研究培养条件，国家要加强研究生培养基地的建设，适时新增一批研究生院。培养单位通过应用型人才，特别是专业学位研究生的培养，逐步培育一批产学研基地。

（三）推进素质教育，突出对研究生创新能力、实践能力、创业精神的培养，增进研究生的人文素养和科学素质。强化全面质量观，把保证和提高研究生培养质量放在更加突出的位置上；国家和省级研究生教育管理部门、培养单位应采取措施，建立健全研究生教育的质量保证体系，确保并进一步提高研究生培养质量。

二、改革研究生培养制度和培养模式，形成有利于高层次人才成长的培养机制。

（一）科学规划不同层次、不同类型研究生的培养目标。

硕士生教育承担着既为博士生教育输送合格生源，又为社会培养各类高层次专门人才的任务。硕士研究生的培养应在强调专业基础理论和专业知识的学习，重视综合素质、创新和创业精神，提高分析与解决问题能力的同时，根据实际需要和不同面向确定培养目标、培养类型和培养模式。

博士生教育应以培养教学、科研方面的高层次创造性人才为主。博士生不仅要掌握坚实宽广的基础理论和系统深入的专门知识，能够独立地、创造性地从事科学研究工作，而且要具有主持较大型科研、技术开发项目，或解决和探索我国经济、社会发展问题的能力。

（二）改革研究生培养方式。研究生培养可采取全日制和非全日制两种培养方式。应逐步将通过同等学力申请学位和在职攻读专业学位的人才培养方式纳入非全日制研究生培养方式。

（三）拓宽研究生培养口径，统筹安排硕士、博士两个培养阶段。大多数学科、专业可按一级学科口径考核招收硕士研究生，按二级学科或较宽学科口径进行培养。

培养单位可自行决定采用本科毕业生直接攻博或硕士生提前攻博等培养方式。

（四）实行弹性学制。硕士生学习年限一般为 2-3 年，博士生学习年限一般为 3-4 年，具体由培养单位自行确定。允许研究生分段完成学业，并规定学生累计在学的最长年限。

（五）加强交流与合作，建立开放的研究生培养体系。鼓励培养单位间互相承认学分。鼓励高等学校与科研机构联合培养研究生。开展国际交流与合作，努力使我国研究生教育在可比方面达到和接近国际先进水平，增强在国际上的竞争力和影响力。

三、深化研究生教学和科研环节的改革，突出创新能力的培养。

（一）硕士生课程设置要在本科教育的基础上，充分体现研究生层次的特点。课程体系要有足够的宽广度和纵深度，并具有前沿性和前瞻性。

博士生课程应结合博士生的研究领域和所需知识结构，以及提高创新能力的需要来确定。直博士的课程应贯通设置。

研究生外国语课程应着重提高研究生的外语应用能力。博士生外国语课程设置与否及其考核方式由培养单位自行确定。

（二）建立以研究生为主体的教学方式。要重视和促进研究生个性的健康发展。充分发挥研究生的主动性和自觉性，更多地采用启发式、研讨式、参与式教学方式。研究生特别是博士生应更多地参与学术讨论、学术报告等活动。

（三）加强研究生教材建设，更新教学内容，提高研究生教学的整体水平。国家主管部门设立“面向21世纪研究生教学用书建设计划”专项经费，支持出版高水平的研究生推荐教学用书。提倡主管部门和培养单位设立专项经费支持出版研究生教学用书。组织出版一批优秀的硕士研究生公共课、基础课和专业基础课的推荐教学用书。

（四）加强研究生的科研训练和学位论文工作。

科研和学位论文工作是研究生培养的重要环节，是培养研究生创新能力的主要手段。基础学科的研究生要加强科学实验训练。人文社会科学研究生应重视社会实践和社会调查。工程技术类及应用性较强学科的研究生应加强实际工作能力和社会实践能力的训练。

培养单位要采取措施鼓励博士生选择具有一定风险性的学科前沿领域课题或对国家经济建设、科技进步和社会发展具有重要意义的课题。突出学位论文的创新性。要防止将研究生，特别是博士生的研究工作完全限于培养单位低水平开发项目的倾向。

严格论文评阅和答辩程序。论文评阅人应对论文的科学性、严谨性、创造性，尤其是不足之处有具体说明。培养单位可规定学位论文有一定的一次答辩不通过率。

四、加强导师队伍建设，完善研究生指导教师选聘制度。

培养单位应注意对新上岗研究生指导教师，特别是博士生指导教师的培养。应采取有力措施稳定研究生指导教师队伍，同时重视从国外吸引优秀留学人员回国担任研究生指导教师工作。提倡高等学校聘请科研机构的高水平科研人员担任兼职导师工作。

培养单位应完善研究生指导教师的选聘制度。要逐步做到博士生指导教师由博士学位获得者担任。要强调博士生指导教师应具有适合于博士学位论文的高水平研究方向和科研项目。提倡建立由不同研究方面，甚至不同学科教师组成的博士生指导小组，为博士生创造更为综合的学术氛围。

五、推进专业学位研究生教育的改革与发展。

（一）积极发展专业学位研究生教育。根据区域经济和社会发展的需求，改善专业学位研究生培养单位的地区布局。

（二）改进专业学位研究生的入学考试办法。改进和推广已在部分专业学位试行的联考办法。联考应有利于考核学生的基础理论水平、综合文化素质和实际工作能力，有利于选拔有丰富实践经验的在职人员入学。

（三）要根据行业、职业领域对专业学位人才知识与能力结构的要求，制订培养方案和设置课程。应积极借鉴国外专业学位研究生教育的成功经验。有关专业学位教育指导委员会和培养单位应加强案例库的建设，较大幅度提高案例教学的比重。要注意防止降低培养质量和仍按学术型培养的两种倾向。

（四）加强与专业学位相关的学科的建设和师资队伍建设。一方面要注重对现有师资的培训和提高，更新知识结构，转变教学观念；另一方面，要根据需要聘请实际部门的高水平专家参与教学和论文指导工作。

六、建立健全研究生教育评估制度，不断完善质量保证体系，形成有效的激励机制。

（一）加强学位与研究生教育评估的法规建设，规范各类评估工作。充分发挥各级教育主管部门、学位与研究生教育方面的社会中介机构和培养单位在评估中的作用。

（二）逐步建立对学位授权点进行定期评估的制度。各级主管部门应以适当方式将评估结果向社会公布，并应根据相应的评估结果，采取有效措施，促进学位授予单位加强建设，保证研究生的培养质量。

（三）培养单位应开展经常性的自我评估工作，及时发现和解决培养工作中出现的问题，建立起具有自我完善功能的质量保证和监控机制。

（四）国家开展全国优秀博士论文评选工作，每年评选 100

篇优秀博士论文，并拨出专项资金支持优秀博士学位论文获得者进行高水平的科学研究工作。提倡各主管部门和培养单位开展优秀学位论文评选工作，并采取措施，激励成绩突出的研究生、指导教师和管理干部。

七、采取切实措施，加强和改进研究生德育工作。

认真贯彻执行中央《关于加强和改进思想政治工作的若干意见》精神，研究生教育应把思想政治、品德教育和学风建设放到突出位置上。培养研究生树立正确的人生观、世界观、价值观，强烈的爱国主义精神和高度的社会责任感，无私奉献和艰苦奋斗的精神；养成求实、严谨、科学的作风。

八、规范研究生管理工作。

（一）国家制定有关研究生教育管理工作的法规，规范研究生管理工作。

（二）国家和各级主管部门应加强研究生管理干部的培训工作。鼓励管理干部进行研究生教育方面的研究，提高管理干部队伍的整体素质，培养造就一支高素质的研究生教育管理干部队伍。

21 世纪将是中华民族实现伟大复兴的世纪。在这历史进程中，研究生教育承担着为国家现代化建设培养各类高层次专门人才的战略任务。研究生教育战线的全体同志必须对此有清醒的认识和紧迫的责任感，要积极探索，勇于创新，全面提高研究生的培养质量，圆满地完成国家交给我们的光荣而艰巨的任务。

教育部

二〇〇〇年一月十三日

教育部关于进一步加强和改进师德建设的意见

（教师〔2005〕1号）

为全面贯彻落实《中共中央国务院关于进一步加强和改进未成年人思想道德建设的若干意见》和《中共中央国务院关于进一步加强和改进大学生思想政治教育的意见》精神，现就加强和改进师德建设工作提出如下意见。

一、充分认识新时期加强和改进师德建设的重要性和紧迫性

1. 加强和改进师德建设是全面贯彻党的教育方针的根本保证，是进一步加强和改进青少年学生思想道德建设和思想政治教育的迫切要求。教师是人类灵魂的工程师，是青少年学生成长的引路人。教师的思想政治素质和职业道德水平直接关系到大中小学德育工作状况和亿万青少年的健康成长，关系到国家的前途命运和民族的未来。我们要从确保党的事业后继有人和社会主义事业兴旺发达的高度，从全面建设小康社会和实现中华民族伟大复兴的高度，从落实科学发展观，落实科教兴国、人才强国战略的高度，充分认识新时期加强和改进师德建设的重要意义。

2. 党和政府高度重视教师队伍建设。长期以来，广大教师教书育人、敬业奉献，赢得了全社会的尊重。同时也必须看到，在市场经济条件和开放环境下，学校教育和师德建设工作面临许多新情况新问题和新的挑战；人民大众对于优质教育日益增

长的需求，对教师素质提出了新的更高的要求。师德建设工作还存在许多不适应的方面和薄弱环节。教师队伍的师德水平和全面素质亟待进一步提高，师德建设工作亟待进一步加强和改进，师德建设的制度环境亟待进一步改善。在新的历史时期，加强和改进师德建设是一项刻不容缓的紧迫任务。

二、加强和改进师德建设的总体要求和主要任务

3. 加强和改进师德建设的总体要求是：以马克思列宁主义、毛泽东思想、邓小平理论和“三个代表”重要思想为指导，紧紧围绕全面实施素质教育、全面加强青少年思想道德建设和思想政治教育的目标要求，以热爱学生、教书育人为核心，以“学为人师、行为世范”为准则，以提高教师思想政治素质、职业理想和职业道德水平为重点，弘扬高尚师德，力行师德规范，强化师德教育，优化制度环境，不断提高师德水平，造就忠诚于人民教育事业、为人民服务、让人民满意的教师队伍，为培养德智体美全面发展的社会主义建设者和接班人做出新贡献。

4. 提高教师的思想政治素质。广大教师要认真学习马克思列宁主义、毛泽东思想、邓小平理论和“三个代表”重要思想，牢固树立正确的世界观、人生观和价值观，自觉抵制各种错误思潮和腐朽思想文化的影响；牢固确立在中国共产党领导下走中国特色社会主义道路、实现中华民族伟大复兴的共同理想和坚定信念；拥护中国共产党领导，拥护社会主义，热爱祖国，热爱人民；坚持正确的政治方向，拥护党和国家的路线、方针、政策，在大是大非问题上，立场坚定，旗帜鲜明。要积极参加社会实践，接触实际，了解国情。要认真学习宪法和有关法律法规，坚持学术研究无禁区、课堂讲授有纪律，严格教育教学纪律。要高度重视学生的思想道德建设和思想政治教育，以良

好的思想政治素质影响和引领学生。

5. 树立正确的教师职业理想。广大教师要有强烈的职业光荣感、历史使命感和社会责任感，以培育优秀人才、发展先进文化和推进社会进步为己任，站在时代的前列，努力成为为人民服务的践履笃行的典范。要志存高远，爱岗敬业，忠于职守，乐于奉献，自觉地履行教书育人的神圣职责，以高尚的情操引导学生全面发展。要正确处理个人与社会的关系，反对拜金主义、享乐主义和极端个人主义，把本职工作、个人理想与祖国的繁荣富强紧密联系在一起。

6. 提高教师的职业道德水平。广大教师要坚持社会主义教育方向，全面贯彻党的教育方针，遵守法律法规；树立先进教育理念，自觉遵循教育规律，积极推进教育创新，全面实施素质教育，不断提高教育质量；牢固树立育人为本、德育为先的思想，全面关心学生成长，热爱学生，尊重学生，公平公正对待学生，严格要求学生，因材施教，循循善诱，形成相互激励、教学相长的师生关系，促进学生全面发展；自觉加强师德修养，模范遵守职业道德规范，以身作则，言传身教，为人师表，以自己良好的思想和道德风范去影响和培养学生；大力提倡求真务实、勇于创新、严谨自律的治学态度和学术精神，团结合作、协力攻关、共同进步的团队精神，努力发扬优良的学术风气。坚持科学精神，模范遵守学术道德规范，潜心钻研，实事求是，严谨笃学，成为热爱学习、终身学习和锐意创新的楷模。

7. 着力解决师德建设中的突出问题。要坚决反对教师讥讽、歧视、侮辱学生，体罚和变相体罚学生的行为；坚决反对向学生推销教辅资料及其他商品，索要或接受学生、家长财物等以教谋私的行为；坚决反对在科研工作中弄虚作假、抄袭剽窃等违背学术规范，侵占他人劳动成果的不端行为；坚决反对在招生、考试等工作中的不正之风和违纪违法行为；严厉惩处败坏教师声誉的失德行为。

8. 积极推进师德建设工作改进创新。适应新形势新任务的要求，师德建设工作必须积极推进观念创新、制度创新。要努力探索新形势下师德建设的特点和规律，在内容、形式、方法、手段、机制等方面不断改进和创新，特别要在增强时代感，加强针对性、实效性上下功夫，讲究实际效果，克服形式主义，使师德建设更加贴近实际、贴近教师，把师德规范的主要内容具体化、规范化，使之成为全体教师普遍认同的行为准则，并自觉按照师德规范要求履行教师职责。

三、加强和改进师德建设的主要措施

9. 强化师德教育。多渠道、分层次地开展各种形式的师德教育。在加强和改进教师思想政治教育、职业理想教育、职业道德教育的同时，重视法制教育和心理健康教育。加强学风和学术规范教育。建立和完善各级各类学校德育工作者培训制度。对学校班主任、辅导员等德育工作者进行师德教育专题培训。建立和完善新教师岗前师德教育制度。各级各类师范院校和举办教师教育的综合大学，都要适应新的要求，将教师职业道德教育列为教师培养和职后培训的重要环节。要把师德教育作为新一轮中小学教师全员培训的首要任务和重点内容。

10. 加强师德宣传。每年教师节组织师德主题教育活动，以庆祝教师节和表彰优秀教师为契机，集中开展师德宣传教育活动；在三年一次全国性的教师和教育工作者表彰奖励中，表彰师德标兵，优秀班主任、辅导员、德育工作者和德育工作先进集体；组织师德典型重点宣传和优秀教师报告团活动，大力褒奖人民教师的高尚师德，广泛宣传模范教师先进事迹，展现当代教师的精神风貌，进一步倡导尊师重教的良好社会风尚；举办师德论坛，促进师德建设的理论创新、制度创新和管理创新，推动师德建设工作实现科学化、制度化。

11. 严格考核管理。进一步完善教师资格认定和新教师聘用制度，把思想政治素质、思想道德品质作为必备条件和重要考察内容；建立师德考评制度，将师德表现作为教师年度考核、职务聘任、派出进修和评优奖励等的重要依据。对师德表现不佳的教师要及时劝诫，经劝诫仍不改正的，要进行严肃处理。对有严重失德行为、影响恶劣者一律撤销教师资格并予以解聘。建立师德问题报告制度和舆论监督的有效机制。将师德建设作为学校办学质量和水平评估的重要指标。

12. 加强制度建设。修订《中小学教师职业道德规范》，制定《高等学校教师职业道德规范》。建立师德建设工作评估制度，构建科学有效的师德建设工作监督评估体系。抓紧研究制定科学合理的教师评价方法和指标体系，完善相关政策，体现正确导向，为师德建设提供制度保障。各级教育行政部门和学校要因地因校制宜，制定可操作的实施办法，完善师德建设规章制度，建立师德建设长效机制。

四、切实加强对师德建设的领导

13. 要将教师工作摆在更加重要的位置，加强教师队伍建设特别是教师职业道德建设。要大力弘扬尊师重教的优良传统，千方百计地为广大教师办实事、办好事，不断改善教师的工作、学习和生活条件，为教师教书育人创造更为良好的社会环境。全社会都要关心和支持师德工作。要坚持团结鼓劲、正面宣传为主的方针，大力宣传人民教师的先进典型和模范事迹，为师德建设营造良好的舆论氛围。

14. 各级教育行政部门要把师德建设作为一项事关教育工作全局的大事，纳入教育事业总体规划，加强领导，统筹部署，切实做到制度落实、组织落实、任务落实。要将师德建设作为考核教育行政部门和学校工作的一项重要内容。形成主要领导亲自抓、相关部门各负其责、有关方面大力支持的领导体制和统一领导、分工负责、协调一致的工作格局。教育部建立师德建设工作领导小组，协调全国师德建设工作。各地教育行政部门也要建立相应的工作机制，保证师德建设工作落到实处。要充分发挥教育工会等教师行业组织在教师职业道德建设中的积极作用。

15. 各级各类学校要把师德建设摆在教师工作的首位，贯穿于管理工作的全过程。学校主要领导要亲自抓师德建设。高校要切实把师德建设工作摆上重要议事日程，加强领导，统一规划，开展一次以师德建设为主要内容的教师轮训，在此基础上，做到经常化、制度化。学校基层党组织、广大党员教师要充分发挥政治核心和先锋模范作用。学校教代会和群团组织紧密配合，学生、家长和社会积极参与，形成加强和推进师德建设的合力。

教育部关于进一步加强和改进研究生思想政治教育的若干意见

（教思政〔2010〕11号）

各省、自治区、直辖市党委教育工作部门、教育厅（教委），新疆生产建设兵团教育局，有关部门（单位）教育司（局），部属各高等学校：

为深入贯彻落实《中共中央国务院关于进一步加强和改进大学生思想政治教育的意见》（中发〔2004〕16号）和《国家中长期教育改革和发展规划纲要（2010—2020年）》精神，贯彻落实全国教育工作会议及全国加强和改进大学生思想政治教育工作座谈会精神，提高研究生的思想政治素质，促进研究生全面发展，现就进一步加强和改进研究生思想政治教育提出以下意见。

一、充分认识加强和改进研究生思想政治教育的重要性和紧迫性

1. 研究生教育是高等教育人才培养的最高层次，是我国社会主义现代化建设拔尖创新人才培养的重要渠道。研究生思想政治教育是研究生教育的重要组成部分。育人为本、德育为先，立德树人是教育的根本任务。加强和改进研究生思想政治教育，是深入推进素质教育、全面提升研究生培养质量、推动高等教育改革发展的需要，是维护高等学校和社会稳定、建设和谐校

园、构建和谐社会的需要，是深入贯彻落实科学发展观，进一步推动中发〔2004〕16号文件贯彻落实，培养德智体美全面发展的中国特色社会主义事业合格建设者和可靠接班人的需要。

2. 总体上看，广大研究生的思想政治状况是积极、健康、向上的。但是，在一些研究生身上仍不同程度地存在着理想信念模糊、集体观念淡薄、学术道德失范、知行不够统一等问题。特别是研究生面临学业、就业、经济、婚恋等实际困难及压力，在成长发展过程中需要对其进一步加强教育引导。中发〔2004〕16号文件下发以来，各地和高等学校按照文件有关要求，积极采取措施，努力探索加强和改进研究生思想政治教育的有效形式和办法，取得了重要进展。但是，研究生思想政治教育仍是大学生思想政治教育中相对薄弱的环节，部分高等学校重视不够，领导体制和工作体制尚不健全，缺乏相应的专职工作队伍，条件保障还不完全到位。特别是面对研究生规模扩大、培养模式和管理方式发生变化的新情况新要求，还缺乏积极应对的有效办法。加强和改进研究生思想政治教育，是当前全面推进大学生思想政治教育工作中一项十分紧迫的任务。

二、切实健全完善研究生思想政治教育的领导体制与工作机制

3. 建立健全研究生思想政治教育领导体制和工作机制。高等学校要建立和完善党委统一领导、党政齐抓共管、专兼职队伍相结合、全校紧密配合、研究生自我教育的领导体制和工作机制，把研究生思想政治教育纳入学校学生思想政治教育整体规划，统一部署、统一实施、统一检查和评估。学校党委要有一名负责同志统筹负责包括研究生在内的各类学生的思想政治教育工作，要有专门的工作部门负责研究生思想政治教育。学

校负责研究生培养和管理的行政领导和有关部门要高度重视，与党委有关工作部门共同研究抓好研究生思想政治教育，把思想政治教育渗透到研究生培养和管理的各个环节，贯穿到研究生培养和管理的全过程，做到思想政治教育与业务培养紧密结合，努力形成全员育人、全方位育人、全过程育人的格局。

4. 完善研究生思想政治教育工作机构。研究生数量达到一定规模的高等学校，原则上应该设立党委研究生工作部，负责组织实施全校的研究生思想政治教育工作。研究生规模较小的高等学校，可在研究生培养部门或党委学生工作部门设立专门的研究生思想政治教育机构，选派专人负责有关工作。院（系）党政要具体负责本院（系）的研究生思想政治教育，并落实具体责任人。

三、努力拓展新形势下研究生思想政治教育的有效途径

5. 充分发挥课堂教学在研究生思想政治教育中的主导作用。要将社会主义核心价值体系融入教育全过程，坚持不懈用马克思主义中国化最新成果武装学生头脑。要认真落实《中共中央宣传部教育部关于高等学校研究生思想政治理论课课程设置调整的意见》（教社科〔2010〕2号）要求，做好研究生思想政治理论课课程新方案试点和实施工作。要贴近研究生思想和学习实际，以研究型教学为导向，积极探索行之有效的教育方法和教学模式，创新考试考核办法。思想政治理论课教学要与社会实践相结合，积极引导研究生在实践中进一步加深对思想政治理论课教学内容的理解，不断提高运用马克思主义立场观点方法分析和解决问题的能力。要积极发掘各类课程尤其是专业课的思想政治教育资源，将思想政治教育融入到研究生课程学习的各个环节，加强形势与政策教育，加强廉洁教育，引导研究

生树立正确的世界观、人生观、价值观和荣辱观。

6. 加强研究生学术文化建设。要注意在研究生学术活动中融入思想政治教育内容，促进研究生学术科研能力和思想道德素质同步提高，培养研究生不畏艰难的科学作风、严谨求实的优良学风、求新探异的创新意识、艰苦奋斗的创业品格、合作沟通的团队精神。要积极引导研究生将学术研究与经济社会发展需求有机结合起来，鼓励研究生参与国家重大科研课题。要制订研究生学术道德规范，加强对研究生的学术道德教育，并将其纳入学校研究生教育培养体系。

7. 广泛开展社会实践和志愿服务活动。要强化研究生实践教育环节，将社会实践纳入研究生培养方案，作为研究生培养的必要环节，做到有计划、有规范、有考核，形成长效机制。要积极与企事业单位、部队、地方政府等共同建立研究生社会实践基地，建立社会实践保障体系，安排必要的研究生社会实践专项经费。研究生要结合个人专业知识和研究成果，以科研报告、技术开发和推广、挂职锻炼等形式为经济社会发展服务，并在社会实践和志愿服务活动中受教育、长才干、做贡献。

8. 加强研究生心理健康教育和咨询工作。要积极开展研究生心理健康普查、心理健康教育、心理咨询和危机干预等工作。要根据研究生的心理特点，开发有针对性的个体服务和团体辅导项目，帮助他们解决好情绪调节、环境适应、人格发展、人际交往、交友恋爱、择业就业等方面的困惑，增强心理调适能力，提高心理健康水平。

9. 努力解决研究生的实际问题。要建立渠道，加强研究生与学校、导师及同学之间的沟通与交流，及时发现他们的实际问题，并积极创造条件，努力帮助他们解决所面临的实际困难，排忧解难。要建立健全研究生教育收费制度，完善资助政策，设立研究生国家奖学金。要关心研究生学习、科研、生活条件的改善，尽可能为研究生提供校内兼职岗位，承担教学、科研、管理辅助等“三助”（助教、助研、助管）工作。要为研究生提供良好的就业创业服务，帮助他们树立正确的择业观和就业观。鼓励研究生自主创业，引导他们结合国家需要和自身所长，到基层、西部和国家重点行业去建功立业。

四、充分发挥研究生在思想政治教育中的主体作用

10. 大力加强研究生党建工作。研究生党支部是发挥研究生思想政治教育主体作用的重要组织依托。高等学校要加强研究生基层党组织建设，坚持把研究生党支部建在班上。要加强党支部建设的制度化和规范化。要积极探索符合研究生特点的组织生活形式，尝试在学科、实验室、课题组等建立党的组织，使党员教育与研究生的实际需求相结合、与研究生的学术科研相结合、与研究生的成长成才相结合，提升研究生党员教育的有效性，引导研究生党员在创先争优中加强党性锻炼，发挥先锋模范作用。

11. 大力加强研究生团学组织和班级建设。共青团组织、研究生会、研究生社团等团学组织和研究生班级是发挥研究生思想政治教育主体作用的具体组织形式。高等学校要充分发挥研究生团学组织和班级在教育、团结和联系研究生方面的优势，针对研究生特点，开展富于思想性、教育性的各类活动，浓厚学术氛围，丰富校园文化，为广大研究生成长成才服务。要充分发挥网络在研究生思想政治教育中的作用，加快推进“易班”等学生网上互动社区建设。研究生团组织要加强对研究生校园文化活动的指导，并积极为各类研究生群众组织开展活动创造条件，为研究生自我教育、自我管理、自我服务搭建平台。

12. 充分调动和发挥研究生自我教育的积极性、主动性。研究生文化水平高、民主参与意识突出、自我管理能力较强，在思想政治素质的培养和成长成才的过程中，更应体现自身的主动性、自觉性和参与性。要积极为研究生开展自我教育创造条件，指导和帮助他们在完成学业的同时提高自身思想政治素质，增长才干，全面发展。要加强研究生骨干培养，发挥其在研究生思想政治教育中的榜样带动作用。要鼓励优秀研究生担任本科生的兼职辅导员、班主任，发挥他们在本科生思想政治教育中的积极作用，引导他们在参与育人的过程中加强自我教育。要注重表彰和宣传研究生中的先进典型，努力营造研究生自我教育的良好环境和氛围。

五、切实加强研究生思想政治教育工作队伍建设

13. 研究生思想政治教育工作队伍是加强和改进研究生思想政治教育的组织保证。高等学校要根据研究生的特点和教育规律，建立起以研究生导师和辅导员为主体的研究生思想政治教育工作队伍。同时，要明确专门的党政干部和共青团干部负责组织协调研究生思想政治教育工作，充分发挥思想政治理论课和哲学社会科学课教师在研究生思想政治教育中的相应作用。

14. 充分发挥导师在研究生思想政治教育中首要责任人的作用。教书和育人是导师的两大基本职责。导师负有对研究生进行思想政治教育的首要责任。导师要了解掌握研究生的思想状况，全面关心研究生的成长，帮助他们解决学习和生活中遇到的困难和问题；要在教学和科研实践中培养研究生良好的学风，严格要求学生遵守学术道德规范；要对研究生进行就业指导，鼓励他们为社会主义现代化建设做出贡献。高等学校要定期组织导师开展教书育人工作经验交流，定期评选优秀导师，不断

提高导师育人水平。要积极构建研究生导师育人的有效机制，完善相关政策，明确导师的责任与义务，鼓励导师参与到研究生党团和班集体建设及各类活动中，有效调动导师育人的积极性和主动性。要把育人作为遴选研究生导师的必要条件，实施“一票否决”制。要制订导师教书育人工作的考核奖惩办法，定期进行考核检查。

15. 建设一支以专职为骨干、专兼结合的研究生辅导员队伍。高等学校要结合实际工作需要，选聘一定数量的硕士学位以上优秀毕业生专职从事研究生辅导员工作，加强培养培训，使他们成为研究生辅导员的骨干，支持他们把研究生思想政治教育作为专业去建设、作为职业去发展、作为事业去追求，成为专门人才。要充分利用青年教师资源，作为研究生辅导员配备的重要补充。要按照《普通高等学校辅导员队伍建设规定》的要求，制定政策，创造条件，有计划地选拔思想素质高、业务能力强的新上岗专业课年轻教师充实到研究生辅导员队伍中，专职从事一定时间的辅导员工作，并选聘部分优秀教师、博士生兼职从事研究生辅导员工作。

六、为研究生思想政治教育工作持续深入开展提供保障

16. 加强对研究生思想政治教育工作的领导。高等学校党委和行政部门要定期听取关于研究生思想政治教育工作的汇报，及时研究解决研究生思想政治教育工作中的实际问题，使各项工作落到实处。要在大学生思想政治教育年度经费预算中安排研究生思想政治教育经费。要把研究生思想政治教育作为对高等学校办学质量和水平评估的重要指标，列入高等学校党建和研究生教育评估体系，一并检查评估。

17. 努力形成研究生思想政治教育工作的合力。高等学校有

关部门要各司其职、各负其责，切实承担起在研究生思想政治教育中的责任。研究生思想政治教育具体主管部门要加强统筹规划，主动与有关部门沟通信息，调动各方面的育人积极性。研究生教育职能管理部门要注意运用政策法规、资源配置、信息服务和必要的行政手段配合研究生思想政治教育工作，把思想政治教育始终贯穿于研究生培养的全过程，促进专业教育与思想政治教育的协调发展。其他各有关部门要立足实际，积极配合，做好管理育人、服务育人工作。

18. 加强研究生思想政治教育的科学研究。高等学校要认真研究和探索新形势下与研究生培养机制改革相适应的研究生思想政治教育的特点和规律，为加强研究生思想政治教育工作提供理论支持和决策依据。要加强从事研究生思想政治教育的学术研究机构和团体的建设，发挥其在研究生思想政治教育、决策咨询、工作指导等方面的重要作用。

各省（区、市）党委教育工作部门和高等学校党委要根据本意见，结合实际，制订具体实施意见和细则。

中华人民共和国教育部

二〇一〇年十一月十七日

国务院学位委员会关于在学位授予工作中加强学术道德和学术规范建设的意见

（学位〔2010〕9号）

各省、自治区、直辖市学位委员会，新疆生产建设兵团教育局，有关部门（单位）教育（人事）司（局），中国人民解放军学位委员会，中共中央党校学位评定委员会，各学位授予单位：

自1981年我国实施学位制度以来，各学位授予单位按照《中华人民共和国学位条例》及其暂行实施办法的规定，建立健全规章制度，树立良好学习风气，认真做好学位授予工作，保证了我国学位授予的质量，为我国高层次人才培养做出了重要贡献。近年来，在学位授予工作中出现了一些学术不端行为，损害了我国学位形象。为进一步加强学术道德和学术规范建设，特提出如下意见。

一、在学位授予工作中加强学术道德和学术规范建设，对树立良好学风，培养正直诚信、恪守科学道德、献身科学研究的拔尖创新人才具有重要作用，各学位授予单位必须高度重视学位授予工作中的学术道德和学术规范建设，保证学位授予质量，自觉维护我国学位授予的严肃性和权威性。

二、学位授予单位要建立健全学术道德标准和学术规范，通过各种有效途径，对学位申请者和指导教师进行学术道德和诚信教育。在整个培养过程中，都要安排必修环节，对学位申请者进行学术道德教育和学术规范训练，培养学位申请者严谨的治学态度和求实的科学精神。要进一步加强指导教师的师德教育，督促指导教师自觉维护学术尊严和学者声誉，加强学术自律，恪守学术诚信和学术道德。

三、学位授予单位要不断深化学术评价制度改革，改进学术评价方法，完善与学位授予相关的考核评价制度，建立有利于提高学位授予质量的、科学合理的学术评价体系。

四、学位授予单位应依据《中华人民共和国学位条例》及其暂行实施办法的规定，建立和完善对学位授予工作中舞弊作伪行为的惩处机制，制订切实可行的处理办法，惩治舞弊作伪行为，促进学术自律。

五、在学位授予工作中，学位授予单位对以下的舞弊作伪行为，必须严肃处理。

（一）在学位授予工作各环节中，通过不正当手段获取成绩；

（二）在学位论文或在学期间发表学术论文中存在学术不端行为；

（三）购买或由他人代写学位论文；

（四）其他学术舞弊作伪行为。

六、学位评定委员会是各学位授予单位负责处理学位授予工作中舞弊作伪行为的评决机构。学位授予单位在处理舞弊作伪行为时，要遵循客观、公正、合法的原则，根据舞弊作伪行为的性质和情节轻重，依据法律、法规和有关规章制度对相关人员做如下处理。

（一）对于学位申请者或学位获得者，可分别做出暂缓学位授予、不授予学位或撤销学位授予的处理；

（二）对于指导教师，可做出暂停招生、取消导师资格的处理；严重败坏学术道德的，由学位授予单位依据国家有关学术不端行为处理办法进行处理；

（三）对于参与舞弊作伪行为的相关人员，由学位授予单位按照有关规定进行处理。

处理结果应报省级学位委员会（军队系统报军队学位委员会）备案，并在一定范围内公开，接受社会监督。

七、学位授予单位调查和处理舞弊作伪行为，要规范程序，查清事实，掌握证据，正确把握政策界限；要对举报人提供必要的保护；要建立合理规范的复议程序，接受被调查者的复议申请，并在规定时间内做出复议决定；要维护被调查者的人格尊严和正当合法权益；对受到不当指控的单位和个人要及时予以澄清。

八、学位授予单位是国家授权从事学位工作的法人单位，对保证学位授予质量负有直接责任，要认真履行职责，加强领导，依据本《意见》精神，完善相关规章制度，制订实施细则，采取切实有效的措施，在学位授予工作中加强学术道德和学术规范建设，努力营造良好的学术环境。

九、各省级学位委员会和军队学位委员会应对本区域或本系统学位授予单位落实本《意见》情况进行监督，指导、协助学位授予单位在学位授予工作中做好学术道德和学术规范建设。

国务院学位委员会

二〇一〇年二月九日

教育部、中国教科文卫体工会全国委员会关于印发《高等学校教师职业道德规范》的通知

（教人〔2011〕11号）

各省、自治区、直辖市教育厅（教委）、教科文卫体（教育）工会，新疆生产建设兵团教育局、教育工会，有关部门（单位）教育司（局），教育部直属各高等学校：

为贯彻落实党的十七届六中全会精神，全面提高高校师德水平，教育部、中国教科文卫体工会全国委员会研究制定了《高等学校教师职业道德规范》（以下简称《规范》），现印发给你们，请结合实际认真贯彻执行。

教育规划纲要明确提出，要加强教师职业理想和职业道德建设，增强广大教师教书育人的责任感和使命感。制定并实施《规范》，对于加强和改进高校师德建设，引导广大教师自觉践行社会主义核心价值体系，加强自身修养，弘扬高尚师德，提高高等教育质量具有重要现实意义；对于深入开展社会主义荣辱观教育，全面加强学校德育体系建设，提高全民族文明素质也具有广泛的社会意义。

长期以来，广大高校教师自觉贯彻党的教育方针，学为人师、行为世范、默默耕耘、无私奉献，为我国教育事业发展和社会主义现代化建设做出了重要贡献，涌现出一大批优秀教师和先进模范人物，在他们身上集中体现了新时期人民教师的高尚师德，体现了教师职业的崇高和伟大，赢得了全社会广泛赞

誉和普遍尊重。但也应该看到，在市场经济和开放的条件下，高校师德建设还存在一些亟待解决的突出问题。有的教师责任心不强，教书育人意识淡薄，缺乏爱心；有的学风浮躁，治学不够严谨，急功近利；有的要求不严，言行不够规范，不能为人师表；个别教师甚至师德失范、学术不端，严重损害人民教师的职业声誉。这些问题的存在，虽不是主流，但必须高度重视，采取切实措施加以解决。

《规范》是推动高校师德建设的指导性文件。当前和今后一段时期，要把学习贯彻《规范》作为加强高校师德建设的首要任务，与深入贯彻落实胡锦涛总书记在庆祝清华大学建校 100 周年大会上讲话精神结合起来，与深入贯彻落实教育规划纲要、全面提高高等教育质量的实践紧密结合起来，建立健全自律与他律并重的师德建设长效机制，引导广大教师切实肩负起“立德树人、教书育人”的光荣职责。

一要认真抓好《规范》学习宣传。各地各校要组织宣讲会、讨论会、座谈会等形式多样的学习活动，迅速掀起学习宣传、贯彻落实《规范》的热潮。充分利用报刊、电视、网络等各类媒体平台，大力宣传《规范》精神，努力营造重德养德的浓厚氛围。通过学习宣传活动，帮助广大教师全面理解《规范》的基本内容，准确把握《规范》倡导性要求和禁行性规定，使师德规范成为广大教师普遍认同和自觉践行的行为准则。

二要全面落实师德规范要求。各地各校要根据《规范》要求抓紧制订或修订本地本校的师德规范实施细则，进一步完善教育教学规范、学术研究规范、校外兼职兼薪规范等配套政策措施，将师德规范要求落实到教师日常管理之中。要大力营造尊师重教的良好环境，将教师权益保障与责任义务要求相结合，科学引导和规范教师言行。

三要切实加强师德教育。各地各校要将学习师德规范纳入教师培训计划，作为新教师岗前培训和教师在职培训的重要内容。积极探索典型宣传和警示教育相结合的有效形式，全面加强和改进师德教育。通过定期开展评选教书育人楷模和师德标兵等活动，大力宣传和表彰奖励优秀教师，激励广大教师自觉遵守师德规范，树立高校教师良好职业形象。

四要改进和完善师德考核。各地各校要将师德纳入教师考核评价体系，并作为教师绩效评价、聘任（聘用）和评优奖励的首要标准，严格执行“一票否决制”。完善师德考核办法，将《规范》作为师德考核的基本要求，结合教学科研日常管理和教师年度考核、聘期考核全面评价师德表现。建立健全师德考核档案。对师德表现突出的，要予以重点培养、表彰奖励；对师德表现不佳的，要及时劝诫、督促整改；对师德表现失范的，要依法依规严肃处理。

五要加强师德建设的组织领导。各地各校要紧密结合实际，制订本地本校贯彻实施《规范》的工作方案，提出落实的具体措施，精心实施，扎实推进，务求实效。要以实施《规范》为契机，及时总结交流好经验好做法，加快推进师德建设的改革创新。要紧密结合创先争优活动，充分发挥高校基层党组织的政治核心作用和广大党员教师的先锋模范作用，不断把师德建设工作引向深入。各地各高校学习宣传和贯彻落实《规范》情况要及时报送教育部和中国教科文卫体工会。

附件：高等学校教师职业道德规范

中华人民共和国教育部

中国教科文卫体工会全国委员会

二〇一一年十二月二十三日

附件：

高等学校教师职业道德规范

一、爱国守法。热爱祖国，热爱人民，拥护中国共产党领导，拥护中国特色社会主义制度。遵守宪法和法律法规，贯彻党和国家教育方针，依法履行教师职责，维护社会稳定和校园和谐。不得有损害国家利益和不利于学生健康成长的言行。

二、敬业爱生。忠诚人民教育事业，树立崇高职业理想，以人才培养、科学研究、社会服务和文化传承创新为己任。恪尽职守，甘于奉献。终身学习，刻苦钻研。真心关爱学生，严格要求学生，公正对待学生，做学生良师益友。不得损害学生和学校的合法权益。

三、教书育人。坚持育人为本，立德树人。遵循教育规律，实施素质教育。注重学思结合，知行合一，因材施教，不断提高教育质量。严慈相济，教学相长，诲人不倦。尊重学生个性，促进学生全面发展。不拒绝学生的合理要求。不得从事影响教育教学工作的兼职。

四、严谨治学。弘扬科学精神，勇于探索，追求真理，修正错误，精益求精。实事求是，发扬民主，团结合作，协同创新。秉持学术良知，恪守学术规范。尊重他人劳动和学术成果，维护学术自由和学术尊严。诚实守信，力戒浮躁。坚决抵制学术失范和学术不端行为。

五、服务社会。勇担社会责任，为国家富强、民族振兴和人类进步服务。传播优秀文化，普及科学知识。热心公益，服务大众。主动参与社会实践，自觉承担社会义务，积极提供专业服务。坚决反对滥用学术资源和学术影响。

六、为人师表。学为人师，行为世范。淡泊名利，志存高远。树立优良学风教风，以高尚师德、人格魅力和学识风范教育感染学生。模范遵守社会公德，维护社会正义，引领社会风尚。言行雅正，举止文明。自尊自律，清廉从教，以身作则。自觉抵制有损教师职业声誉的行为。

教育部、国家发展改革委、财政部关于深化研究生教育改革的意见

（教研〔2013〕1号）

各省、自治区、直辖市教育厅（教委）、发展改革委、财政厅（局），新疆生产建设兵团教育局、发展改革委、财务局，有关部门（单位）教育司（局），中国社会科学院研究生院，中共中央党校学位评定委员会，中国人民解放军学位委员会，教育部直属各高等学校：

研究生教育是培养高层次人才的主要途径，是国家创新体系的重要组成部分。改革开放以来，我国研究生教育取得了重大成就，基本实现了立足国内培养高层次人才的战略目标。但总体上看，研究生教育还不能完全适应经济社会发展的多样化需求，培养质量与国际先进水平相比还有较大差距。为全面贯彻落实党的十八大精神和《国家中长期教育改革和发展规划纲要（2010—2020年）》，进一步提高研究生教育质量，现就深化研究生教育改革提出以下意见：

一、指导思想和总体要求

1. 指导思想：高举中国特色社会主义伟大旗帜，以邓小平理论、“三个代表”重要思想、科学发展观为指导，全面贯彻党的教育方针，把立德树人作为研究生教育的根本任务。深入实施教育、科技和人才规划纲要，坚持走内涵式发展道路，以服

务需求、提高质量为主线，以分类推进培养模式改革、统筹构建质量保障体系为着力点，更加突出服务经济社会发展，更加突出创新精神和实践能力培养，更加突出科教结合和产学结合，更加突出对外开放，为提高国家创新力和国际竞争力提供有力支撑，为建设人才强国和人力资源强国提供坚强保证。

2. 总体要求：优化类型结构，建立与培养目标相适应的招生选拔制度；鼓励特色发展，构建以研究生成长成才为中心的培养机制；提升指导能力，健全以导师为第一责任人的责权机制；改革评价机制，建立以培养单位为主体的质量保证体系；扩大对外开放，实施合作共赢的发展战略；加大支持力度，健全以政府投入为主的多渠道投入机制。通过改革，实现发展方式、类型结构、培养模式和评价机制的根本转变。到 2020 年，基本建成规模结构适应需要、培养模式各具特色、整体质量不断提升、拔尖创新人才不断涌现的研究生教育体系。

二、改革招生选拔制度

3. 优化人才培养类型结构。基本稳定学术学位授予单位和学位授权学科总体规模，建立学科动态调整机制，鼓励学科交叉与融合，进一步突出学科特色和优势。积极发展硕士专业学位研究生教育，稳步发展博士专业学位研究生教育，重视发展非全日制研究生教育。

4. 深化招生计划管理改革。根据国家发展需要和高层次人才培养规律，合理确定研究生招生规模。加强和改进招生计划管理，对全日制和非全日制研究生招生计划实行统一管理，改革全日制研究生招生计划形式，取消国家计划和自筹经费“双轨制”。加强宏观管理，逐步建立研究生教育规模、结构、布局与经济社会发展相适应的动态调整机制。进一步完善计划分配办法，通过增量安排和存量调控，积极支持优势学科、基础学科、科技前沿学科和服务国家重大需求的学科发展。

5. 建立健全科学公正的招生选拔机制。以提高研究生招生选拔质量为核心，积极推进考试招生改革，建立与培养目标相适应、有利于拔尖创新人才和高层次应用型人才脱颖而出的研究生考试招生制度。优化初试，强化复试，发挥和规范导师作用，注重对考生专业基础、综合素质和创新能力的考察。

6. 完善招生选拔办法。推进学术学位与专业学位硕士研究生分类考试。完善专业学位研究生考试办法，注重选拔具有一定实践经验的优秀在职人员。建立博士研究生选拔“申请—审核”机制，发挥专家组审核作用，强化对科研创新能力和专业学术潜质的考察。建立博士研究生中期分流名额补充机制。对具有特殊才能的人才建立专门的选拔程序。加强对考试招生工作的管理和监督。强化考试安全工作。

三、创新人才培养模式

7. 拓展思想政治教育的有效途径。加强中国特色社会主义理论体系教育，把社会主义核心价值体系融入研究生教育全过程，把科学道德和学风教育纳入研究生培养各环节。广泛开展社会实践和志愿服务活动，着力增强研究生服务国家、服务人民的社会责任感。加强人文素养和科学精神培养，培育研究生正直诚信、追求真理、勇于探索、团结合作的品质。认真组织实施研究生思想政治理论课课程新方案。加强研究生党建工作。加强研究生心理健康教育和咨询工作。

8. 完善以提高创新能力为目标的学术学位研究生培养模式。统筹安排硕士和博士培养阶段，促进课程学习和科学研究的有机结合，强化创新能力培养，探索形成各具特色的培养模式。

重视对研究生进行系统科研训练，要求并支持研究生更多参与前沿性、高水平的科研工作，以高水平科学研究支撑高水平研究生培养。鼓励多学科交叉培养，支持研究生更多参与学术交流和国际合作，拓宽学术视野，激发创新思维。

9. 建立以提升职业能力为导向的专业学位研究生培养模式。面向特定职业领域，培养适应专业岗位的综合素质，形成产学结合的培养模式。引导和鼓励行业企业全方位参与人才培养，充分发挥行业和专业组织在培养标准制定、教学改革等方面的指导作用，建立培养单位与行业企业相结合的专业化教师团队和联合培养基地。加强实践基地建设，强化专业学位研究生的实践能力和创业能力培养。大力推动专业学位与职业资格的有机衔接。

10. 加强课程建设。重视发挥课程教学在研究生培养中的作用。建立完善培养单位课程体系改进、优化机制，规范课程设置审查，加强教学质量评价。增强学术学位研究生课程内容前沿性，通过高质量课程学习强化研究生的科学方法训练和学术素养培养。构建符合专业学位特点的课程体系，改革教学内容和方式，加强案例教学，探索不同形式的实践教学。

11. 建立创新激励机制。根据研究生的学术兴趣、知识结构、能力水平，制定个性化的培养计划。发掘研究生创新潜能，鼓励研究生自主提出具有创新价值的研究课题，在导师和团队指导下开展研究，由培养单位提供必要的条件支持。制定配套政策，支持研究生为完成高水平研究适当延长学习时间。加强研究生职业发展教育和就业指导，提高研究生就业创业能力。

12. 加大考核与淘汰力度。加强培养过程管理和学业考核，实行严格的中期考核和论文审核制度，畅通分流渠道，加大淘汰力度。建立学风监管与惩戒机制，严惩学术不端行为，对学位论文作假者取消学位申请资格或撤销学位。完善研究生利益诉求表达机制，加强研究生权益保护。

四、健全导师责权机制

13. 改革评定制度。改变单独评定研究生导师资格的做法，强化与招生培养紧密衔接的岗位意识，防止形成导师终身制。根据年度招生需要，综合考虑学科特点、师德表现、学术水平、科研任务和培养质量，确定招生导师及其指导研究生的限额。完善研究生与导师互选机制，尊重导师和学生选择权。

14. 强化导师责任。导师是研究生培养的第一责任人，负有对研究生进行学科前沿引导、科研方法指导和学术规范教导的责任。完善导师管理评价机制。全面落实教师职业道德规范，提高师德水平，加强师风建设，发挥导师对研究生思想品德、科学伦理的示范和教育作用。研究生发生学术不端行为的，导师应承担相应责任。

15. 提升指导能力。加强导师培训，支持导师学术交流、访学和参与行业企业实践，逐步实行学术休假制度。加强高校、科研院所和企业之间人才交流与共享，建设专兼结合的导师队伍，完善校所、校企双导师制度。重视发挥导师团队作用。

五、改革评价监督机制

16. 改革质量评价机制。发布培养单位质量保证体系建设规范。按照一级学科和专业学位类别分别制定博士、硕士学位基本要求。学术学位注重学术创新能力评价，专业学位注重职业胜任能力评价。研究生教育质量评价要更加突出人才培养质量，人才培养质量评价要坚持在学培养质量与职业发展质量并重。强化质量在资源配置中的导向作用。

17. 强化培养单位质量保证的主体作用。培养单位要加强培养过程的质量管理。按照一级学科和专业学位类别，分别设立研究生培养指导委员会，负责制订培养标准和方案、建设课程体系、开展质量评价等。专业学位研究生培养指导委员会应有一定比例的行业和企业专家参加。定期开展自我评估，加强国际评估。建立毕业生跟踪调查与用人单位评价的反馈机制，主动公开质量信息。

18. 完善外部质量监督体系。加快建设以教育行政部门监管为主导，行业部门、学术组织和社会机构共同参与的质量监督体系。加强研究生教育质量评估，加大学位论文抽检力度，改进优秀博士学位论文评选办法，统筹学科评估。对评估中存在问题的单位，视情做出质量约谈、减少招生计划、停止招生直至撤销学位授权的处理。建立专业学位教育质量认证体系，鼓励培养单位参与国际教育质量认证。

19. 建立质量信息平台。建设在学研究生学业信息管理系统，建立研究生教育质量信息分析和预警机制。加大信息公开力度，公布质量标准，发布质量报告和评估结果，接受社会监督。

20. 规范在职人员攻读硕士专业学位和授予同等学力人员硕士、博士学位工作的管理。进一步强化培养单位办学责任，加强统一管理，建立定期检查机制。将在职人员攻读硕士专业学位纳入研究生学业信息管理系统。同等学力人员申请学位，须将学位论文在研究生教育质量信息平台上公示。研究生培养单位不得以“研究生”和“硕士、博士学位”等名义举办课程进修班。

六、深化开放合作

21. 推进校所、校企合作。进一步加强高等学校与科研院所和行业企业的战略合作，支持校所、校企联合建设拔尖创新人才培养平台，完善校所、校企协同创新和联合培养机制。紧密结合国家重大科研任务，通过跨学科、跨院校、产学研联合培养等多种途径，培养和造就科技创新和工程技术领域领军人才。

22. 增强对外开放的主动性。服务国家对外开放战略，加快建设有利于国际互认的学位资历框架体系，继续推动双边和多边学位互认工作，加强与周边国家、区域的研究生教育合作。完善来华留学研究生政策，适时提高奖学金标准，扩大招生规模，提高生源质量，创新培养方式。扩大联合培养博士生出国留学规模，继续实施“国家建设高水平大学公派研究生”项目。支持有条件的学校建设海外教学实践基地。

23. 营造国际化培养环境。加强国际化师资队伍建设，吸引国外优秀人才来华指导研究生。推动中外合作办学，支持与境外高水平大学合作开展“双学位”、“联合学位”项目，合作开发研究生课程。加大对研究生访学研究、短期交流、参加国际学术会议的资助力度，提高具有国际学术交流经历的研究生比例。提高管理与服务的国际化水平，形成中外研究生共学互融、跨文化交流的校园环境。

七、强化政策和条件保障

24. 完善投入机制。健全以政府投入为主、受教育者合理分担培养成本、培养单位多渠道筹集经费的研究生教育投入机制。培养单位要按国家有关规定加大纵向科研经费和基本科研业务费支持研究生培养的力度，统筹财政投入、科研经费、学费收入、社会捐助等各种资源，确保对研究生教学、科研和资助的投入。

25. 完善奖助政策体系。建立长效、多元的研究生奖助政策体系。强化国家奖学金、学业奖学金和国家助学金等对研究生的激励作用。健全研究生助教、助研和助管制度。提高研究生国家助学贷款年度最高限额，确保符合条件的研究生应贷尽贷。加大对基础学科、国家急需学科研究生的奖励和资助力度。奖助政策应在培养单位的招生简章中予以公开。

26. 加强培养条件和能力建设。在国家高等教育重点建设项目中，突出对研究生教育改革和发展的支持。建立优质资源共享机制，国家各类重大项目投资的仪器设备与平台，应向研究生开放。培养单位要改善培养条件，支持研究生教育教学改革。对生均资源过低的培养单位，减少其招生规模。对参与研究生培养和建设实践基地的企业，按规定落实税收优惠等政策。

27. 鼓励改革试点。着力破除制约研究生教育质量提高的体制机制障碍和政策瓶颈，营造良好的政策环境。鼓励有条件的地区和培养单位开展研究生教育综合改革试点，建设拔尖创新人才和高层次应用型人才培养示范平台，积极探索提高质量的新机制。

八、加强组织领导

28. 深化改革、提高研究生教育质量是贯彻落实党的十八大精神和教育规划纲要的一项重要任务。各级教育部门要转变职能，加强宏观指导和监督，加大地方统筹力度，扩大培养单位的自主权。研究生培养单位要高度重视研究生教育工作，认真制定本单位改革方案，强化改革的主体和责任意识，重视发挥基层学术组织在学科建设、研究生培养和质量评价中的作用。各地区和培养单位要重视宣传引导，加强风险评估，处理好推进改革与维护稳定的关系，保证改革顺利进行。

教育部　国家发展改革委　财政部

2013 年 3 月 29 日

教育部关于建立健全高校师德建设长效机制的意见

（教师〔2014〕10号）

各省、自治区、直辖市教育厅（教委），有关部门（单位）教育司（局），新疆生产建设兵团教育局，部属各高等学校：

为深入贯彻习近平总书记9月9日在北京师范大学师生代表座谈会上的重要讲话精神，积极引导广大高校教师做有理想信念、有道德情操、有扎实学识、有仁爱之心的党和人民满意的好老师，大力加强和改进师德建设，努力培养造就一支师德高尚、业务精湛、结构合理、充满活力的高素质专业化高校教师队伍，现就建立健全高校师德建设长效机制提出如下意见：

一、深刻认识新时期建立健全高校师德建设长效机制的重要性和紧迫性

高校教师的思想政治素质和道德情操直接影响着青年学生世界观、人生观、价值观的养成，决定着人才培养的质量，关系着国家和民族的未来。加强和改进高校师德建设工作，对于全面提高高等教育质量、推进高等教育事业科学发展，培养中国特色社会主义事业的建设者和接班人、实现中华民族伟大复兴的中国梦，具有重大而深远的意义。

长期以来，广大高校教师忠诚党的教育事业，呕心沥血、默默奉献，潜心治学、教书育人，敢于担当、锐意创新，为高

等教育改革发展做出了巨大贡献，赢得了全社会广泛赞誉和普遍尊重。但是，当前社会变革转型时期所带来的负面现象也对教师产生影响。少数高校教师理想信念模糊，育人意识淡薄，教学敷衍，学风浮躁，甚至学术不端，言行失范、道德败坏等，严重损害了高校教师的社会形象和职业声誉。一些地方和高校对新时期师德建设重视不够，工作方法陈旧、实效性不强。各地各高校要充分认识新时期加强和改进高校师德建设工作的重要性和紧迫性，建立健全高校师德建设长效机制，从根本上遏制和杜绝高校师德失范现象的发生，切实提高高校师德建设水平，全面提升高校教师师德素养。

二、建立健全高校师德建设长效机制的原则和要求

建立健全高校师德建设长效机制的基本原则：坚持价值引领，以社会主义核心价值观为高校教师崇德修身的基本遵循，促进高校教师带头培育和践行社会主义核心价值观。坚持师德为上，以立德树人为出发点和立足点，找准与高校教师思想的共鸣点，增强高校师德建设的针对性和贴近性，培育高校教师高尚道德情操。坚持以人为本，关注高校教师发展诉求和价值愿望，落实高校教师主体地位，激发高校教师的责任感使命感。坚持改进创新，不断探索新时期高校师德建设的规律特点，善于运用高校教师喜闻乐见的方式方法，增强高校师德建设的实际效果。

建立健全高校师德建设长效机制的工作要求：充分尊重高校教师主体地位，注重宣传教育、示范引领、实践养成相统一，政策保障、制度规范、法律约束相衔接，建立教育、宣传、考核、监督与奖惩相结合的高校师德建设工作机制，引导广大高校教师自尊自律自强，做学生敬仰爱戴的品行之师、学问之师，

做社会主义道德的示范者、诚信风尚的引领者、公平正义的维护者。

三、建立健全高校师德建设长效机制的主要举措

创新师德教育，引导教师树立崇高理想。将师德教育摆在高校教师培养首位，贯穿高校教师职业生涯全过程。青年教师入职培训必须开设师德教育专题。要将师德教育作为优秀教师团队培养，骨干教师、学科带头人和学科领军人物培育的重要内容。重点加强社会主义核心价值观教育，重视理想信念教育、法制教育和心理健康教育。创新教育理念、模式和手段。建立师德建设专家库，把高校师德重大典型、全国教书育人楷模、一线优秀教师等请进课堂，用他们的感人事迹诠释师德内涵。举行新教师入职宣誓仪式和老教师荣休仪式。结合教学科研、社会服务活动开展师德教育，鼓励广大高校教师参与调查研究、学习考察、挂职锻炼、志愿服务等实践活动，切实增强师德教育效果。

加强师德宣传，培育重德养德良好风尚。把握正确舆论导向，坚持师德宣传制度化、常态化，将师德宣传作为高校宣传思想工作的重要组成部分。系统宣讲《教育法》《高等教育法》《教师法》和教育规划纲要等法规文件中有关师德的要求，宣传普及《高校教师职业道德规范》。把培育良好师德师风作为大学校园文化建设的核心内容，挖掘和提炼名家名师为人为学为师的大爱师魂，生动展现当代高校教师的精神风貌。充分利用教师节等重大节庆日、纪念日契机，通过电视、广播、报纸、网站及微博、微信、微电影等新媒体形式，集中宣传高校优秀教师的典型事迹，努力营造崇尚师德、争创师德典型的良好舆论环境和社会氛围。对于高校师德建设中出现的热点难点问题，

要及时应对并有效引导。

健全师德考核，促进教师提高自身修养。将师德考核作为高校教师考核的重要内容。师德考核要充分尊重教师主体地位，坚持客观公正、公平公开原则，采取个人自评、学生测评、同事互评、单位考评等多种形式进行。考核结果应通知教师本人，考核优秀的应当予以公示表彰，确定考核不合格者应当向教师说明理由，听取教师本人意见。考核结果存入教师档案。师德考核不合格者年度考核应评定为不合格，并在教师职务（职称）评审、岗位聘用、评优奖励等环节实行一票否决。高校结合实际制定师德考核的具体实施办法。

强化师德监督，有效防止师德失范行为。将师德建设作为高校教育质量督导评估重要内容。高校要建立健全师德建设年度评议、师德状况调研、师德重大问题报告和师德舆情快速反应制度，及时研究加强和改进师德建设的政策措施。构建高校、教师、学生、家长和社会多方参与的师德监督体系。健全完善学生评教机制。充分发挥教职工代表大会、工会、学术委员会、教授委员会等在师德建设中的作用。高校及主管部门建立师德投诉举报平台，及时掌握师德信息动态，及时纠正不良倾向和问题。对师德问题做到有诉必查，有查必果，有果必复。

注重师德激励，引导教师提升精神境界。完善师德表彰奖励制度，将师德表现作为评奖评优的首要条件。在同等条件下，师德表现突出的，在教师职务（职称）晋升和岗位聘用，研究生导师遴选，骨干教师、学科带头人和学科领军人物选培，各类高层次人才及资深教授、荣誉教授等评选中优先考虑。

严格师德惩处，发挥制度规范约束作用。建立健全高校教师违反师德行为的惩处机制。高校教师不得有下列情形：损害国家利益，损害学生和学校合法权益的行为；在教育教学活动中有违背党的路线方针政策的言行；在科研工作中弄虚作假、抄袭剽窃、篡改侵吞他人学术成果、违规使用科研经费以及滥用学术资源和学术影响；影响正常教育教学工作的兼职兼薪行为；在招生、考试、学生推优、保研等工作中徇私舞弊；索要或收受学生及家长的礼品、礼金、有价证券、支付凭证等财物；对学生实施性骚扰或与学生发生不正当关系；其他违反高校教师职业道德的行为。有上述情形的，依法依规分别给予警告、记过、降低专业技术职务等级、撤销专业技术职务或者行政职务、解除聘用合同或者开除。对严重违法违纪的要及时移交相关部门。建立问责机制，对教师严重违反师德行为监管不力、拒不处分、拖延处分或推诿隐瞒，造成不良影响或严重后果的，要追究高校主要负责人的责任。

四、充分激发高校教师加强师德建设的自觉性

广大高校教师要充分认识自己所承担的庄严而神圣的使命，发扬主人翁精神，自觉捍卫职业尊严，珍惜教师声誉，提升师德境界。要将师德修养自觉纳入职业生涯规划，明确师德发展目标。要通过自主学习，自我改进，将师德规范转化为稳定的内在信念和行为品质。要将师德规范积极主动融入教育教学、科学研究和服务社会的实践中，提高师德践行能力。要弘扬重内省、重慎独的优良传统，在细微处见师德，在日常中守师德，养成师德自律习惯。

高校要健全教师主体权益保障机制，根据《教育法》《高等教育法》《教师法》等法律法规和高等学校章程，明确并落实教师在高校办学中的主体地位。完善教师参与治校治学机制，在干部选拔任用、专业技术职务评聘、学术评价和各种评优选拔活动中，充分保障教师的知情权、参与权、表达权和监督权。

创设公平正义、风清气正的环境条件。充分尊重教师的专业自主权，保障教师依法行使学术权利和学业评定权利。保护教师正当的申辩、申诉权利，依法建立教师权益保护机制，维护教师合法权益。健全教师发展制度，构建完整的职业发展体系，鼓励支持教师参加培训、开展学术交流合作。

五、切实明确高校师德建设工作的责任主体

高校是师德建设的责任主体，主要负责人是师德建设的第一责任人。高校要明确师德建设的牵头部门，成立组织、宣传、纪检监察、人事、教务、科研、工会、学术委员会等相关责任部门和组织协同配合的师德建设委员会；建立和完善党委统一领导、党政齐抓共管、院系具体落实、教师自我约束的领导体制和工作机制，形成师德建设合力。要建立一岗双责的责任追究机制。要加大师德建设经费投入力度，为师德建设提供坚实保障。

高校主管部门要把师德建设摆在教师队伍建设的首位，主要领导亲自负责，并落实具体职能机构和人员。建立和完善师德建设督导评估制度，不断加大督导检查力度。支持高校设立师德建设研修基地，搭建教育交流平台，积极探索师德建设的特点和规律，不断提升师德建设科学化水平。

各地各校要根据实际制订具体的实施办法。

教育部

2014 年 9 月 29 日

国务院学位委员会、教育部关于加强学位与研究生教育质量保证和监督体系建设的意见

（学位〔2014〕3号）

各省、自治区、直辖市学位委员会、教育厅（教委），新疆生产建设兵团教育局，中国科学院大学，中国社会科学院研究生院，中共中央党校学位评定委员会，中国人民解放军学位委员会，各学位授予单位：

为贯彻落实党的十八大和十八届三中全会精神以及《国家中长期教育改革和发展规划纲要（2010—2020年）》，实施《教育部、国家发展改革委、财政部关于深化研究生教育改革的意见》（教研〔2013〕1号），走内涵式发展道路，提高研究生教育质量，现就加强学位与研究生教育质量保证和监督体系建设提出如下意见。

一、加强质量保证和监督体系建设的意义

加强质量保证和监督体系建设，在学位与研究生教育事业发展中具有重要作用。面对高层次人才培养的新形势，提高质量是研究生教育改革和发展最核心最紧迫的任务，亟需进一步完善与研究生教育强国建设相适应、符合国情和遵循研究生教育规律的质量保证和监督体系。

二、总体思路

1. 指导思想。全面贯彻落实研究生教育改革精神，转变政

府职能，推进管办评分离，树立科学的质量观，以研究生和导师为核心，以学位授予单位为重心，从研究生教育基本活动入手，明确各质量主体职责，保证研究生教育基本质量，创新机制，激发学位授予单位追求卓越的积极性和创造性，不断提高人才培养水平。

2. 建设目标。构建以学位授予单位质量保证为基础，教育行政部门监管为引导，学术组织、行业部门和社会机构积极参与的内部质量保证和外部质量监督体系。内部质量保证体系要明确学位授予单位第一主体的职责，增强质量自律，培育质量文化。外部质量监督体系要加强教育行政部门的政策支撑与宏观监管，以质量为主导统筹资源配置，发挥学术组织、行业部门和社会机构的质量监督作用。

3. 基本原则。①标准先行。根据经济社会发展多样化需求，制订不同类型、层次和学科类别研究生培养和学位授予标准。②分类监管。根据不同主体和对象，采取相应的质量监管方式，加强分类指导和管理。③统筹协调。充分调动各主体的创造性，形成上下配合、内外协调、积极有效的质量保证和监督机制。④支撑发展。质量保证和监督体系建设要有利于促进学位与研究生教育事业科学发展，有利于全面提升研究生教育质量。

三、强化学位授予单位的质量保证

1. 学位授予单位是研究生教育质量保证的主体，要按照《学位授予单位研究生教育质量保证体系建设基本规范》（见附件），健全内部质量保证体系，确立与本单位办学定位相一致的人才培养和学位授予质量标准，建立以培养质量为主导的研究生教育资源配置机制。

2. 学位授予单位要充分发挥学位评定委员会、学术委员会等学术组织在质量保证方面的作用，审定研究生培养方案和学位授予标准，指导课程体系建设，开展质量评价等工作。不断完善导师管理评价机制，把师德师风和研究生培养质量作为导师评价的重点，加强导师对研究生思想、学习和科研实践的教育与指导。

3. 学位授予单位要统筹各类研究生教育经费，建立健全研究生奖助体系，激励优秀人才脱颖而出。加强研究生培养过程管理，畅通分流渠道，加大对不合格学生的淘汰力度，激发研究生学习的积极性和主动性。把学术道德教育和学术规范训练贯穿到研究生培养全过程，建立学风监管与惩戒机制，严惩学术不端行为。

4. 学位授予单位要建立研究生教育质量自我评估制度，组织专家定期对本单位学位授权点和研究生培养质量进行诊断式评估，发现问题，改进学科建设和人才培养工作，不断提高研究生教育质量。鼓励有条件的单位积极开展国际评估。

四、加强教育行政部门的质量监管

1. 委托国务院学位委员会学科评议组和全国专业学位研究生教育指导委员会，按一级学科和专业学位类别分别制订《博士硕士学位基本要求》，为学位授予单位实施研究生培养、各级教育行政部门开展质量监管提供基本依据。

2. 建立学位授权点合格评估制度，以人才培养为核心，制订科学的评估标准，开展研究生教育质量评估工作。按类型、分层次组织实施评估工作，提高评估实效。对存在质量问题的学位授予单位，采取约谈、通报、限期整改直至撤销学位授权等处理办法。不断改进学科评估工作。

3. 开展博士、硕士学位论文抽检工作，强化学位授予单位、导师和研究生的质量意识，加强学位授予管理，保证学位授予质量。建立研究生教育绩效拨款制度，推动人才培养的改革与创新，促进研究生教育质量不断提升。

4. 建立全国研究生教育质量信息平台，及时公开学位与研究生教育相关信息，开展质量调查，定期发布教育行政部门、学位授予单位和相关学术组织的研究生教育质量报告，促进学位授予单位质量自律，加强质量预警，营造良好的质量环境。

5. 省级教育行政部门要加大对本地区学位与研究生教育质量的监管力度，做好硕士学位授权点合格评估、省级重点学科评选、硕士学位论文抽检、优秀学位论文评选等工作。积极推动研究生教育质量监督区域协作机制建设。

五、充分发挥学术组织、行业部门和社会机构的监督作用

1. 充分发挥国务院学位委员会学科评议组、全国专业学位研究生教育指导委员会、中国学位与研究生教育学会等学术组织在研究生教育质量调查研究、标准制订、评估论证及学风建设等方面的重要作用。

2. 充分发挥行业部门在人才培养、需求分析、标准制订、实践训练和专业学位质量认证等方面的积极作用。鼓励社会机构积极参与研究生教育质量监督，逐步建立独立、科学、公正，且具有良好声誉的研究生教育质量社会评价机制。

各省级教育行政部门和学位授予单位要加强领导，把学位与研究生教育质量保证和监督体系建设作为推进研究生教育改革与发展的重要内容，认真做好组织实施工作。省级教育行政部门要根据本地区实际，制订相关措施，统筹本地区研究生教育质量保证和监督工作。学位授予单位要在全面总结已有经验的基础上，健全质量保证体系，不断提高研究生教育质量。

附件：学位授予单位研究生教育质量保证体系建设基本规范

国务院学位委员会　教育部

2014 年 1 月 29 日

附件：

学位授予单位研究生教育质量保证体系建设基本规范

为指导学位授予单位建设内部质量保证体系，制定本规范。

一、目标与标准

确立研究生教育发展目标。根据国家和区域经济社会发展的需求，结合本单位研究生教育实际，确定研究生教育层次、类型、规模和结构等方面的发展目标，并定期调整。

制订学位授予标准。在国家制定的《博士硕士学位基本要求》基础上，按学科或专业学位类别制订与本单位办学定位相一致的博士、硕士学位授予标准。

制订学科专业设置与调整办法。制订本单位一级学科授权点和专业学位授权点增列与撤销办法，二级学科自主设置与调整的办法，明确标准，规范程序，形成学位授权点动态调整机制，优化结构，发展特色。

二、招生管理

制订研究生招生指标配置办法。综合考虑经济社会发展需求，研究生生源质量、培养质量、就业状况，以及培养经费、科研任务、导师队伍、实践基地等研究生培养条件方面的因素，制订以质量为导向的研究生招生指标配置办法。

制订研究生招生选拔规定。建立有效的招生自我约束机制，规范招生选拔，充分明确导师在研究生招生选拔中的职责和权力，加强对考生综合素质和发展潜力的考察，保证招生质量。

三、培养过程与学位授予管理

制订培养方案。培养方案应明确培养目标、课程体系、培养环节，要遵循研究生教育规律，创新培养模式，体现学科特色和学术前沿，突出个性化培养。专业学位研究生培养方案的制订要吸收行业部门参与，注重实践和创新能力培养。

制订研究生课程体系建设办法。根据经济社会发展需求、学科发展前沿和研究生个人发展需要，建构科学合理的课程体系，及时更新课程内容，丰富课程类型。

制订课程教学质量监控办法。明确授课教师资质，规范课程教学，建立科学的教学督导和评价制度，加强对授课质量的监测和评估，提高课程教学质量。制订专业学位研究生实践教学质量的监督与评价办法，保证实践教学质量。

建立健全中期考核制度。不断提高研究生中期考核或博士生资格考试的科学性和有效性，切实发挥其在研究生培养过程中的筛选作用。

健全学位论文开题及评阅制度。论文开题要有规范的程序，论文评阅要保证有一定数量的外单位同行专家参与，加强匿名评阅等适合本单位实际的论文评阅制度建设，有条件的单位应探索国际同行评阅。

健全论文答辩和学位授予制度。完善学位论文预答辩、答辩和答辩后修改等制度。答辩委员会和各级学位评定委员会要严格履行职责，保证学位授予质量。

建立科学道德与学术规范教育制度。在研究生培养过程中安排必修环节，对研究生进行科学精神、科学道德、学术规范、学术伦理和职业道德教育。明确学术不端行为处罚办法。

制订研究生分流与淘汰办法。制订研究生课程学习、中期考核、资格考试和学位论文开题等各阶段的分流与淘汰办法。

四、导师岗位管理

制订导师考核评价办法。规范导师岗位管理，实施导师招生资格审查，建立学术学位和专业学位研究生导师分类考核评价制度。

制订导师交流与培训办法。建立和完善导师国内外学术交流与合作制度，为导师提高学术和实践能力提供平台。加强导师培训，不断提高导师指导能力。

建立导师激励与问责制。完善导师激励制度，明确和保障导师在研究生培养中的责任与权力，调动导师育人积极性，发挥导师科学道德和学术规范的示范作用。完善导师问责制，对培养质量出现问题的导师，视情况分别采取质量约谈、限招、停招等处理。

五、研究生管理与服务

建立健全研究生奖助制度。以鼓励创新为导向，完善机制，充分发挥奖助学金的激励作用。统筹制订各类奖助学金评选办法，保证评选过程公平、公正、公开，奖助学金的评选要有一定比例的导师和研究生参加。

建立研究生权益保护机制。完善研究生培养过程中的正当利益诉求和权利救济机制，加强对研究生的权益保护。

建立研究生就业指导与服务制度。健全研究生就业市场和信息服务体系，加强研究生创业教育，鼓励研究生创业和面向基层就业。

六、条件保障与质量监督

制订研究生教育资源配置办法。按学科或专业学位类别制订研究生教育资源配置办法，保障各类研究生学习、科研、实践和生活等基本条件。

建立自我评估制度。以提高质量为导向，定期开展学位授权点和研究生培养质量自我评估，发现问题，提出改进措施。鼓励有条件的学科或专业学位类别参加国际评估或专业资格认证。

建立质量跟踪和反馈制度。建立毕业生发展质量跟踪调查和反馈制度，定期听取用人单位意见，开展人才培养质量和发展质量分析，及时调整人才培养结构。

建立质量信息公开制度。建立研究生教育质量信息公开制度，主动公开研究生培养质量和发展质量信息，定期发布本单位研究生教育发展质量报告。

七、质量管理与质量文化

健全质量管理组织机构。学位授予单位要明确研究生教育质量管理组织机构，以及学位评定委员会等组织的管理职责，规范研究生培养过程信息与档案管理。

营造质量文化。通过质量制度建设、规范研究生教育过程管理，加强导师、研究生和管理人员的质量意识，形成体现自身发展定位、学术传统与特色的质量文化。

教育部关于印发《新时代高校教师职业行为十项准则》《新时代中小学教师职业行为十项准则》《新时代幼儿园教师职业行为十项准则》的通知

（教师〔2018〕16号）

各省、自治区、直辖市教育厅（教委），新疆生产建设兵团教育局，有关部门（单位）教育司（局），部属各高等学校、部省合建各高等学校：

为深入贯彻习近平新时代中国特色社会主义思想和党的十九大精神，深入贯彻落实全国教育大会精神，扎实推进《中共中央 国务院关于全面深化新时代教师队伍建设改革的意见》的实施，进一步加强师德师风建设，我部研究制定了《新时代高校教师职业行为十项准则》《新时代中小学教师职业行为十项准则》《新时代幼儿园教师职业行为十项准则》（以下统称准则）。现印发给你们，请结合实际，认真贯彻执行。

一、准则是教师职业行为的基本规范。师德师风是评价教师队伍素质的第一标准。长期以来，广大教师牢记使命、不忘初心，爱岗敬业、教书育人，改革创新、服务社会，作出了重大贡献，党和国家高度肯定，学生、家长和社会普遍尊重。但是，也有个别教师放松自我要求，不能认真履职尽责，甚至出现严重违反师德行为，损害教师队伍整体形象。制定教师职业行为准则，明确新时代教师职业规范，针对主要问题、突出问题划定基本底线，是对广大教师的警示提醒和严管厚爱，是深化师德师风建设，造就政治素质过硬、业务能力精湛、育人水平高超的高素质教师队伍的关键之举。

二、立即部署扎实开展准则的学习贯彻。各地各校要立即行动，结合落实师德师风建设长效机制，开展准则的学习贯彻。要结合本地区、本学校实际进行细化，制定具体化的教师职业行为负面清单及失范行为处理办法，提高针对性、操作性。要做好宣传解读，坚持全覆盖、无死角，采取多种形式帮助广大教师全面理解和准确把握，做到人人应知应做、必知必做，真正把教书育人和自我修养结合起来，时刻自重、自省、自警、自励，自觉做以德立身、以德立学、以德施教、以德育德的楷模，维护教师职业形象，提振师道尊严。

三、把准则要求落实到教师管理具体工作中。要把好教师入口关，在教师招聘、引进时组织开展准则的宣讲，确保每位新入职教师知准则、守底线。要将准则要求体现在教师聘用、聘任合同中，明确有关责任。要强化考核，在教师年度考核、职称评聘、推优评先、表彰奖励等工作中必须进行师德考核，实行师德失范“一票否决”。改进师德考核方式方法，避免形式化、随意化。完善师德考核指标体系，提高科学性、实效性。

四、以有力措施坚决查处师德违规行为。各地各校要按照准则及相应的处理指导意见、处理办法要求，严格举报受理和违规查处。对于发生准则中禁止行为的，要态度坚决，一查到底，依法依规严肃惩处，绝不姑息。对于有虐待、猥亵、性骚扰等严重侵害学生行为的，一经查实，要撤销其所获荣誉、称号，追回相关奖金，依法依规撤销教师资格、解除教师职务、清除出教师队伍，同时还要录入全国教师管理信息系统，任何学校不得再聘任其从事教学、科研及管理等工作。涉嫌违法犯罪的要及时移送司法机关依法处理。要严格落实学校主体责任，建立师德建设责任追究机制，对师德违规行为监管不力、拒不处分、拖延处分或推诿隐瞒等失职失责问题，造成不良影响或严重后果的，要按照干部管理权限严肃追究责任。

各地贯彻落实准则的情况，请及时报告教育部。教育部将适时对落实情况进行督查。

教育部

2018 年 11 月 8 日

新时代高校教师职业行为十项准则

教师是人类灵魂的工程师，是人类文明的传承者。长期以来，广大教师贯彻党的教育方针，教书育人，呕心沥血，默默奉献，为国家发展和民族振兴作出了重大贡献。新时代对广大教师落实立德树人根本任务提出新的更高要求，为进一步增强教师的责任感、使命感、荣誉感，规范职业行为，明确师德底线，引导广大教师努力成为有理想信念、有道德情操、有扎实学识、有仁爱之心的好老师，着力培养德智体美劳全面发展的社会主义建设者和接班人，特制定以下准则。

一、坚定政治方向。坚持以习近平新时代中国特色社会主义思想为指导，拥护中国共产党的领导，贯彻党的教育方针；不得在教育教学活动中及其他场合有损害党中央权威、违背党的路线方针政策的言行。

二、自觉爱国守法。忠于祖国，忠于人民，恪守宪法原则，遵守法律法规，依法履行教师职责；不得损害国家利益、社会公共利益，或违背社会公序良俗。

三、传播优秀文化。带头践行社会主义核心价值观，弘扬真善美，传递正能量；不得通过课堂、论坛、讲座、信息网络及其他渠道发表、转发错误观点，或编造散布虚假信息、不良信息。

四、潜心教书育人。落实立德树人根本任务，遵循教育规律和学生成长规律，因材施教，教学相长；不得违反教学纪律，敷衍教学，或擅自从事影响教育教学本职工作的兼职兼薪行为。

五、关心爱护学生。严慈相济，诲人不倦，真心关爱学生，严格要求学生，做学生良师益友；不得要求学生从事与教学、科研、社会服务无关的事宜。

六、坚持言行雅正。为人师表，以身作则，举止文明，作风正派，自重自爱；不得与学生发生任何不正当关系，严禁任何形式的猥亵、性骚扰行为。

七、遵守学术规范。严谨治学，力戒浮躁，潜心问道，勇于探索，坚守学术良知，反对学术不端；不得抄袭剽窃、篡改侵吞他人学术成果，或滥用学术资源和学术影响。

八、秉持公平诚信。坚持原则，处事公道，光明磊落，为人正直；不得在招生、考试、推优、保研、就业及绩效考核、岗位聘用、职称评聘、评优评奖等工作中徇私舞弊、弄虚作假。

九、坚守廉洁自律。严于律己，清廉从教；不得索要、收受学生及家长财物，不得参加由学生及家长付费的宴请、旅游、娱乐休闲等活动，或利用家长资源谋取私利。

十、积极奉献社会。履行社会责任，贡献聪明才智，树立正确义利观；不得假公济私，擅自利用学校名义或校名、校徽、专利、场所等资源谋取个人利益。

中共中央办公厅、国务院办公厅印发《关于进一步加强科研诚信建设的若干意见》

（厅字〔2018〕23号）

科研诚信是科技创新的基石。近年来，我国科研诚信建设在工作机制、制度规范、教育引导、监督惩戒等方面取得了显著成效，但整体上仍存在短板和薄弱环节，违背科研诚信要求的行为时有发生。为全面贯彻党的十九大精神，培育和践行社会主义核心价值观，弘扬科学精神，倡导创新文化，加快建设创新型国家，现就进一步加强科研诚信建设、营造诚实守信的良好科研环境提出以下意见。

一、总体要求

（一）指导思想。全面贯彻党的十九大和十九届二中、三中全会精神，以习近平新时代中国特色社会主义思想为指导，落实党中央、国务院关于社会信用体系建设的总体要求，以优化科技创新环境为目标，以推进科研诚信建设制度化为重点，以健全完善科研诚信工作机制为保障，坚持预防与惩治并举，坚持自律与监督并重，坚持无禁区、全覆盖、零容忍，严肃查处违背科研诚信要求的行为，着力打造共建共享共治的科研诚信建设新格局，营造诚实守信、追求真理、崇尚创新、鼓励探索、勇攀高峰的良好氛围，为建设世界科技强国奠定坚实的社会文化基础。

（二）基本原则

——明确责任，协调有序。加强顶层设计、统筹协调，明确科研诚信建设各主体职责，加强部门沟通、协同、联动，形成全社会推进科研诚信建设合力。

——系统推进，重点突破。构建符合科研规律、适应建设世界科技强国要求的科研诚信体系。坚持问题导向，重点在实践养成、调查处理等方面实现突破，在提高诚信意识、优化科研环境等方面取得实效。

——激励创新，宽容失败。充分尊重科学研究灵感瞬间性、方式多样性、路径不确定性的特点，重视科研试错探索的价值，建立鼓励创新、宽容失败的容错纠错机制，形成敢为人先、勇于探索的科研氛围。

——坚守底线，终身追责。综合采取教育引导、合同约定、社会监督等多种方式，营造坚守底线、严格自律的制度环境和社会氛围，让守信者一路绿灯，失信者处处受限。坚持零容忍，强化责任追究，对严重违背科研诚信要求的行为依法依规终身追责。

（三）主要目标。在各方共同努力下，科学规范、激励有效、惩处有力的科研诚信制度规则健全完备，职责清晰、协调有序、监管到位的科研诚信工作机制有效运行，覆盖全面、共享联动、动态管理的科研诚信信息系统建立完善，广大科研人员的诚信意识显著增强，弘扬科学精神、恪守诚信规范成为科技界的共同理念和自觉行动，全社会的诚信基础和创新生态持续巩固发展，为建设创新型国家和世界科技强国奠定坚实基础，为把我国建成富强民主文明和谐美丽的社会主义现代化强国提供重要支撑。

二、完善科研诚信管理工作机制和责任体系

（四）建立健全职责明确、高效协同的科研诚信管理体系。科技部、中国社科院分别负责自然科学领域和哲学社会科学领域科研诚信工作的统筹协调和宏观指导。地方各级政府和相关行业主管部门要积极采取措施加强本地区本系统的科研诚信建设，充实工作力量，强化工作保障。科技计划管理部门要加强科技计划的科研诚信管理，建立健全以诚信为基础的科技计划监管机制，将科研诚信要求融入科技计划管理全过程。教育、卫生健康、新闻出版等部门要明确要求教育、医疗、学术期刊出版等单位完善内控制度，加强科研诚信建设。中国科学院、中国工程院、中国科协要强化对院士的科研诚信要求和监督管理，加强院士推荐（提名）的诚信审核。

（五）从事科研活动及参与科技管理服务的各类机构要切实履行科研诚信建设的主体责任。从事科研活动的各类企业、事业单位、社会组织等是科研诚信建设第一责任主体，要对加强科研诚信建设作出具体安排，将科研诚信工作纳入常态化管理。通过单位章程、员工行为规范、岗位说明书等内部规章制度及聘用合同，对本单位员工遵守科研诚信要求及责任追究作出明确规定或约定。

科研机构、高等学校要通过单位章程或制定学术委员会章程，对学术委员会科研诚信工作任务、职责权限作出明确规定，并在工作经费、办事机构、专职人员等方面提供必要保障。学术委员会要认真履行科研诚信建设职责，切实发挥审议、评定、受理、调查、监督、咨询等作用，对违背科研诚信要求的行为，发现一起，查处一起。学术委员会要组织开展或委托基层学术组织、第三方机构对本单位科研人员的重要学术论文等科研成

果进行全覆盖核查，核查工作应以3~5年为周期持续开展。

科技计划（专项、基金等）项目管理专业机构要严格按照科研诚信要求，加强立项评审、项目管理、验收评估等科技计划全过程和项目承担单位、评审专家等科技计划各类主体的科研诚信管理，对违背科研诚信要求的行为要严肃查处。

从事科技评估、科技咨询、科技成果转化、科技企业孵化和科研经费审计等的科技中介服务机构要严格遵守行业规范，强化诚信管理，自觉接受监督。

（六）学会、协会、研究会等社会团体要发挥自律自净功能。学会、协会、研究会等社会团体要主动发挥作用，在各自领域积极开展科研活动行为规范制定、诚信教育引导、诚信案件调查认定、科研诚信理论研究等工作，实现自我规范、自我管理、自我净化。

（七）从事科研活动和参与科技管理服务的各类人员要坚守底线、严格自律。科研人员要恪守科学道德准则，遵守科研活动规范，践行科研诚信要求，不得抄袭、剽窃他人科研成果或者伪造、篡改研究数据、研究结论；不得购买、代写、代投论文，虚构同行评议专家及评议意见；不得违反论文署名规范，擅自标注或虚假标注获得科技计划（专项、基金等）等资助；不得弄虚作假，骗取科技计划（专项、基金等）项目、科研经费以及奖励、荣誉等；不得有其他违背科研诚信要求的行为。

项目（课题）负责人、研究生导师等要充分发挥言传身教作用，加强对项目（课题）成员、学生的科研诚信管理，对重要论文等科研成果的署名、研究数据真实性、实验可重复性等进行诚信审核和学术把关。院士等杰出高级专家要在科研诚信建设中发挥示范带动作用，做遵守科研道德的模范和表率。

评审专家、咨询专家、评估人员、经费审计人员等要忠于职守，严格遵守科研诚信要求和职业道德，按照有关规定、程序和办法，实事求是，独立、客观、公正开展工作，为科技管理决策提供负责任、高质量的咨询评审意见。科技管理人员要正确履行管理、指导、监督职责，全面落实科研诚信要求。

三、加强科研活动全流程诚信管理

（八）加强科技计划全过程的科研诚信管理。科技计划管理部门要修改完善各级各类科技计划项目管理制度，将科研诚信建设要求落实到项目指南、立项评审、过程管理、结题验收和监督评估等科技计划管理全过程。要在各类科研合同（任务书、协议等）中约定科研诚信义务和违约责任追究条款，加强科研诚信合同管理。完善科技计划监督检查机制，加强对相关责任主体科研诚信履责情况的经常性检查。

（九）全面实施科研诚信承诺制。相关行业主管部门、项目管理专业机构等要在科技计划项目、创新基地、院士增选、科技奖励、重大人才工程等工作中实施科研诚信承诺制度，要求从事推荐（提名）、申报、评审、评估等工作的相关人员签署科研诚信承诺书，明确承诺事项和违背承诺的处理要求。

（十）强化科研诚信审核。科技计划管理部门、项目管理专业机构要对科技计划项目申请人开展科研诚信审核，将具备良好的科研诚信状况作为参与各类科技计划的必备条件。对严重违背科研诚信要求的责任者，实行“一票否决”。相关行业主管部门要将科研诚信审核作为院士增选、科技奖励、职称评定、学位授予等工作的必经程序。

（十一）建立健全学术论文等科研成果管理制度。科技计划管理部门、项目管理专业机构要加强对科技计划成果质量、效益、影响的评估。从事科学研究活动的企业、事业单位、社会组织等应加强科研成果管理，建立学术论文发表诚信承诺制度、科研过程可追溯制度、科研成果检查和报告制度等成果管理制度。学术论文等科研成果存在违背科研诚信要求情形的，应对相应责任人严肃处理并要求其采取撤回论文等措施，消除不良影响。

（十二）着力深化科研评价制度改革。推进项目评审、人才评价、机构评估改革，建立以科技创新质量、贡献、绩效为导向的分类评价制度，将科研诚信状况作为各类评价的重要指标，提倡严谨治学，反对急功近利。坚持分类评价，突出品德、能力、业绩导向，注重标志性成果质量、贡献、影响，推行代表作评价制度，不把论文、专利、荣誉性头衔、承担项目、获奖等情况作为限制性条件，防止简单量化、重数量轻质量、“一刀切”等倾向。尊重科学研究规律，合理设定评价周期，建立重大科学研究长周期考核机制。开展临床医学研究人员评价改革试点，建立设置合理、评价科学、管理规范、运转协调、服务全面的临床医学研究人员考核评价体系。

四、进一步推进科研诚信制度化建设

（十三）完善科研诚信管理制度。科技部、中国社科院要会同相关单位加强科研诚信制度建设，完善教育宣传、诚信案件调查处理、信息采集、分类评价等管理制度。从事科学研究的企业、事业单位、社会组织等应建立健全本单位教育预防、科研活动记录、科研档案保存等各项制度，明晰责任主体，完善内部监督约束机制。

（十四）完善违背科研诚信要求行为的调查处理规则。科技部、中国社科院要会同教育部、国家卫生健康委、中国科学院、中国科协等部门和单位依法依规研究制定统一的调查处理规则，对举报受理、调查程序、职责分工、处理尺度、申诉、实名举报人及被举报人保护等作出明确规定。从事科学研究的企业、事业单位、社会组织等应制定本单位的调查处理办法，明确调查程序、处理规则、处理措施等具体要求。

（十五）建立健全学术期刊管理和预警制度。新闻出版等部门要完善期刊管理制度，采取有效措施，加强高水平学术期刊建设，强化学术水平和社会效益优先要求，提升我国学术期刊影响力，提高学术期刊国际话语权。学术期刊应充分发挥在科研诚信建设中的作用，切实提高审稿质量，加强对学术论文的审核把关。

科技部要建立学术期刊预警机制，支持相关机构发布国内和国际学术期刊预警名单，并实行动态跟踪、及时调整。将罔顾学术质量、管理混乱、商业利益至上，造成恶劣影响的学术期刊，列入黑名单。论文作者所在单位应加强对本单位科研人员发表论文的管理，对在列入预警名单的学术期刊上发表论文的科研人员，要及时警示提醒；对在列入黑名单的学术期刊上发表的论文，在各类评审评价中不予认可，不得报销论文发表的相关费用。

五、切实加强科研诚信的教育和宣传

（十六）加强科研诚信教育。从事科学研究的企业、事业单位、社会组织应将科研诚信工作纳入日常管理，加强对科研人员、教师、青年学生等的科研诚信教育，在入学入职、职称晋升、参与科技计划项目等重要节点必须开展科研诚信教育。对在科研诚信方面存在倾向性、苗头性问题的人员，所在单位应当及时开展科研诚信诫勉谈话，加强教育。

科技计划管理部门、项目管理专业机构以及项目承担单位，应当结合科技计划组织实施的特点，对承担或参与科技计划项目的科研人员有效开展科研诚信教育。

（十七）充分发挥学会、协会、研究会等社会团体的教育培训作用。学会、协会、研究会等社会团体要主动加强科研诚信教育培训工作，帮助科研人员熟悉和掌握科研诚信具体要求，引导科研人员自觉抵制弄虚作假、欺诈剽窃等行为，开展负责任的科学研究。

（十八）加强科研诚信宣传。创新手段，拓宽渠道，充分利用广播电视、报刊杂志等传统媒体及微博、微信、手机客户端等新媒体，加强科研诚信宣传教育。大力宣传科研诚信典范榜样，发挥典型人物示范作用。及时曝光违背科研诚信要求的典型案例，开展警示教育。

六、严肃查处严重违背科研诚信要求的行为

（十九）切实履行调查处理责任。自然科学论文造假监管由科技部负责，哲学社会科学论文造假监管由中国社科院负责。科技部、中国社科院要明确相关机构负责科研诚信工作，做好受理举报、核查事实、日常监管等工作，建立跨部门联合调查机制，组织开展对科研诚信重大案件联合调查。违背科研诚信要求行为人所在单位是调查处理第一责任主体，应当明确本单位科研诚信机构和监察审计机构等调查处理职责分工，积极主动、公正公平开展调查处理。相关行业主管部门应按照职责权限和隶属关系，加强指导和及时督促，坚持学术、行政两条线，注重发挥学会、协会、研究会等社会团体作用。对从事学术论文买卖、代写代投以及伪造、虚构、篡改研究数据等违法违规活动的中介服务机构，市场监督管理、公安等部门应主动开展调查，严肃惩处。保障相关责任主体申诉权等合法权利，事实

认定和处理决定应履行对当事人的告知义务，依法依规及时公布处理结果。科研人员应当积极配合调查，及时提供完整有效的科学研究记录，对拒不配合调查、隐匿销毁研究记录的，要从重处理。对捏造事实、诬告陷害的，要依据有关规定严肃处理；对举报不实、给被举报单位和个人造成严重影响的，要及时澄清、消除影响。

（二十）严厉打击严重违背科研诚信要求的行为。坚持零容忍，保持对严重违背科研诚信要求行为严厉打击的高压态势，严肃责任追究。建立终身追究制度，依法依规对严重违背科研诚信要求行为实行终身追究，一经发现，随时调查处理。积极开展对严重违背科研诚信要求行为的刑事规制理论研究，推动立法、司法部门适时出台相应刑事制裁措施。

相关行业主管部门或严重违背科研诚信要求责任人所在单位要区分不同情况，对责任人给予科研诚信诫勉谈话；取消项目立项资格，撤销已获资助项目或终止项目合同，追回科研项目经费；撤销获得的奖励、荣誉称号，追回奖金；依法开除学籍，撤销学位、教师资格，收回医师执业证书等；一定期限直至终身取消晋升职务职称、申报科技计划项目、担任评审评估专家、被提名为院士候选人等资格；依法依规解除劳动合同、聘用合同；终身禁止在政府举办的学校、医院、科研机构等从事教学、科研工作等处罚，以及记入科研诚信严重失信行为数据库或列入观察名单等其他处理。严重违背科研诚信要求责任人属于公职人员的，依法依规给予处分；属于党员的，依纪依规给予党纪处分。涉嫌存在诈骗、贪污科研经费等违法犯罪行为的，依法移交监察、司法机关处理。

对包庇、纵容甚至骗取各类财政资助项目或奖励的单位，有关主管部门要给予约谈主要负责人、停拨或核减经费、记入科研诚信严重失信行为数据库、移送司法机关等处理。

（二十一）开展联合惩戒。加强科研诚信信息跨部门跨区域共享共用，依法依规对严重违背科研诚信要求责任人采取联合惩戒措施。推动各级各类科技计划统一处理规则，对相关处理结果互认。将科研诚信状况与学籍管理、学历学位授予、科研项目立项、专业技术职务评聘、岗位聘用、评选表彰、院士增选、人才基地评审等挂钩。推动在行政许可、公共采购、评先创优、金融支持、资质等级评定、纳税信用评价等工作中将科研诚信状况作为重要参考。

七、加快推进科研诚信信息化建设

（二十二）建立完善科研诚信信息系统。科技部会同中国社科院建立完善覆盖全国的自然科学和哲学社会科学科研诚信信息系统，对科研人员、相关机构、组织等的科研诚信状况进行记录。研究拟订科学合理、适用不同类型科研活动和对象特点的科研诚信评价指标、方法模型，明确评价方式、周期、程序等内容。重点对参与科技计划（项目）组织管理或实施、科技统计等科技活动的项目承担人员、咨询评审专家，以及项目管理专业机构、项目承担单位、中介服务机构等相关责任主体开展诚信评价。

（二十三）规范科研诚信信息管理。建立健全科研诚信信息采集、记录、评价、应用等管理制度，明确实施主体、程序、要求。根据不同责任主体的特点，制定面向不同类型科技活动的科研诚信信息目录，明确信息类别和管理流程，规范信息采集的范围、内容、方式和信息应用等。

（二十四）加强科研诚信信息共享应用。逐步推动科研诚信信息系统与全国信用信息共享平台、地方科研诚信信息系统互联互通，分阶段分权限实现信息共享，为实现跨部门跨地区联合惩戒提供支撑。

八、保障措施

（二十五）加强党对科研诚信建设工作的领导。各级党委（党组）要高度重视科研诚信建设，切实加强领导，明确任务，细化分工，扎实推进。有关部门、地方应整合现有科研保障措施，建立科研诚信建设目标责任制，明确任务分工，细化目标责任，明确完成时间。科技部要建立科研诚信建设情况督查和通报制度，对工作取得明显成效的地方、部门和机构进行表彰；对措施不得力、工作不落实的，予以通报批评，督促整改。

（二十六）发挥社会监督和舆论引导作用。充分发挥社会公众、新闻媒体等对科研诚信建设的监督作用。畅通举报渠道，鼓励对违背科研诚信要求的行为进行负责任实名举报。新闻媒体要加强对科研诚信正面引导。对社会舆论广泛关注的科研诚信事件，当事人所在单位和行业主管部门要及时采取措施调查处理，及时公布调查处理结果。

（二十七）加强监测评估。开展科研诚信建设情况动态监测和第三方评估，监测和评估结果作为改进完善相关工作的重要基础以及科研事业单位绩效评价、企业享受政府资助等的重要依据。对重大科研诚信事件及时开展跟踪监测和分析。定期发布中国科研诚信状况报告。

（二十八）积极开展国际交流合作。积极开展与相关国家、国际组织等的交流合作，加强对科技发展带来的科研诚信建设新情况新问题研究，共同完善国际科研规范，有效应对跨国跨地区科研诚信案件。

教育部关于高校教师师德失范行为处理的指导意见

（教师〔2018〕17号）

各省、自治区、直辖市教育厅（教委），新疆生产建设兵团教育局，有关部门（单位）教育司（局），部属各高等学校、部省合建各高等学校：

为进一步规范高校教师履职履责行为，落实立德树人根本任务，弘扬新时代高校教师道德风尚，努力建设有理想信念、有道德情操、有扎实学识、有仁爱之心的高校教师队伍，现就教师违反《高等学校教师职业道德规范》《教育部关于建立健全高校师德建设长效机制的意见》和《新时代高校教师职业行为十项准则》等规定，发生师德失范行为的处理提出如下指导意见。

一、各高校要严格落实师德建设主体责任，建立完善党委统一领导、党政齐抓共管、牵头部门明确、院（系）具体落实、教师自我约束的工作机制。党委书记和校长抓师德同责，是师德建设第一责任人。院（系）行政主要负责人对本单位师德建设负直接领导责任，院（系）党组织主要负责人也负有直接领导责任。

二、高校教师要自觉加强师德修养，严格遵守师德规范，严以律己，为人师表，把教书育人和自我修养结合起来，坚持以德立身、以德立学、以德施教、以德育德。发生师德失范行为，本人要承担相应责任。

三、对高校教师师德失范行为实行“一票否决”。高校教师出现违反师德行为的，根据情节轻重，给予相应处理或处分。情节较轻的，给予批评教育、诫勉谈话、责令检查、通报批评，以及取消其在评奖评优、职务晋升、职称评定、岗位聘用、工资晋级、干部选任、申报人才计划、申报科研项目等方面的资格。担任研究生导师的，还应采取限制招生名额、停止招生资格直至取消导师资格的处理。以上取消相关资格处理的执行期限不得少于 24 个月。情节较重应当给予处分的，还应根据《事业单位工作人员处分暂行规定》给予行政处分，包括警告、记过、降低岗位等级或撤职、开除，需要解除聘用合同的，按照《事业单位人事管理条例》相关规定进行处理。情节严重、影响恶劣的，应当依据《教师资格条例》报请主管教育部门撤销其教师资格。是中共党员的，同时给予党纪处分。涉嫌违法犯罪的，及时移送司法机关依法处理。

四、对师德失范行为的处理，应坚持公平公正、教育与惩处相结合的原则，做到事实清楚、证据确凿、定性准确、处理适当、程序合法、手续完备。

五、高校要建立健全师德失范行为受理与调查处理机制，指定或设立专门组织负责，明确受理、调查、认定、处理、复核、监督等处理程序。在教师师德失范行为调查过程中，应听取教师本人的陈述和申辩，同时当事各方均不应公开调查的有关内容。教师对处理决定不服的，按照国家有关规定提出复核、申诉。对高校教师的处理，在期满后根据悔改表现予以延期或解除，处理决定和处理解除决定都应完整存入个人人事档案。

六、高校师德师风建设要坚持权责对等、分级负责、层层落实、失责必问、问责必严的原则。对于相关单位和责任人不履行或不正确履行职责，有下列情形之一的，根据职责权限和责任划分进行问责：

（一）师德师风制度建设、日常教育监督、舆论宣传、预防工作不到位；

（二）师德失范问题排查发现不及时；

（三）对已发现的师德失范行为处置不力、方式不当；

（四）已作出的师德失范行为处理决定落实不到位，师德失范行为整改不彻底；

（五）多次出现师德失范问题或因师德失范行为引起不良社会影响；

（六）其他应当问责的失职失责情形。

七、教师出现师德失范问题，所在院（系）行政主要负责人和党组织主要负责人需向学校分别做出检讨，由学校依据有关规定视情节轻重采取约谈、诫勉谈话、通报批评、纪律处分和组织处理等方式进行问责。

八、教师出现师德失范问题，学校需向上级主管部门做出说明，并引以为戒，进行自查自纠与落实整改。如有学校反复出现师德失范问题，分管校领导应向学校做出检讨，学校应在上级主管部门督导下进行整改。

九、各地各校应当依据本意见制定高校教师师德失范行为负面清单及处理办法，并报上级主管部门备案。

十、民办高校的劳动人事管理执行《中华人民共和国劳动合同法》规定，对教师师德失范行为的处理，遵照本指导意见执行。

教育部

2018 年 11 月 8 日

教育部关于全面落实研究生导师立德树人职责的意见

（教研〔2018〕1号）

各省、自治区、直辖市教育厅（教委），新疆生产建设兵团教育局，有关部门（单位）教育司（局），中央军委训练管理部职业教育局，部属各高等学校：

研究生教育作为国民教育体系的顶端，是培养高层次专门人才的主要途径，是国家人才竞争的重要支柱，是建设创新型国家的核心要素。研究生导师是我国研究生培养的关键力量，肩负着培养国家高层次创新人才的使命与重任。为贯彻全国高校思想政治工作会议精神，努力造就一支有理想信念、道德情操、扎实学识、仁爱之心的研究生导师队伍，全面落实研究生导师立德树人职责，制定本意见。

一、指导思想和总体要求

1. 指导思想。高举中国特色社会主义伟大旗帜，以马克思列宁主义、毛泽东思想、邓小平理论、“三个代表”重要思想、科学发展观、习近平新时代中国特色社会主义思想为指导，增强中国特色社会主义道路自信、理论自信、制度自信、文化自信。全面贯彻党的教育方针，把立德树人作为研究生导师的首要职责，为实现“两个一百年”奋斗目标、实现中华民族伟大复兴的中国梦，培养德才兼备、全面发展的高层次专门人才。

2. 总体要求。落实导师是研究生培养第一责任人的要求，坚持社会主义办学方向，坚持教书和育人相统一，坚持言传和身教相统一，坚持潜心问道和关注社会相统一，坚持学术自由和学术规范相统一，以德立身、以德立学、以德施教。遵循研究生教育规律，创新研究生指导方式，潜心研究生培养，全过程育人、全方位育人，做研究生成长成才的指导者和引路人。

二、强化研究生导师基本素质要求

3. 政治素质过硬。坚持正确的政治方向，拥护中国共产党的领导，不断提高思想政治觉悟；贯彻党的教育方针，严格执行国家教育政策，坚持教育为人民服务，为中国共产党治国理政服务，为巩固和发展中国特色社会主义制度服务，为改革开放和社会主义现代化建设服务；自觉维护祖国统一、民族团结，具有高度的政治责任感，将思想教育与专业教育有机统一，成为社会主义核心价值观的坚定信仰者、积极传播者、模范实践者。

4. 师德师风高尚。模范遵守教师职业道德规范，为人师表，爱岗敬业，以高尚的道德情操和人格魅力感染、引导学生，成为先进思想文化的传承者和社会进步的积极推动者；谨遵学术规范，恪守学术道德，自觉维护公平正义和风清气正的学术环境；科学选才，规范招生，正确行使导师权力，确保招生录取公平公正；有责任心和使命感，尽职尽责，确保足够的时间和精力及时给予研究生启发和指导；有仁爱之心，以德育人，以文化人。

5. 业务素质精湛。具有深厚的学术造诣和执着的学术追求，关注社会需求，推动知识文化传承发展；熟悉国家招生政策，胜任考试招生工作。秉承先进教育理念，重视课程前沿引领，创新教学模式，丰富教学手段；不断提升指导能力，着力培养研究生创新能力，实现理论教学与实践指导之间的平衡，助力研究生成长成才。

三、明确研究生导师立德树人职责

6. 提升研究生思想政治素质。引导研究生正确认识世界和中国发展大势，正确认识中国特色和国际比较，正确认识时代责任和历史使命，正确认识远大抱负和脚踏实地；树立正确的世界观、人生观、价值观，坚定为共产主义远大理想和中国特色社会主义共同理想而奋斗的信念，成为德智体美全面发展的高层次专门人才。

7. 培养研究生学术创新能力。按照因材施教和个性化培养理念，积极参与制定执行研究生培养计划，统筹安排实践与科研活动，强化学术指导；定期与研究生沟通交流，指导研究生确定研究方向，深入开展研究；营造和谐的学术环境，培养研究生的创新意识和创新能力，激发研究生创新潜力；引导研究生跟踪学科前沿，直面学术问题，开拓学术视野，在学术研究上开展创新性工作。

8. 培养研究生实践创新能力。鼓励研究生积极参加国内外学术和专业实践活动，指导研究生发表各类研究成果，培养研究生提出问题、分析问题和解决问题的能力，强化理论与实践相结合；支持和指导研究生将科研成果转化应用，推动产学研用紧密结合，提升创新创业能力。

9. 增强研究生社会责任感。鼓励研究生将个人的发展进步与国家和民族的发展需要相结合，为国家富强和民族复兴贡献智慧和力量；支持和鼓励研究生参与各种社会实践和志愿服务活动，在服务人民与奉献社会的过程中实现自己的人生价值；

培养研究生的国际视野和家国情怀，积极致力于构建人类命运共同体，努力成为世界文明进步的积极推动者。

10. 指导研究生恪守学术道德规范。培养研究生严谨认真的治学态度和求真务实的科学精神，自觉遵守科研诚信与学术道德，自觉维护学术事业的神圣性、纯洁性与严肃性，杜绝学术不端行为；在研究生培养的各个环节，强化学术规范训练，加强职业伦理教育，提升学术道德涵养；培养研究生尊重他人劳动成果，提高知识产权保护意识。

11. 优化研究生培养条件。根据不同学科、类别的研究生培养要求，积极为研究生的学习和成长创造条件，为研究生开展科学研究提供有利条件；鼓励研究生参与各种社会实践和学术交流；积极创设良好的学术交流平台，增加研究生参与社会实践和学术交流的机会；鼓励研究生积极参与课题研究，并根据实际情况，为研究生提供相应的经费支持。

12. 注重对研究生人文关怀。要加强人文关怀和心理疏导，加强校规校纪教育，把解决思想问题同解决实际问题结合起来，了解学生成长环境和过程，在关心帮助研究生的过程中做好教育和引导工作。加强与研究生的交流与沟通，建立良好的师生互动机制，关注研究生的学业压力，营造良好的学习氛围，提供相应的支持和鼓励，保护研究生合法权益；关注研究生的就业压力，引导研究生做好职业生涯规划，关心研究生生活和身心健康，不断提升研究生敢于面对困难挫折的良好心理素质。

四、健全研究生导师评价激励机制

13. 完善评价考核机制。坚持立德树人，把教书育人作为研究生导师评价的核心内容，突出教育教学业绩评价，将人才培养中心任务落到实处。教育行政部门要把立德树人纳入教学评估和学科评估指标体系，加强对研究生导师立德树人职责落实情况的评价；研究生培养单位要结合自身办学实际和学科特色，制订研究生导师立德树人职责考核办法，以年度考核为依托，坚持学术委员会评价、教学督导评价、研究生评价和导师自我评价相结合，建立科学、公平、公正、公开的考核体系。

14. 明确表彰奖励机制。研究生培养单位要将研究生导师立德树人评价考核结果，作为人才引进、职称评定、职务晋升、绩效分配、评优评先的重要依据，充分发挥考核评价的鉴定、引导、激励和教育功能。强化示范引领，对于立德树人成绩突出的研究生导师，研究生培养单位要给予表彰与奖励，推广复制优秀导师、优秀团队的成功经验。

15. 落实督导检查机制。教育行政部门和研究生培养单位要把研究生导师立德树人职责落实情况纳入教学督导范畴，加强督导检查。对于未能履行立德树人职责的研究生导师，研究生培养单位视情况采取约谈、限招、停招、取消导师资格等处理措施；对有违反师德行为的，实行一票否决，并依法依规给予相应处理。

五、强化组织保障

16. 各级教育主管部门加强组织领导。尊重高校办学自主权，优化管理，强化服务，加强宏观指导；统筹协调各方资源，切实保障各项投入，为研究生导师队伍建设积极创造条件；强化督导检查，确保政策落实；突出制度建设，形成落实导师立德树人职责的长效机制。

17. 研究生培养单位全面贯彻落实。制定和完善相关规章制度，强化落实，确保实效；安排专项经费用于导师队伍建设，定期组织交流、研讨，提升导师学术研究水平和研究生指导能力；尊重和保障导师自主性，维护和规范导师在招生、培养、资助、学术评价等环节中的权利；保障导师待遇，加强导师培训，支持导师参加学术交流活动和行业企业实践，逐步实现学术休假制度；改善导师治学环境，提供必要的工作场所、实验设施等条件；积极听取导师意见，营造良好校园文化环境，提升导师工作满意度。

18. 倡导全社会共同关心协同参与。积极营造全社会尊师重教的良好氛围，动员各界力量关心导师队伍建设；大力宣传导师立德树人先进典型，加强榜样示范教育；倡导全社会共同关心、协同参与，促进导师立德树人工作机制的常态化科学化。

各省级教育主管部门和研究生培养单位，要根据本意见制定相关的实施细则。

教育部

2018 年 1 月 17 日

教育部办公厅关于进一步规范和加强研究生培养管理的通知

（教研厅〔2019〕1号）

各省、自治区、直辖市教育厅（教委），新疆生产建设兵团教育局，有关部门（单位）教育司（局），部属各高等学校、部省合建各高等学校：

近年来，教育行政部门陆续出台了一系列文件，采取了一系列举措，健全研究生培养管理体系，促进研究生培养单位规范管理，提高研究生培养质量。总体上看，各研究生培养单位质量保证和监督体系不断完善，培养机制、质量监督保障制度建设取得了很大进展，形成了国务院学位委员会、省级学位委员会、学位授予单位三级质量管理保障体制，构建了研究生培养单位质量保证为基础，教育行政部门监管为引导，学术组织、行业部门和社会机构积极参与的内部质量保证和外部质量监督体系。人才培养规模稳步提升、结构不断优化，形成了学术型与应用型人才并重的培养格局，培养了大批服务于国家和地方经济社会发展、科学技术进步、文化传承创新的优秀人才，国际影响不断扩大。另一方面，个别研究生培养单位在研究生培养过程、师德师风、学位授予等方面仍有学术不端、论文作假等问题发生，暴露了导师责任还未完全落实，研究生学习和自我管理主动性还不足，管理制度还不细密，政策举措还不到位，制度执行不够严格、监督管理不够透明。为进一步规范和加强研究生培养管理，现将有关要求通知如下。

一、切实落实质量保证主体责任。培养单位要切实加强党对学位与研究生教育工作的领导，严格按照《关于加强学位与研究生教育质量保证和监督体系建设的意见》（学位〔2014〕3号）精神，增强查摆问题、堵塞工作疏漏、保证培养质量的紧迫感和自觉性，迅速行动，全面梳理和健全内部质量保证体系，没有制订相关制度的必须立即制订，已经制订的制度要根据实际情况的新变化新要求及时依规修改，切实加强执行检查。完善与本单位办学定位相一致的人才培养和学位授予质量标准，严格落实各环节管理职责，把抓督查、抓执行贯穿管理全过程。

二、突出立德树人根本任务和要求，严格执行培养制度。培养单位要切实加强研究生思想政治教育，促进研究生德智体美劳全面发展。加强培养过程管理和学业考核，确保培养方案的严格执行。落实以教学督导为主、研究生评教为辅的研究生课程教学评价监督机制，对研究生教学活动全过程和教学效果进行监督。加强学术规范和学术道德教育，把论文写作指导课程作为必修课纳入研究生培养环节。

三、狠抓学位论文和学位授予管理。培养单位要珍惜用好办学自主权，加强自律，科学合理设置培养要求和学位授予条件，重点抓住学位论文开题、中期考核、评阅、答辩、学位评定等关键环节，严格执行学位授予全方位全流程管理，进一步强化研究生导师、学位论文答辩委员会和学位评定委员会责任。对不适合继续攻读学位的研究生要落实及早分流，加大分流力度。

四、切实加强导师队伍建设。培养单位要进一步提高对建设高素质导师队伍重要性的认识。导师是培养质量第一责任人，要把培养人放到第一位，既要做学术训导人，指导和激发研究生的科学精神和原始创新能力，更要做人生领路人，言传身教引导研究生树立正确的世界观人生观价值观，恪守学术道德规范，增强社会责任感。培养单位要把落实立德树人根本任务、增强导师培养人才的责任心和事业心作为着力点，筑牢质量第一关口。建立完善导师培训体系，切实提高导师指导和培养研究生的能力。加强师德师风建设，对违反师德、行为失范的导师，实行一票否决，并依法依规坚决给予相应处理。健全导师评价机制，对于未能切实履行职责的导师，培养单位视情况采取约谈、限招、停招、取消导师资格等处理措施。

五、健全预防和处置学术不端的机制。培养单位要突出学术诚信审核把关，加大对学术不端、学位论文作假行为的查处力度，举一反三，防范在前，层层压实责任，强化日常监督。对学术不端行为坚决露头即查、一查到底、有责必究、绝不姑息，实现“零容忍”，依法依规从快从严查处。对当事人视情节给予纪律处分和学术惩戒。对违反法律法规的，应及时移送有关部门查办。探索建立学术论文、学位论文馆际和校际学术共享公开制度，以公开促进学术透明，主动接受社会监督。

六、切实增强教育行政部门督导监管责任。国务院学位委员会、教育部进一步优化学术型与应用型人才培养结构，委托国务院学位委员会学科评议组等专家组织及时修订不同学位不同类型研究生的学位基本要求，进一步完善优化研究生培养指导性方案，深化研究生培养制度改革。省级学位委员会和省级教育行政部门要切实加大对本地区研究生教育质量的监管力度，做好学位授权点合格评估等研究生教育质量监督工作，加大专项检查、抽查、盲评等质量监督力度，对在本地区研究生教育领域的问题要早调查、早发现、早整改，坚决查处违规违纪和师德失范行为。

七、强化学位论文抽检结果使用。教育部对连续或多次出现“存在问题学位论文”的学位授予单位和学位授权点，将加大对涉事单位主要负责人约谈力度，视情况开展专项检查、核减招生计划、暂停直至撤销相关学位授权。

八、加大评估和问题单位惩戒力度。教育部2019年将强化运用学位授权点合格评估、学位论文抽检等手段，把学位授予管理环节问题较多，师德师风、校风学风存在突出问题的学位授予单位作为重点检查对象。对于情节严重、无法保证研究生教育质量的学科或专业学位类别，坚决撤销学位授权。对问题严重的培养单位，视情况限制申请新增学位授权。

教育部办公厅

2019年2月26日

教育部等七部门印发《关于加强和改进新时代师德师风建设的意见》的通知

（教师〔2019〕10号）

各省、自治区、直辖市教育厅（教委）、党委组织部、党委宣传部、发展改革委、财政厅（局）、人力资源社会保障厅（局）、文化和旅游厅（局），新疆生产建设兵团教育局、党委组织部、党委宣传部、发展改革委、财政局、人力资源社会保障局、文化体育广电和旅游局，有关部门（单位）教育司（局），部属各高等学校、部省合建各高等学校：

为深入贯彻落实习近平总书记关于教育的重要论述和全国教育大会精神，落实《新时代公民道德建设实施纲要》和《中共中央 国务院关于全面深化新时代教师队伍建设改革的意见》，加强和改进新时代师德师风建设，倡导全社会尊师重教，教育部、中央组织部、中央宣传部、国家发展改革委、财政部、人力资源社会保障部、文化和旅游部研究制定了《关于加强和改进新时代师德师风建设的意见》，现印发给你们，请结合实际认真贯彻执行。

教育部　中央组织部　中央宣传部
国家发展改革委　财政部
人力资源社会保障部　文化和旅游部
2019年11月15日

关于加强和改进新时代师德师风建设的意见

为认真贯彻落实《新时代公民道德建设实施纲要》，深入推进实施《中共中央 国务院关于全面深化新时代教师队伍建设改革的意见》，全面提升教师思想政治素质和职业道德水平，现就加强和改进新时代师德师风建设提出如下意见。

一、加强师德师风建设的总体要求

1. 指导思想。以习近平新时代中国特色社会主义思想为指导，深入学习贯彻习近平总书记关于教育的重要论述和全国教育大会精神，把立德树人的成效作为检验学校一切工作的根本标准，把师德师风作为评价教师队伍素质的第一标准，将社会主义核心价值观贯穿师德师风建设全过程，严格制度规定，强化日常教育督导，加大教师权益保护力度，倡导全社会尊师重教，激励广大教师努力成为“四有”好老师，着力培养德智体美劳全面发展的社会主义建设者和接班人。

2. 基本原则

——坚持正确方向。加强党对教育工作的全面领导，坚持社会主义办学方向，确保教师在落实立德树人根本任务中的主体作用得到全面发挥。

——坚持尊重规律。遵循教育规律、教师成长发展规律和师德师风建设规律，注重高位引领与底线要求结合、严管与厚爱并重，不断激发教师内生动力。

——坚持聚焦重点。围绕重点内容，针对突出问题，强化各地各部门的领导责任，压实学校主体责任，引导家庭、社会协同配合，推进师德师风建设工作制度化、常态化。

——坚持继承创新。传承中华优秀师道传统，全面总结改革开放特别是党的十八大以来师德师风建设经验，适应新时代变化，加强创新，推动师德师风建设工作不断深化。

3. 总体目标。经过 5 年左右努力，基本建立起完备的师德师风建设制度体系和有效的师德师风建设长效机制。教师思想政治素质和职业道德水平全面提升，教师敬业立学、崇德尚美呈现新风貌。教师权益保障体系基本建立，教师安心、热心、舒心、静心从教的良好环境基本形成，师道尊严进一步提振。全社会对教师职业认同度加深，教师政治地位、社会地位、职业地位显著提高，尊师重教蔚然成风。

二、全面加强教师队伍思想政治工作

4. 坚持思想铸魂，用习近平新时代中国特色社会主义思想武装教师头脑。健全教师理论学习制度，开展习近平新时代中国特色社会主义思想系统化、常态化学习，重点加强习近平总书记关于教育的重要论述的学习，使广大教师学懂弄通、入脑入心，自觉用“四个意识”导航，用“四个自信”强基，用“两个维护”铸魂。依托高水平高校建设一批教育基地，同时统筹党校（行政学院）资源，定期开展教师思想政治轮训，使广大教师更好掌握马克思主义立场观点方法，认清中国和世界发展大势，增进对中国特色社会主义的政治认同、思想认同、理论认同、情感认同。

5. 坚持价值导向，引导教师带头践行社会主义核心价值观。将社会主义核心价值观融入教育教学全过程，体现到学校管理及校园文化建设各环节，进一步凝聚起师生员工思想共识，使之成为共同价值追求。弘扬中华优秀传统文化、革命文化和社会主义先进文化，培育科技创新文化，充分发挥文化涵养师德师风功能。身教重于言教，引导教师开展社会实践，深入了解世情、党情、国情、社情、民情，强化教育强国、教育为民的责任担当。健全教师志愿服务制度，鼓励支持广大教师参加志愿服务活动，在服务社会的实践中厚植教育情怀。重视高层次人才、海外归国教师、青年教师的教育引导，增强工作针对性。

6. 坚持党建引领，充分发挥教师党支部和党员教师作用。建强教师党支部，使教师党支部成为涵养师德师风的重要平台。建好党员教师队伍，使党员教师成为践行高尚师德的中坚力量。重视在高层次人才和优秀青年教师中发展党员工作，完善学校领导干部联系教师入党积极分子等制度。开展好“三会一课”，健全党的组织生活各项制度，通过组织集中学习、定期开展主题党日活动、经常开展谈心谈话、组织党员教师与非党员教师结对联系等，充分发挥教师党支部的战斗堡垒作用和党员教师的先锋模范作用。涉及教师利益的重要事项、重点工作，应征求教师党支部意见。

三、大力提升教师职业道德素养

7. 突出课堂育德，在教育教学中提升师德素养。充分发挥课堂主渠道作用，引导广大教师守好讲台主阵地，将立德树人放在首要位置，融入渗透到教育教学全过程，以心育心、以德育德、以人格育人格。把握学生身心发展规律，实现全员全过程全方位育人，增强育人的主动性、针对性、实效性，避免重教书轻育人倾向。加强对新入职教师、青年教师的指导，通过老带新等机制，发挥传帮带作用，使其尽快熟悉教育规律、掌握教育方法，在育人实践中锤炼高尚道德情操。将师德师风教育贯穿师范生培养及教师生涯全过程，师范生必须修学师德教育课程，在职教师培训中要确保每学年有师德师风专题教育。

8. 突出典型树德，持续开展优秀教师选树宣传。大力宣传新时代广大教师阳光美丽、爱岗敬业、甘于奉献、改革创新的新形象。深入挖掘优秀教师典型，综合运用授予荣誉、事迹报告、媒体宣传、创作文艺作品等手段，充分发挥典型引领示范和辐射带动作用。开展多层次的优秀教师选树宣传活动，形成校校有典型、榜样在身边、人人可学可做的局面。组织教师中的“时代楷模”、全国教书育人楷模、国家教学名师、最美教师等开展师德宣讲。鼓励各地各校采取实践反思、情景教学等形式，把一线优秀教师请进课堂，用真人真事诠释师德内涵。

9. 突出规则立德，强化教师的法治和纪律教育。以学习《中华人民共和国教师法》、新时代教师职业行为十项准则系列文件等为重点，提高全体教师的法治素养、规则意识，提升依法执教、规范执教能力。制订教师法治教育大纲，将法治教育纳入各级各类教师培训体系。强化纪律建设，全面梳理教师在课堂教学、关爱学生、师生关系、学术研究、社会活动等方面的纪律要求，依法依规健全规范体系，开展系统化、常态化宣传教育。加强警示教育，引导广大教师时刻自重、自省、自警、自励，坚守师德底线。

四、将师德师风建设要求贯穿教师管理全过程

10. 严格招聘引进，把好教师队伍入口。规范教师资格申请认定，完善教师招聘和引进制度，严格思想政治和师德考察，充分发挥党组织的领导和把关作用，建立科学完备的标准、程序，坚决避免教师招聘引进中的唯分数、唯文凭、唯职称、唯论文、唯帽子等倾向。鼓励有条件的地方和学校结合实际探索

开展拟聘人员心理健康测评，作为聘用的重要参考。严格规范教师聘用，将思想政治和师德要求纳入教师聘用合同。加强试用期考察，全面评价聘用人员的思想政治和师德表现，对不合格人员取消聘用，及时解除聘用合同。高度重视从海外引进人才的全方位考察，提升人才引进质量。

11. 严格考核评价，落实师德第一标准。将师德考核摆在教师考核的首要位置，坚持多主体多元评价，以事实为依据，定性与定量相结合，提高评价的科学性和实效性，全面客观评价教师的师德表现。发挥师德考核对教师行为的约束和提醒作用，及时将考核发现的问题向教师反馈，并采取针对性举措帮助教师提高认识、加强整改。强化师德考核结果的运用，师德考核不合格者年度考核应评定为不合格，并取消在教师职称评聘、推优评先、表彰奖励、科研和人才项目申请等方面的资格。

12. 严格师德督导，建立多元监督体系。完善多方广泛参与、客观公正科学合理的师德师风监督机制。加强政府督导，将各级各类学校师德师风建设长效机制落实情况作为对地方政府履行教育职责评价的重要测评内容，针对群众反映强烈的问题、师德师风问题多发的地方开展专项督导。加强学校监督，各级各类学校要在校园显著位置公示学校及教育主管部门举报电话、邮箱等信息，依法依规接受监督举报。强化社会监督，探索建立师德师风监督员制度，定期对学校师德师风建设情况进行监督评议，向教育主管部门反馈，将监督评议情况作为学校及领导班子年度考核的重要内容。

13. 严格违规惩处，治理师德突出问题。推动地方和高校落实新时代教师职业行为十项准则等文件规范，制定具体细化的教师职业行为负面清单。把群众反映强烈、社会影响恶劣的突出问题作为重点从严查处，针对高校教师性骚扰学生、学术不端以及中小学教师违规有偿补课、收受学生和家长礼品礼金等开展集中治理。一经查实，要依规依纪给予组织处理或处分，严重的依法撤销教师资格、清除出教师队伍。建立师德失范曝光平台，健全师德违规通报制度，起到警示震慑作用。建立并共享有关违法信息库，健全教师入职查询制度和有关违法犯罪人员从教限制制度。

五、着力营造全社会尊师重教氛围

14. 强化地位提升，激发教师工作热情。制定教育改革发展和教师队伍建设重大决策、重要文件充分听取教师代表意见。各地重要节庆日活动，邀请优秀教师代表参加。做好优秀教师表彰奖励，依法依规在作出重大贡献、享有崇高声誉的教师中开展“人民教育家”荣誉称号评选授予工作，健全教书育人楷模、模范教师、优秀教师等多元的教师荣誉表彰体系。完善表彰奖励及管理办法，依法依规确定荣誉获得者享受的政治、生活待遇，加强对荣誉获得者后续支持服务。

15. 强化权利保护，维护教师职业尊严。维护教师依法执教的职业权利，推动完善相关法律法规，明确教师教育管理学生的合法职权，研究出台教师惩戒权办法。学校和相关部门依法保障教师履行教育职责，对无过错但客观上发生学生意外伤害的，教师依法不承担责任。教师尊严不可侵害，对发生学生、家长及其亲属等因为教师履职行为而对教师进行侮辱、谩骂、肢体侵害，或者通过网络对教师进行诽谤、恶意炒作等行为，有关部门要高度重视，从严处理，构成违法犯罪的，依法追究相应责任。学校及教育部门应为教师维护合法权益提供必要的法律等方面支持。

16. 强化尊师教育，厚植校园师道文化。从幼儿园开始加强尊师教育，加快形成接续我国优秀传统、符合时代精神的尊师重教文化。推进尊师文化进教材、进课堂、进校园，通过尊师第一课、9月尊师主题月等形式，将尊师重教观念渗透进学生的价值体系。有条件的地方和学校可结合实际统筹有关资源，因地制宜安排一线教师特别是长期从教教师进行疗休养，重点向符合条件的班主任和乡村教师倾斜。做好教师荣休工作，礼敬退休教师，弘扬尊师风尚。建立健全教职工代表大会制度，保障教师参与学校决策的民主权利。加强家庭教育，健全家校联系制度，引导家长尊重学校教育安排，尊敬教师创造发挥，配合学校做好学生的学习教育。

17. 强化各方联动，营造尊师重教氛围。加强展现新时代教师风貌的影视文学作品创作，善用微博、微信、微视频、微电影等新媒体形式，传递教师正能量，让全社会广泛了解教师工作的重要性和特殊性。支持鼓励行业企业在向社会公众提供服务时“教师优先”。鼓励图书馆、博物馆、科技馆、体育场馆以及历史文化古迹和革命纪念馆（地）等对教师实行优待。鼓励社会团体、企业、民间组织对教师出资奖励，或通过依法成立基金、设立项目等方式，支持教师提升能力素质、进行疗休养或予以奖励激励。

六、推进师德师风建设任务落到实处

18. 加强工作保障，强化责任落实。各地各校要把加强师德师风建设、弘扬尊师重教传统作为教师队伍建设的首要任务，夯实学校主体责任，压实学校主要负责人第一责任人责任。高校要强化党委教师工作部建设，明确将教师思想政治和师德师风建设作为其主要职责。各地各校要建立健全责任落实机制，坚持失责必问、问责必严。财政部门要坚持将教师队伍建设作为教育投入重点予以优先保障，按规定统筹现有资金渠道支持师德师风建设。依托现有资源，建设一批师德师风建设基地，加强工作支撑，提高师德师风建设工作的科学性、实效性。

教育部、国家发展改革委、财政部
关于加快新时代研究生教育改革发展的意见

（教研〔2020〕9号）

各省、自治区、直辖市教育厅（教委）、发展改革委、财政厅（局），新疆生产建设兵团教育局、发展改革委、财政局，有关部门（单位）教育司（局），中国科学院大学、中国社会科学院大学，中共中央党校学位评定委员会、中国人民解放军学位委员会，部属各高等学校、部省合建各高等学校：

研究生教育肩负着高层次人才培养和创新创造的重要使命，是国家发展、社会进步的重要基石，是应对全球人才竞争的基础布局。改革开放特别是党的十八大以来，我国研究生教育快速发展，已成为世界研究生教育大国。中国特色社会主义进入新时代，各行各业对高层次创新人才的需求更加迫切，研究生教育的地位和作用更加凸显。为深入学习贯彻党的十九大和十九届二中、三中、四中全会精神，全面贯彻落实全国教育大会、全国研究生教育会议精神，促进研究生德智体美劳全面发展，切实提升研究生教育支撑引领经济社会发展能力，现就加快新时代研究生教育改革发展提出以下意见。

一、总体要求

1. 指导思想。以习近平新时代中国特色社会主义思想为指导，全面贯彻党的教育方针，坚定走内涵式发展道路，以立德

树人、服务需求、提高质量、追求卓越为主线，面向世界科技竞争最前沿，面向经济社会发展主战场，面向人民群众新需求，面向国家治理大战略，瞄准科技前沿和关键领域，深入推进学科专业调整，提升导师队伍水平，完善人才培养体系，推进研究生教育治理体系和治理能力现代化，引导研究生培养单位办出特色、办出水平，加快建设研究生教育强国，为坚持和发展中国特色社会主义、实现中华民族伟大复兴的中国梦提供坚强有力的人才和智力支撑。

2. 基本原则。坚持党的领导，增强“四个意识”、坚定“四个自信”、做到“两个维护”，把正确政治方向和价值导向贯穿研究生教育和管理工作全过程；坚持育人为本，以研究生德智体美劳全面发展为中心，把立德树人成效作为检验研究生教育工作的根本标准；坚持需求导向，扎根中国大地，全面提升研究生教育服务国家和区域发展能力；坚持创新引领，增强研究生使命感责任感，全面提升研究生知识创新和实践创新能力；坚持改革驱动，充分激发办学主体活力，加快构建优质高效开放的研究生教育体系。

3. 总体目标。到 2025 年，基本建成规模结构更加优化、体制机制更加完善、培养质量显著提升、服务需求贡献卓著、国际影响力不断扩大的高水平研究生教育体系。到 2035 年，初步建成具有中国特色的研究生教育强国。

二、加强思想政治工作，健全“三全育人”机制

4. 完善思想政治教育体系，提升研究生思想政治教育水平。开全开好研究生思想政治理论课，推进习近平新时代中国特色社会主义思想进教材、进课堂、进头脑。加强研究生课程思政，建成一批课程思政示范高校，推出一批课程思政示范课程，选

树一批课程思政教学名师和团队，建设一批课程思政教学研究示范中心。配齐建强研究生辅导员队伍，全面落实专职辅导员专业技术职务、行政岗位职级“双线”晋升政策，探索依托导师和科研团队配备兼职辅导员。加强研究生心理健康教育、职业规划和就业创业服务。将研究生思想政治教育评价结果作为“双一流”建设成效评价、学位授权点合格评估的重要内容。

5. 发挥导师言传身教作用，激励导师做研究生成长成才的引路人。导师是研究生培养第一责任人，要了解掌握研究生的思想状况，将专业教育与思想政治教育有机融合，既做学业导师又做人生导师；要率先垂范，以良好的思想品德和人格魅力影响和鼓舞研究生；要培养研究生良好的学风，严格要求学生遵守科学道德和学术规范。

6. 提高研究生党建工作水平，强化党组织战斗堡垒作用。创新研究生党组织设置方式，探索在科研团队、学术梯队等建立党组织。选优配强研究生党支部书记，充分发挥研究生党员的先锋模范作用。持续开展新时代高校党建示范创建和质量创优工作，做好高校“百个研究生样板党支部”和“百名研究生党员标兵”遴选培育工作。

三、对接高层次人才需求，优化规模结构

7. 以服务需求为导向，合理扩大人才培养规模。坚持供给与需求相匹配、数量与质量相统一，保持与经济社会发展相适应、与培养能力相匹配的研究生教育发展节奏，博士研究生招生规模适度超前布局，硕士研究生招生规模稳步扩大。招生规模统筹考虑国家需求、地区差异、培养条件、培养质量等因素，实行动态调整，差异化配置。

8. 优化培养类型结构，大力发展专业学位研究生教育。稳

步发展学术学位研究生教育，以国家重大战略、关键领域和社会重大需求为重点，增设一批硕士、博士专业学位类别。新增硕士学位授予单位原则上只开展专业学位研究生教育，新增硕士学位授权点以专业学位授权点为主。各培养单位要根据经济社会发展需求和自身办学定位，切实优化人才培养类型结构。

9. 适应社会需求变化，加快学科专业结构调整。建立基础学科、应用学科、交叉学科分类发展新机制，按照单位自主调、市场调节调、国家引导调的思路，不断优化学科专业结构，健全退出机制。设立新兴交叉学科门类，支持战略性新兴学科发展。完善“双一流”建设动态监测与调整机制，引导建设高校和学科主动服务国家重大战略需求。

10. 优化布局结构，服务国家区域发展战略。完善省域研究生教育布局，建设区域性研究生教育高地。大力支持雄安新区、粤港澳大湾区、长三角、海南自由贸易试验区和长江经济带等区域发展优质研究生教育，振兴东北地区研究生教育。支持中西部地区发展与国家及区域战略相匹配的学科专业。

11. 坚持质量导向，完善学位授权审核工作。将深化科教融合、产教融合作为学位授权点布局的重要参考因素。持续推动省级教育主管部门统筹开展硕士学位授权审核工作，实现对区域经济社会发展的有力支撑。稳步推进学位授权自主审核工作，继续放权符合条件的高等学校自主审核增列学位授权点，自主设置一级学科、新兴交叉学科和专业学位类别。加强对中西部地区和高水平民办高校学位授权的支持。探索高水平应用型本科高校申请开展专业学位人才培养。

四、深化体制机制改革，创新招生培养模式

12. 深化招生计划管理改革，健全供需调节机制。建立健全

与经济社会发展相适应的研究生招生计划调节机制。实施国家关键领域急需高层次人才培养专项招生计划。招生计划向重大科研平台、重大科技任务、重大工程项目、关键学科领域、产教融合创新平台和“双一流”建设取得突破性进展的高校倾斜。在博士研究生招生计划管理中，积极支持严把质量关、博士研究生分流退出比例较大的培养单位。在硕士专业学位研究生招生计划管理中，积极支持有效落实产教融合机制的培养单位和高水平应用型高校。继续在部分高水平研究型大学实施博士招生计划弹性管理。在现有财政拨款制度基础上，探索实施以国家重大科学研究、工程研发等科研经费承担培养成本的科研项目博士研究生专项招生计划。探索建立研究生招生计划管理负面清单制度，对学位点评估、博士论文抽检、师德师风、考试招生违规违法等问题突出的培养单位予以必要限制。

13. 深化考试招生制度改革，精准选拔人才。完善分类考试、综合评价、多元录取、严格监管的研究生考试招生制度体系。深化硕士研究生考试招生改革，优化初试科目和内容，强化复试考核，综合评价考生考试成绩、专业素养、实践能力、创新精神和一贯学业表现等，择优录取；研究探索基础能力素质考试和招生单位自主组织专业能力考试相结合的研究生招生考试方式。健全博士研究生“申请—考核”招生选拔机制，扩大直博生招生比例，研究探索在高精尖缺领域招收优秀本科毕业生直接攻读博士学位的办法。

14. 完善科教融合育人机制，加强学术学位研究生知识创新能力培养。加强系统科研训练，以大团队、大平台、大项目支撑高质量研究生培养。推进硕博贯通培养，实行培养方案一体化设计。聚焦数理化、文史哲等基础学科，以强化原始创新能力为导向，实施高层次人才培养专项。

15. 强化产教融合育人机制，加强专业学位研究生实践创新能力培养。实施“国家产教融合研究生联合培养基地”建设计划，重点依托产教融合型企业和产教融合型城市，大力开展研究生联合培养基地建设，着力提升实践创新能力。科学规划布局建设集成电路、人工智能、储能技术等国家产教融合创新平台，实施关键领域核心技术紧缺博士人才自主培养专项。鼓励各地各培养单位设立“产业（行业）导师”，加强专业学位研究生双导师队伍建设。推动行业企业全方位参与人才培养，通过设立冠名奖学金、研究生工作站、校企研发中心等措施，吸引研究生和导师参与研发项目。大力推进专业学位与职业资格的有机衔接。

16. 加强课程教材建设，提升研究生课程教学质量。培养单位要紧密结合经济社会发展需要，完善课程设置、教学内容的审批机制，优化课程体系，加强教材建设，创新教学方式，突出创新能力培养，加强体育美育和劳动实践教育。规范核心课程设置，打造精品示范课程，编写遴选优秀教材，推动优质资源共享。将课程教材质量作为学位点合格评估、学科发展水平、教师绩效考核和人才培养质量评价的重要内容。鼓励办好研究生创新实践大赛和学科学术论坛。在国家级教学成果奖中单独设立研究生教学成果奖。

17. 加强关键环节质量监控，完善分流选择机制。培养单位要加强培养关键环节质量监控，完善研究生资格考试、中期考核和年度考核制度。加大分流力度，对不适合继续攻读学位的研究生及早分流。畅通分流选择渠道，分流退出的博士研究生，符合硕士学位授予标准的可授予硕士学位；未满足学位授予条件的研究生，毕业后一定时间内达到相应要求的，可重新申请授予学位。完善研究生学业相关申诉救济机制，加强研究生合法权益保护。

18. 深化开放合作，提升国际影响力。打造“留学中国”品牌，吸引优秀学生来华攻读硕士、博士学位，完善来华留学生招生、培养等管理体系，保障学位授予质量。鼓励培养单位与国际高水平大学建立研究生双向交流机制，支持双方互授联授学位。支持引进国外优质教育资源，建设高水平中外合作办学，推动高层次人才培养和学科建设。优化国家公派出国留学研究生全球布局。创新国际组织人才培养项目，加大国际组织后备人才培养力度。

五、全面从严加强管理，提升培养质量

19. 健全内部质量管理体系，压实培养单位主体责任。培养单位要完善质量控制和保证制度，抓住课程学习、实习实践、学位论文开题、中期考核、论文评阅和答辩、学位评定等关键环节，落实全过程管理责任，细化强化导师、学位论文答辩委员会和学位评定委员会权责，杜绝学位“注水”。推动培养单位探索建立学位论文评阅意见公开等制度，合理制定与学位授予相关的科研成果要求，破除“唯论文”倾向。加强教学质量督导，提升信息化管理水平。

20. 强化导师岗位管理，全面落实育人职责。培养单位要严格导师选聘标准，加强导师团队建设，明确导师权责，规范导师指导行为，支持导师严格学业管理；将政治表现、师德师风、学术水平、指导精力投入等纳入导师评价考核体系。加强兼职导师、校外导师的选聘、考核和培训工作。建立国家典型示范、省级重点保障、培养单位全覆盖的三级导师培训体系。鼓励各地各培养单位评选优秀导师和团队。

21. 加强学风建设，严惩学术不端行为。培养单位要完善学

风建设工作机制，将科学精神、学术诚信、学术（职业）规范和伦理道德作为导师培训和研究生培养的重要内容，把论文写作指导课程作为必修课。抓住研究生培养关键环节，健全学术不端行为预防和处置机制，加大对学术不端行为的查处力度。

22. 完善质量评价机制，破除“五唯”评价方式。聚焦人才培养成效、科研创新质量、社会服务贡献等核心要素，健全分类多维的质量评价体系，扭转不科学的评价导向。鼓励引入第三方专业机构对研究生培养质量进行诊断式评估。加强研究生教育质量监测，探索开展毕业研究生职业发展调查。

23. 加强外部质量监督，严格规范管理。统筹运用学位授权点合格评估、质量专项检查、学位论文抽检等手段，强化对培养制度及其执行的评价诊断。严格规范培养档案管理，探索建立学术论文、学位论文校际馆际共享机制，将学位论文作假行为作为信用记录，纳入全国信用信息共享平台。推动建立优秀学位论文示范制度，鼓励培养单位和学术组织开展优秀学位论文评选。扩大学位论文抽检比例，提升抽检科学化、精细化水平。对无法保证质量的学科或专业学位类别，撤销学位授权。对问题严重的培养单位，视情况限制申请新增学位授权。

六、切实加强组织领导，完善条件保障

24. 全面加强党的领导，确保正确办学方向。培养单位各级党组织要坚持以习近平新时代中国特色社会主义思想为指导，全面贯彻党的教育方针，坚持社会主义办学方向，坚守研究生教育意识形态阵地。培养单位党委会、常委会，要把加快研究生教育改革发展纳入重要议题，认真研究部署，积极推进落实。

25. 切实做好经费保障，完善差异化投入机制。完善研究生教育投入体系，加大博士研究生教育投入力度，研究建立差异

化生均拨款机制，加大对基础研究、关键核心技术领域研究生培养的支持。完善培养成本分担机制，合理确定不同类型研究生教育学费收费标准，健全教育收费标准动态调整机制，鼓励培养单位使用科研项目资金支持研究生培养。

26. 改革完善资助体系，激发研究生学习积极性。完善政府主导、培养单位统筹、社会广泛参与的研究生资助投入格局。根据经济发展水平和物价变动情况，建立完善资助标准动态调整机制。加大对基础学科和关键领域人才培养的资助力度。培养单位要完善奖助学金评定标准，充分发挥奖学金的激励作用，探索建立动态调整的“三助”制度。适时调整国家助学贷款标准，给予家庭经济困难研究生更多支持。

27. 加强管理队伍建设，提升管理服务水平。各培养单位要加强研究生院（部、处）建设，强化管理工作职责，保障办公条件；健全校、院（部、系、所）两级研究生教育管理体系，加强基层管理力量，按照研究生培养规模配齐建强专职管理队伍；加强管理人员培训，提高专业化服务水平。

28. 强化组织保障，确保改革措施落地见效。各级教育、发展改革、财政主管部门要加强宏观指导，强化资源配置，保障研究生教育投入。充分发挥国务院学位委员会学科评议组和全国专业学位研究生教育指导委员会等专家组织和行业学会的作用，加强研究生教育研究、咨询和指导。支持有条件的高校建设研究生教育专门研究机构。各地各培养单位要认真制定落实方案，加强宣传引导，为深化研究生教育改革、建设研究生教育强国作出应有贡献。

教育部　国家发展改革委　财政部

2020 年 9 月 4 日

教育部关于加强博士生导师岗位管理的若干意见

（教研〔2020〕11号）

各省、自治区、直辖市教育厅（教委），新疆生产建设兵团教育局，有关部门（单位）教育司（局），部属各高等学校、部省合建各高等学校：

博士研究生教育是国民教育的顶端，是国家核心竞争力的重要体现。博士生导师是博士生培养的第一责任人，承担着培养高层次创新人才的使命。改革开放以来，广大博士生导师立德修身、严谨治学、潜心育人，为国家发展作出了重大贡献。但同时，部分培养单位对博士生导师的选聘、考核还不够规范，个别博士生导师的岗位意识还需进一步增强。为深入学习贯彻党的十九大和十九届二中、三中、四中全会精神，全面贯彻落实全国教育大会和全国研究生教育会议精神，建设一流博士生导师队伍，提高博士生培养质量，现就加强博士生导师岗位管理提出如下意见。

一、严格岗位政治要求。坚持以习近平新时代中国特色社会主义思想为指导，拥护中国共产党的领导，贯彻党的教育方针；具有高度的政治责任感，依法履行导师职责，将专业教育与思想政治教育有机融合，做社会主义核心价值观的坚定信仰者、积极传播者、模范实践者。

二、明确导师岗位权责。博士生导师是因博士生培养需要而设立的岗位，不是职称体系中的一个固定层次或荣誉称号。

博士生导师的首要任务是人才培养，承担着对博士生进行思想政治教育、学术规范训练、创新能力培养等职责，要严格遵守研究生导师指导行为准则。培养单位要切实保障和规范博士生导师的招生权、指导权、评价权和管理权，坚定支持导师按照规章制度严格博士生学业管理，增强博士生导师的责任感、使命感、荣誉感，营造尊师重教良好氛围。

三、健全岗位选聘制度。培养单位要从政治素质、师德师风、学术水平、育人能力、指导经验和培养条件等方面制定全面的博士生导师选聘标准，避免简单化地唯论文、唯科研经费确定选聘条件；要制定完善的博士生导师选聘办法，坚持公正公开，切实履行选聘程序，建立招生资格定期审核和动态调整制度，确保博士生导师选聘质量；选聘副高级及以下职称教师为博士生导师的，应从严控制。博士生导师在独立指导博士生之前，一般应有指导硕士生或协助指导博士生的经历。对于外籍导师、兼职导师和校外导师，培养单位要提出专门的选聘要求。

四、加强导师岗位培训。建立国家典型示范、省级重点保障、培养单位全覆盖的三级培训体系。构建新聘导师岗前培训、在岗导师定期培训、日常学习交流相结合的培训制度，加强对培训过程和培训效果的考核。新聘博士生导师必须接受岗前培训，在岗博士生导师每年至少参加一次培训。要将政治理论、国情教育、法治教育、导师职责、师德师风、研究生教育政策、教学管理制度、指导方法、科研诚信、学术伦理、学术规范、心理学知识等作为培训内容，通过专家报告、经验分享、学习研讨等多种形式，切实保障培训效果。

五、健全考核评价体系。培养单位要制定科学的博士生导师考核评价标准，完善考核评价办法，将政治表现、师德师风、学术水平、指导精力投入、育人实效等纳入考核评价体系，对博士生导师履职情况进行综合评价。以年度考核为依托，加强教学过程评价，实行导师自评与同行评价、学生评价、管理人员评价相结合，建立科学合理的评价机制。

六、建立激励示范机制。培养单位要重视博士生导师评价考核结果的使用，将考评结果作为绩效分配、评优评先的重要依据，作为导师年度招生资格和招生计划分配的重要依据，充分发挥评价考核的教育、引导和激励功能。鼓励各地各培养单位评选优秀导师和优秀团队，加大宣传力度，推广成功经验，重视发挥优秀导师和优秀团队的示范引领作用。

七、健全导师变更制度。培养单位要明确导师变更程序，建立动态灵活的调整办法。因博士生转学、转专业、更换研究方向，或导师健康原因、调离等情况，研究生和导师均可提出变更导师的申请。对于师生出现矛盾或其他不利于保持良好导学关系的情况，培养单位应本着保护师生双方权益的原则及时给予调解，必要时可解除指导关系，重新确定导师。

八、完善岗位退出程序。对于未能有效履行岗位职责，在博士生招生、培养、学位授予等环节出现严重问题的导师，培养单位应视情况采取约谈、限招、停招、退出导师岗位等措施。对师德失范者和违法违纪者，要严肃处理并对有关责任人予以追责问责。对于导师退出指导岗位所涉及的博士生，应妥善安排，做好后续培养工作。

九、规范岗位设置管理。培养单位应根据自身发展定位、学科发展规划、资源条件、招生计划和师资水平等因素，科学确定博士生导师岗位设置规模；根据学科特点、师德表现、学术水平、科研任务和培养质量，合理确定导师指导博士生的限额，确保导师指导博士生的精力投入。

十、完善监督管理机制。各省级教育行政部门要监督指导本地区培养单位完善博士生导师岗位管理制度，并将制度建设和落实情况纳入相应评估指标和资源分配体系。培养单位要制定博士生导师岗位管理相关制度办法，加强和规范博士生导师岗位管理，保障博士生导师合法权益，推动博士生导师全面落实岗位职责。

教育部

2020 年 9 月 24 日

国务院学位委员会、教育部关于进一步严格规范学位与研究生教育质量管理的若干意见

（学位〔2020〕19号）

各省、自治区、直辖市学位委员会、教育厅（教委），新疆生产建设兵团教育局，有关部门（单位）教育司（局），部属各高等学校、部省合建各高等学校：

改革开放特别是党的十八大以来，学位与研究生教育坚持正确政治方向，确立了立德树人、服务需求、提高质量、追求卓越的主线，规模持续增长，结构布局不断优化，学位管理体制和研究生培养体系逐步完善，服务国家战略和经济社会发展的能力显著增强，我国已成为世界研究生教育大国。国务院学位委员会和教育部等部门先后印发了《关于加强学位与研究生教育质量保证和监督体系建设的意见》《关于加快新时代研究生教育改革发展的意见》等一系列文件，强化质量监控与检查，促进学位授予单位规范管理。中国特色社会主义进入新时代，人民群众对保证和提高学位与研究生教育质量的关切日益增强，但部分学位授予单位仍存在培养条件建设滞后、管理制度不健全、制度执行不严格、导师责任不明确、学生思想政治教育弱化、学术道德教育缺失等问题。为落实立德树人根本任务，实现新时代研究生教育改革发展目标，维护公平，提高质量，办好人民满意的研究生教育，建设研究生教育强国，现就进一步规范质量管理提出如下意见。

一、指导思想

以习近平新时代中国特色社会主义思想为指导，深入学习贯彻落实党的十九大和十九届二中、三中、四中全会精神，全面贯彻落实全国教育大会和全国研究生教育会议精神，紧紧围绕统筹推进“五位一体”总体布局和协调推进“四个全面”战略布局，全面贯彻党的教育方针，落实立德树人根本任务，推进研究生教育治理体系和治理能力现代化，坚持把思想政治工作贯穿研究生教育教学全过程。遵循规律，严格制度，强化落实，整治不良学风，遏止学术不端，营造风清气正的育人环境和求真务实的学术氛围，努力提高学位与研究生教育质量。

二、强化落实学位授予单位质量保证主体责任

（一）学位授予单位是研究生教育质量保证的主体，党政主要领导是第一责任人。要坚持正确政治方向，树牢“四个意识”，坚定“四个自信”，坚决做到“两个维护”，以全面从严治党引领质量管理责任制的建立与落实。要落实落细《关于加强学位与研究生教育质量保证和监督体系建设的意见》《学位授予单位研究生教育质量保证体系建设基本规范》，补齐补强质量保证制度体系，加快建立以培养质量为主导的研究生教育资源配置机制。

（二）学位授予单位要强化底线思维，把维护公平、保证质量作为学科建设和人才培养的基础性任务，加强与研究生培养规模相适应的条件建设和组织保障。针对不同类型研究生的培养目标、模式和规模，强化培养条件、创新保障方式，确保课程教学、科研指导和实践实训水平。

（三）学位授予单位要建立健全学术委员会、学位评定委员

会等组织，强化制度建设与落实，充分发挥学术组织在学位授权点建设、导师选聘、研究生培养方案审定、学位授予标准制定、学术不端处置等方面的重要作用，提高尽责担当的权威性和执行力。

（四）学位授予单位要明确学位与研究生教育管理主责部门，根据本单位研究生规模和学位授权点数量等，配齐建强思政工作和管理服务队伍，合理确定岗位与职责，加强队伍素质建设，强化统筹协调和执行能力，切实提高管理水平。二级培养单位设置研究生教育管理专职岗位，协助二级培养单位负责人和研究生导师，具体承担研究生招生、培养、学位授予等环节质量管理和研究生培养相关档案管理工作。

（五）学位授予单位要强化法治意识和规矩意识，建立各环节责任清单，加强执行检查。利用信息化手段加强对研究生招生、培养和学位授予等关键环节管理。强化研究生教育质量自我评估和专项检查，对本单位研究生培养和学位授予质量进行诊断，及时发现问题，立查立改。

三、严格规范研究生考试招生工作

（六）招生单位在研究生考试招生工作中承担主体责任。招生单位主要负责同志是本单位研究生考试招生工作的第一责任人，对本单位研究生考试招生工作要亲自把关、亲自协调、亲自督查，严慎细实做好研究生考试招生工作，确保公开、公平、公正。

（七）各地、各招生单位要强化考试管理，把维护考试安全作为一项重要政治责任，严格落实试卷安全保密、考场监督管理等制度要求，确保考试安全。招生单位作为自命题工作的组织管理主体，要强化对自命题工作的组织领导和统筹安排，坚决杜绝简单下放、层层转交。招生单位要对标国家教育考试标准，进一步完善自命题工作规范，切实加强对自命题工作全过程全方位，特别是关键环节、关键岗位、关键人员的监管，切实加强对自命题工作人员的教育培训，落实安全保密责任制，坚决防止出现命题制卷错误和失泄密情况。试卷评阅严格执行考生个人信息密封、多人分题评阅、评卷场所集中封闭管理等要求，确保客观准确。

（八）招生单位要切实规范研究生招生工作，加强招生工作的统一领导和监督，层层压实责任，将招生纪律约束贯穿于命题、初试、评卷、复试、调剂、录取全过程，牢牢守住研究生招生工作的纪律红线。要进一步完善复试工作制度机制，加强复试规范管理，统一制定复试小组工作基本规范，复试小组成员须现场独立评分，评分记录和考生作答情况要交招生单位研究生招生管理部门集中统一保管，任何人不得改动。复试全程要录音录像，要规范调剂工作程序，提升服务质量。要严格执行国家政策规定，坚持择优录取，不得设置歧视性条件，除国家有特别规定的专项计划外，不得按单位、行业、地域、学校层次类别等限定生源范围。

（九）各级教育行政部门、教育招生考试机构和招生单位应按照教育部有关政策要求，积极推进本地区、本单位研究生招生信息公开，确保招生工作规范透明。招生单位要提前在本单位网站上公布招生章程、招生政策规定、招生专业目录、分专业招生计划、复试录取办法等信息。所有拟录取名单由招生单位研究生招生管理部门统一公示，未经招生单位公示的考生，一律不得录取，不予学籍注册。教育行政部门、教育招生考试机构和招生单位要提供考生咨询及申诉渠道，并按有关规定对相关申诉和举报及时调查、处理及答复。

四、严抓培养全过程监控与质量保证

（十）学位授予单位要遵循学科发展和人才培养规律，根据《一级学科博士硕士学位基本要求》《专业学位类别（领域）博士硕士学位基本要求》，按不同学科或专业学位类别细化并执行与本单位办学定位及特色相一致的学位授予质量标准；制定各类各层次研究生培养方案，做到培养环节设计合理，学制、学分和学术要求切实可行，关键环节考核标准和分流退出措施明确。实行研究生培养全过程评价制度，关键节点突出学术规范和学术道德要求。学位论文答辩前，严格审核研究生培养各环节是否达到规定要求。

（十一）二级培养单位设立研究生培养指导机构，在学位评定委员会指导下，负责落实研究生培养方案、监督培养计划执行、指导课程教学、评价教学质量等工作。加快建立以教师自评为主、教学督导和研究生评教为辅的研究生教学评价机制，对研究生教学全过程和教学效果进行监督和评价。

（十二）做好研究生入学教育，编发内容全面、规则详实的研究生手册并组织学习。把学术道德、学术伦理和学术规范作为必修内容纳入研究生培养环节计划，开设论文写作必修课，持续加强学术诚信教育、学术伦理要求和学术规范指导。研究生应签署学术诚信承诺书，导师要主动讲授学术规范，引导学生将坚守学术诚信作为自觉行为。

（十三）坚持质量检查关口前移，切实发挥资格考试、学位论文开题和中期考核等关键节点的考核筛查作用，完善考核组织流程，丰富考核方式，落实监督责任，提高考核的科学性和有效性。进一步加强和严格课程考试。完善和落实研究生分流退出机制，对不适合继续攻读学位的研究生要及早按照培养方案进行分流退出，做好学生分流退出服务工作，严格规范各类研究生学籍年限管理。

五、加强学位论文和学位授予管理

（十四）学位授予单位要进一步细分压实导师、学位论文答辩委员会、学位评定分委员会等责任。导师是研究生培养第一责任人，要严格把关学位论文研究工作、写作发表、学术水平和学术规范性。学位论文答辩委员会要客观公正评价学位论文学术水平，切实承担学术评价、学风监督责任，杜绝人情干扰。学位评定分委员会要对申请人培养计划执行情况、论文评阅情况、答辩组织及其结果等进行认真审议，承担学术监督和学位评定责任。论文重复率检测等仅作为检查学术不端行为的辅助手段，不得以重复率检测结果代替导师、学位论文答辩委员会、学位评定分委员会对学术水平和学术规范性的把关。

（十五）分类制订不同学科或交叉学科的学位论文规范、评阅规则和核查办法，真实体现研究生知识理论创新、综合解决实际问题的能力和水平，符合相应学科领域的学术规范和科学伦理要求。对以研究报告、规划设计、产品开发、案例分析、管理方案、发明专利、文学艺术创作等为主要内容的学位论文，细分写作规范，建立严格评审机制。

（十六）严格学位论文答辩管理，细化规范答辩流程，提高问答质量，力戒答辩流于形式。除依法律法规需要保密外，学位论文均要严格实行公开答辩，妥善安排旁听，答辩人员、时间、地点、程序安排及答辩委员会组成等信息要在学位授予单位网站向社会公开，接受社会监督。任何组织及个人不得以任何形式干扰学位论文评阅、答辩及学位评定工作，违者按相关法律法规严肃惩处。

（十七）建立和完善研究生招生、培养、学位授予等原始记录收集、整理、归档制度，严格规范培养档案管理，确保涉及研究生招生录取、课程考试、学术研究、学位论文开题、中期考核、学位论文评阅、答辩、学位授予等重要记录的档案留存全面及时、真实完整。探索建立学术论文、学位论文校际馆际共享机制，促进学术公开透明。

六、强化指导教师质量管控责任

（十八）导师要切实履行立德树人职责，积极投身教书育人，教育引导研究生坚定理想信念，增强中国特色社会主义道路自信、理论自信、制度自信、文化自信，自觉践行社会主义核心价值观。根据学科或行业领域发展动态和研究生的学术兴趣、知识结构等特点，制订研究生个性化培养计划。指导研究生潜心读书学习、了解学术前沿、掌握科研方法、强化实践训练，加强科研诚信引导和学术规范训练，掌握学生参与学术活动和撰写学位论文情况，增强研究生知识产权意识和原始创新意识，杜绝学术不端行为。综合开题、中期考核等关键节点考核情况，提出学生分流退出建议。严格遵守《新时代高校教师职业行为十项准则》、研究生导师指导行为准则，不安排研究生从事与学业、科研、社会服务无关的事务。关注研究生个体成长和思想状况，与研究生思政工作和管理人员密切协作，共同促进研究生身心健康。

（十九）学位授予单位建立科学公正的师德师风评议机制，把良好师德师风作为导师选聘的首要要求和第一标准。编发导师指导手册，明确导师职责和工作规范，加强研究生导师岗位动态管理，严格规范管理兼职导师。建立导师团队集体指导、集体把关的责任机制。

（二十）完善导师培训制度，各学位授予单位对不同类型研究生的导师实行常态化分类培训，切实提高导师指导研究生和严格学术管理的能力。首次上岗的导师实行全面培训，连续上岗的导师实行定期培训，确保政策、制度和措施及时在指导环节中落地见效。

（二十一）健全导师分类评价考核和激励约束机制，将研究生在学期间及毕业后反馈评价、同行评价、管理人员评价、培养和学位授予环节职责考核情况科学合理地纳入导师评价体系，综合评价结果作为招生指标分配、职称评审、岗位聘用、评奖评优等的重要依据。严格执行《教育部关于高校教师师德失范行为处理的指导意见》，对师德失范、履行职责不力的导师，视情况给予约谈、限招、停招、取消导师资格等处理；情节较重的，依法依规给予党纪政纪处分。

七、健全处置学术不端有效机制

（二十二）完善教育部、省级教育行政部门、学位授予单位三级监管体系，健全宣传、防范、预警、督查机制，完善学术不端行为预防与处置措施。将预防和处置学术不端工作纳入国家教育督导范畴，将学术诚信管理与督导常态化，提高及时处理和应对学术不端事件的能力。

（二十三）严格执行《学位论文作假行为处理办法》《高等学校预防与处理学术不端行为办法》等规定。对学术不端行为，坚持“零容忍”，一经发现坚决依法依规、从快从严进行彻查。对有学术不端行为的当事人以及相关责任人，根据情节轻重，依法依规给予党纪政纪校纪处分和学术惩戒；违反法律法规的，应及时移送有关部门查处。对学术不端查处不力的单位予以问责。将学位论文作假行为作为信用记录，纳入全国信用信息共享平台。

（二十四）学位授予单位要切实执行《普通高等学校学生管理规定》《高等学校预防与处理学术不端行为办法》的相关要求，完善导师和研究生申辩申诉处理机制与规则，畅通救济渠道，维护正当权益。当事人对处理或处分决定不服的，可以向学位授予单位提起申诉。当事人对经申诉复查后所作决定仍持异议的，可以向省级学位委员会申请复核。

八、加强教育行政部门督导监管

（二十五）省级高校招生委员会是监管本行政区域内所有招生单位研究生考试招生工作的责任主体。教育部将把规范和加强研究生考试招生工作纳入国家教育督导范畴，各省级高校招生委员会、教育行政部门要加强对本地区研究生考试招生工作的监督检查，对研究生考试招生工作中的问题，特别是多发性、趋势性的问题要及早发现、及早纠正。对考试招生工作中的违规违纪行为，一经发现，坚决按有关规定严肃处理。造成严重后果和恶劣影响的，将按规定对有关责任人员进行追责问责，构成违法犯罪的，由司法机关依法追究法律责任。

（二十六）国务院学位委员会、教育部加强运用学位授权点合格评估、质量专项检查抽查等监管手段，省级学位委员会和教育行政部门加大督查检查力度，加强招生、培养、学位授予等管理环节督查，强化问责。

（二十七）国务院教育督导委员会办公室、省级教育行政部门进一步加大学位论文抽检工作力度，适当扩大抽检比例。对连续或多次出现“存在问题学位论文”的学位授予单位，加大约谈力度，严控招生规模。国务院学位委员会、教育部在学位授权点合格评估中对“存在问题学位论文”较多的学位授权点进行重点抽评，根据评估结果责令研究生培养质量存在严重问题的学位授权点限期整改，经整改仍无法达到要求的，依法依规撤销有关学位授权。

（二十八）对在招生、培养、学位授予等管理环节问题较多，师德师风、校风学风存在突出问题的学位授予单位，视情况采取通报、限期整改、严控招生计划、限制新增学位授权申报等处理办法，情节严重的学科或专业学位类别，坚决依法依规撤销学位授权。对造成严重后果，触犯法律法规的，坚决依法依规追究学位授予单位及个人法律责任。

（二十九）省级教育行政部门和学位授予单位要加快推进研究生教育信息公开，定期发布学位授予单位研究生教育发展质量年度报告，公布学术不端行为调查处理情况，接受社会监督。

国务院学位委员会　教育部

2020 年 9 月 25 日

教育部关于印发《研究生导师指导行为准则》的通知

（教研〔2020〕12号）

各省、自治区、直辖市教育厅（教委），新疆生产建设兵团教育局，有关部门（单位）教育司（局），部属各高等学校、部省合建各高等学校：

为深入学习贯彻党的十九大和十九届二中、三中、四中、五中全会精神，全面贯彻落实全国教育大会、全国研究生教育会议精神，加强研究生导师队伍建设，规范研究生导师指导行为，全面落实研究生导师立德树人职责，我部研究制定了《研究生导师指导行为准则》（以下简称准则）。现印发给你们，请结合实际认真贯彻执行。

一、准则是研究生导师指导行为的基本规范。研究生导师是研究生培养的第一责任人，肩负着为国家培养高层次创新人才的重要使命。长期以来，广大研究生导师立德修身、严谨治学、潜心育人，为国家发展作出了重大贡献，但个别导师存在指导精力投入不足、质量把关不严、师德失范等问题。制定导师指导行为准则，划定基本底线，是进一步完善导师岗位管理制度，明确导师岗位职责，建设一流研究生导师队伍的重要举措。

二、认真做好部署，全面贯彻落实。各地各校要结合研究生导师队伍建设实际，扎实开展准则的学习贯彻。要做好宣传解读，帮助导师全面了解准则内容，做到全员知晓。要完善相关制度，将准则真正贯彻落实到研究生招生培养全方位、全过程，强化岗位聘任、评奖评优、绩效考核等环节的审核把关。

三、强化监督指导，依法处置违规行为。各地各校要落实学校党委书记和校长师德建设第一责任人责任、院（系）行政主要负责人和党组织主要负责人直接领导责任，按照准则要求，依法依规建立研究生导师指导行为违规责任认定和追究机制，强化监督问责。对确认违反准则的相关责任人和责任单位，要按照《教育部关于高校教师师德失范行为处理的指导意见》（教师〔2018〕17号）和本单位相关规章制度进行处理。对违反准则的导师，培养单位要依规采取约谈、限招、停招直至取消导师资格等处理措施；对情节严重、影响恶劣的，一经查实，要坚决清除出教师队伍；涉嫌违法犯罪的移送司法机关处理。对导师违反准则造成不良影响的，所在院（系）行政主要负责人和党组织主要负责人需向学校分别作出检讨，由学校依据有关规定视情节轻重采取约谈、诫勉谈话、通报批评、纪律处分和组织处理等方式进行问责。我部将导师履行准则的情况纳入学位授权点合格评估和“双一流”监测指标体系中，对导师违反准则造成不良影响的高校，将视情核减招生计划、限制申请新增学位授权，情节严重的，将按程序取消相关学科的学位授权。

各地各校贯彻落实准则情况，请及时报告我部。我部将适时对落实情况进行督查。

教育部

2020年10月30日

研究生导师指导行为准则

导师是研究生培养的第一责任人，肩负着培养高层次创新人才的崇高使命。长期以来，广大导师贯彻党的教育方针，立德修身、严谨治学、潜心育人，为研究生教育事业发展和创新型国家建设作出了突出贡献。为进一步加强研究生导师队伍建设，规范指导行为，努力造就有理想信念、有道德情操、有扎实学识、有仁爱之心的新时代优秀导师，在《教育部关于全面落实研究生导师立德树人职责的意见》（教研〔2018〕1号）、《新时代高校教师职业行为十项准则》基础上，制定以下准则。

一、坚持正确思想引领。坚持以习近平新时代中国特色社会主义思想为指导，模范践行社会主义核心价值观，强化对研究生的思想政治教育，引导研究生树立正确的世界观、人生观、价值观，增强使命感、责任感，既做学业导师又做人生导师。不得有违背党的理论和路线方针政策、违反国家法律法规、损害党和国家形象、背离社会主义核心价值观的言行。

二、科学公正参与招生。在参与招生宣传、命题阅卷、复试录取等工作中，严格遵守有关规定，公平公正，科学选才。认真完成研究生考试命题、复试、录取等各环节工作，确保录取研究生的政治素养和业务水平。不得组织或参与任何有可能损害考试招生公平公正的活动。

三、精心尽力投入指导。根据社会需求、培养条件和指导能力，合理调整自身指导研究生数量，确保足够的时间和精力提供指导，及时督促指导研究生完成课程学习、科学研究、专业实习实践和学位论文写作等任务；采用多种培养方式，激发研究生创新活力。不得对研究生的学业进程及面临的学业问题疏于监督和指导。

四、正确履行指导职责。遵循研究生教育规律和人才成长规律，因材施教；合理指导研究生学习、科研与实习实践活动；综合开题、中期考核等关键节点考核情况，提出研究生分流退出建议。不得要求研究生从事与学业、科研、社会服务无关的事务，不得违规随意拖延研究生毕业时间。

五、严格遵守学术规范。秉持科学精神，坚持严谨治学，带头维护学术尊严和科研诚信；以身作则，强化研究生学术规范训练，尊重他人劳动成果，杜绝学术不端行为，对与研究生联合署名的科研成果承担相应责任。不得有违反学术规范、损害研究生学术科研权益等行为。

六、把关学位论文质量。加强培养过程管理，按照培养方案和时间节点要求，指导研究生做好论文选题、开题、研究及撰写等工作；严格执行学位授予要求，对研究生学位论文质量严格把关。不得将不符合学术规范和质量要求的学位论文提交评审和答辩。

七、严格经费使用管理。鼓励研究生积极参与科学研究、社会实践和学术交流，按规定为研究生提供相应经费支持，确保研究生正当权益。不得以研究生名义虚报、冒领、挪用、侵占科研经费或其他费用。

八、构建和谐师生关系。落实立德树人根本任务，加强人文关怀，关注研究生学业、就业压力和心理健康，建立良好的师生互动机制。不得侮辱研究生人格，不得与研究生发生不正当关系。

参考文献

（一）重要文献

1. 坚持中国特色社会主义教育发展道路 培养德智体美劳全面发展的社会主义建设者和接班人——习近平在全国教育大会上的讲话
2. 做党和人民满意的好老师——习近平同北京师范大学师生代表座谈时的讲话
3. 习近平在北京大学师生座谈会上的讲话
4. 习近平在全国高校思想政治工作会议的讲话
5. 习近平关于研究生教育工作的重要指示

（二）书籍

1. 教育部课题组：《深入学习习近平关于教育的重要论述》，人民出版社2019年版。
2. 周文辉、王崇东主编：《导师制度与研究生和谐师生关系的构建》，高等教育出版社2010年版。
3. 文书锋：《研究生和导师的关系与研究生心理健康》，北京出版社2011年版。
4. ［英］萨拉·德拉蒙特等：《给研究生导师的建议》（第2版），彭万华译，北京大学出版社2009年版。
5. 武永江：《导师与研究生生活共同体研究》，东北师范大学出版社2017年版。
6. 杜智萍：《19世纪以来牛津大学导师制发展研究》，内蒙古大学出版社2011年版。
7. 周文辉主编：《导师论导——研究生导师论研究生指导》（第2版），北京理工大学出版社 2012 年版。

（三）期刊论文

1. 刘志：《研究生教育中和谐导生关系何以可能?》，载《学位与研究生教育》2018 年第 10 期。
2. 王文文等：《硕士研究生导学关系现状及影响因素研究》，载《研究生教育研究》2018 年第 6 期。
3. 程华东、曹媛媛：《研究生教育导生关系反思与构建》，载《学位与研究生教育》2019 年第 6 期。
4. 秦莹、屈晓婷：《基于立德树人的新时代研究生导生关系建构研究》，载《辽宁大学学报（哲学社会科学版）》2019 年第 5 期。
5. 付晓薇等：《研究生培养中和谐导学关系的建立研究初探》，载《课程教育研究》2019 年第 15 期。
6. 齐建立、王祈然：《依法治校视角下导师研究生纠纷：类型、特点及解决路径建构》，载《黑龙江高教研究》2020 年第 5 期。
7. 王雷华、韩霞：《“双一流”视野下高校研究生导学关系研究》，载《北京航空航天大学学报（社会科学版）》2020 年第 4 期。
8. 吴玥乐、韩霞：《高校导学关系的协同共建——基于导师深度访谈的质性研究》，载《教育科学》2020 年第 3 期。
9. 李娜等：《“导学关系”下研究生培养制度的探究》，载《当代教育实践与教学研究》2020 年第 7 期。
10. 王霁：《新时期导学关系现状分析与和谐导学关系构建研究》，载《教育现代化》2020 年第 12 期。
11. 曹江雨等：《研究生导学关系中不合规任务的表现、成因及影响的质性研究》，载《第二十二届全国心理学学术会议摘要集》2019 年。
12. 方磊：《推进导学关系实践研究——以浙江大学“五好”导学团队评选为例》，载《学位与研究生教育》2019 年第 7 期。

后 记

本书作为集体智慧的结晶，撰写人均来自高校教育管理工作一线，具有丰富的实践经验。尽管日常事务繁忙，但各位撰写人立足本职，克服困难，深入思考，认真梳理，系统总结，旨在为新时代研究生教育改革创新和人才培养提升尽自己的一份努力，这充分展现了高校研究生教育管理者践行“立德树人”的精神追求和爱岗敬业的育人情怀。

本书的编写历经年余，案例选择反复斟酌，编写几易其稿，能最终成书离不开学校领导的关心和支持，中国政法大学研究生院院长李曙光教授对此非常支持，并为本书作序，研究生院王振峰、刘承韪、李嵩、肖宝兴等领导也给予了大力支持和鼓励。

本书在编写过程中得到了诸多校内外专家的悉心指导，北京高校思政工作研究中心主任屈晓婷教授；清华大学党委研究生工作部部长赵岑教授；北京大学医学部团委陈磊书记；北京林业大学党委研究生工作部部长董金宝教授；首都师范大学心理学院副院长师保国教授；南京大学党委研究生工作部李宁副部长；南京林业大学研究生工作部部长孙学江教授；北京联合大学研究生处处长王静教授；中国石油大学（北京）岳大力教授；上海政法学院研究生处副处长卫磊副教授；中国政法大学法学院刘大炜教授、雷磊教授、袁钢教授、林华副教授、陈维厚副教授，民商经济法学院杨秀清教授，国际法学院刘力教授，刑事司法学院于冲副教授对于本书提出了宝贵的建议和意见。本书得以出版亦离不开中国政法大学出版社尹树东社长、阚明旗副社长和冯琰编辑的大力支持，在此也一并表示感谢。

当然，囿于本书编者能力等原因，书中难免有不足和错误之处，在此也希望广大读者和同仁不吝赐教，予以批评指正。

本书编者

2020年8月

于北京蓟门桥畔